人口減少逆張りビジネス

古田隆彦［著］

日本経営合理化協会出版局

お読みいただく前に…

２００８年にピークを迎えた日本の人口は、その後一貫して減り続け、いよいよ本格的な〝人減定着時代〟に突入しています。

これまで約２００年間、ひたすら人口の増加する社会で生きてきた私たちは今、大変戸惑っています。一方、世の中の変化こそ、新しい産業の出番と考えている方々には、またとないチャンスが到来しているようです。

しかし、いずれの方々も心配や妄想はご無用です。この本を手に取っていただければ、「少子・高齢化」とか「経済縮小」といった俗説を吹っ飛ばし、人口減少社会についての冷静な知識と情報を確実に身につけていただけると思います。

人口減少を逆手にとって、さまざまな事業を発展させる、幾つかのノウハウもまた確実にマスターしていただけるでしょう。とりわけ中小企業の経営者、スタートアップ企業やベンチャービジネスの起業家などで、次のような経営志向をお持ちの方々には、より大きな成果が期待できると思います。

第一に、従来の常識にとらわれないで、新しいことに挑戦しようとされている方々。人口が増加から減少へ移行した現在の日本は、社会構造の上でも成長・拡大型から飽和・濃縮型への大きな転換期を迎えています。

この変化に伴って、政治・経済や文化・文明といったマクロな次元から、個々人の生き方やライフスタイルなどのミクロな次元に至るまで、これまでの常識が次第に通用しなくなり、それに代わる、新しいパラダイムや行動様式が痛切に求められています。

こうした変化を「儲けの一大チャンス」と判断される経営者や起業家の皆さまに、この本は実効的な情報を提供します。

第二に、人間とはいかなるものか、に強い関心を持たれている方々。顧客が減り続ける時代に、売り上げを維持し、さらに増やしていくには、一人ひとりのユーザーにもっと高い商品を買ってもらう、あるいは、もっと何度も使ってもらう、というような対策が必要でしょう。

いいかえれば、いっそう付加価値の高い商品やサービス、今まで気づかれていないが絶対に求められている商品やサービスを創造することです。

それには、市場社会だけを前提にした〝消費者〟としての人間観を超えて、より本質的、全体的な視点から〝生活者〟というユーザーをつかみとり、彼らの生活願望を隅々まで探り出さなければなりません。

この本を読んでいただければ、従来は見えていなかった人間の本質や、それに基づく願望の動きが、きめ細かくつかめるようになります。

第三に、目先の儲けよりも長期的・本格的な利益を優先する方々。経営者や起業家の最大の関心は、いうまでもなく利益ですが、投機や流行で一時的に大儲けできたとしても、それは束の間の夢に終わります。

永続的に利益を上げていくには、より多くの顧客に受け入れられる商品やサービスを絶えず開発し、途切れなく提供し続けることが必要です。

それには、短期的なトレンド予測を超えた長期的な歴史観に立って、人間の暮らしや心の動きを的確に把握する能力が求められます。この本を読了していただければ、５０～１００年先を見通す、新たな未来志向を身につけていただけるでしょう。

以上のように、野心的な経営者や起業家の方々に向けて、この本は幅広く、かつ緻密な情報を提供しています。

このため、従来の経営書の枠組みから大きくはみ出しています。歴史人口学はもとより、言語学や記号学から精神分析学や深層心理学まで、現代思想の最先端を応用し、経済学や経営学といった既存の社会科学では捉えきれない、近未来社会の変化を的確に捉えようとしています。

こうした視点の転換によって、人口減少社会だからこそ生まれる、有力な新ニーズと、それに対応する、革新的なマーケティング戦略を、できるだけ平易な言葉と豊富な事例を用いて、わかりやすく示唆してみました。

実をいえば、人口減少社会が到来する直前の2005年、『人口減少逆転ビジネス』という本を日本経営合理化協会より出版し、全国の経営者の皆さまから、「未来が見えてくる書」と大きな反響をいただきました。

その後20年が経過する間に、今後さまざまに進展していく可能性を秘めた対話型AI、VRやドローン、家事用ロボットといったハイテクツールの応用予測や、人口減少地域に拠点を置く地方企業が打つべき手などについて、たくさんの問い合わせが寄せられるようになりました。

そこで、今回は、さまざまな成功事例を大幅に追加・刷新しつつ、おおよそ2050年までを目安に予測した、人口減少社会のさまざまな様相に向けて、果敢に対応していくビジネスの方向を模索し、幾つかを提案してみました。それが本書です。

この本のささやかな提案が、未来を切り開こうとされる読者の方々に、誰もがまだ気づいていない大儲けのタネを、一粒でもお分けできれば、望外の幸せと思います。

経営者の皆さまが、輝かしい成功をつかまれる、最も確実な方法は、既存の市場構造や定石的な経営発想の裏をかくこと、これではないでしょうか。「人の行く裏に道あり花の山」という、相場師の極意は、経営全般に通ずる、至高の格言なのです。

2024年　盛夏

現代社会研究所 所長

古田　隆彦

もくじ

Ⅰ部　縮小市場をプラスに変える逆転発想

Ⅱ部 〝逆張り〟を実現する2大戦略体系

Ⅳ部　人減先進国・日本をめざして

装丁　美柑和俊

序章　人口減少社会の裏側を見抜く

1，人口減少の背景を探る

人口減少が定着した！

日本の人口は2008年にピークを迎えました。それ以降すでに10余年、一貫して減り続け、いよいよ本格的な人減定着時代に突入しています**(図表1)**。

国勢調査(2020年)によれば、日本の総人口(外国人を含め、日本に常住する総人口)は、2010年の1億2，806万人から、2015年には1億2，709万人、2020年には1億2，623万人と減り続けています。2008年のピーク時から15年を過ぎた2023年には、1億2，435万人と約370万人も減少しています。

今後の予測では、2030年には1億2，012万人、2050年には1億469万人と推測されています(国立社会保障・人口問題研究所・2023年・中位推計)。

予測条件のやや緩い上位値では、2030年には1億2，209万人、2050年には1億1，038万人へ、やや厳しい下位値では、2030年に1億1，819万人、2050年には9，958万人まで減っていくようです。

図表１　人口減少を展望する

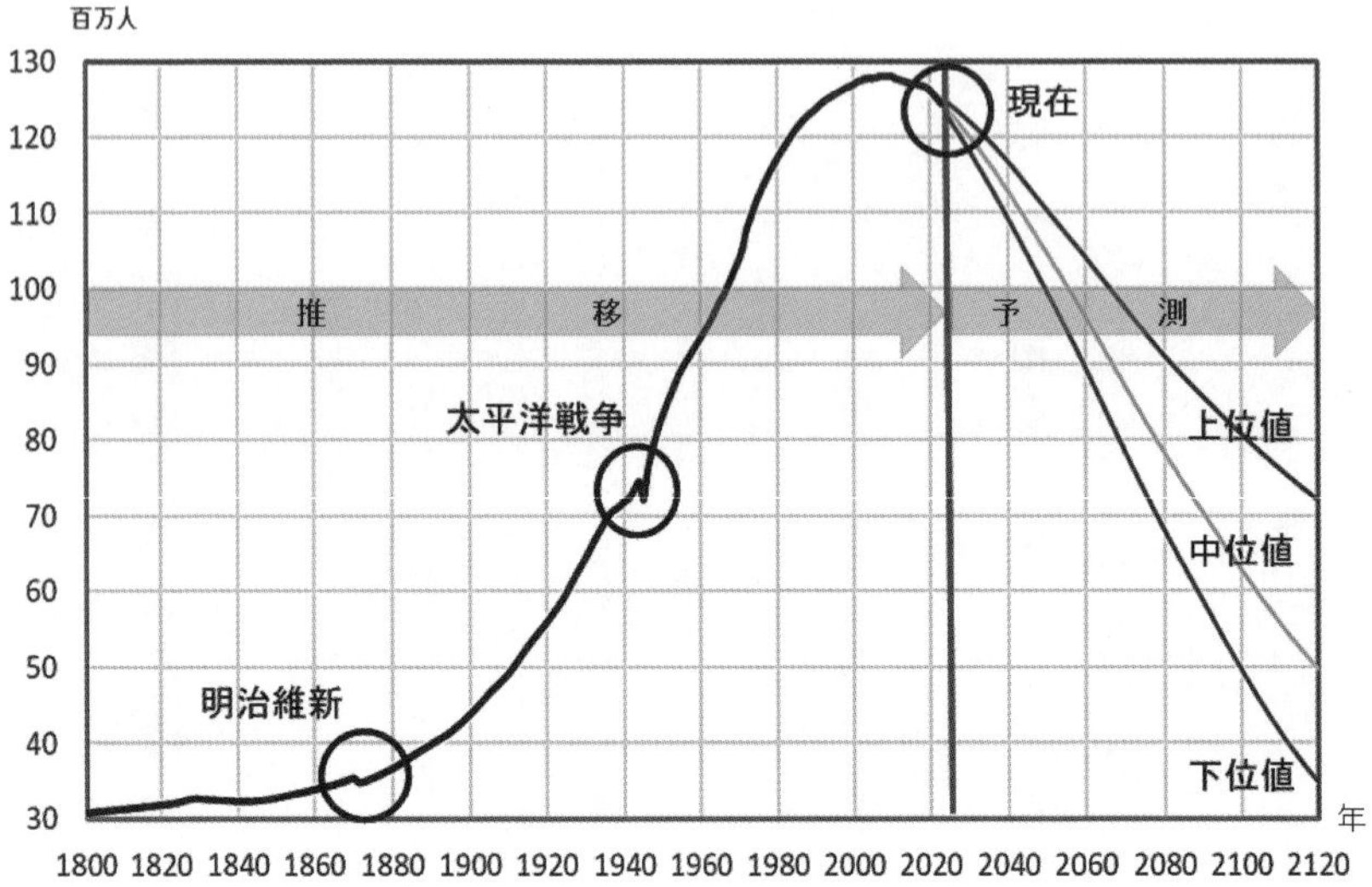

データ出所:古田隆彦【人口波動で未来を読む』+国立社会保障・人口問題研究所2023年推計

こうなると、１億人を割るのは２０５６年ですが、最も早い場合には２０５０年、最も遅い場合でも２０６７年となります。

どちらにしろ、２０５０〜６０年代には１億人の壁は崩れるのです。

その後も減り続け、２０７０年に８，７００万人、２１００年に６，２８７万人、２１２０年に４，９７３万人となります。

上位値では２０７０年に９，７４４万人、２１００年に８，０７０万人、２１２０年に７，２０３万人となり、下位値では２０７０年に７，８３３万人、

２１００年に４，６５６万人、２１２０年に３，４８３万人に減っていきます(同研究所・参考値)。

２１２０年には、ピーク時に対し５６〜２７％になりますから、間をとれば、約１００年間で４割にまで落ちていく、ということです。

人口はなぜ減るのか？

人口はなぜ減っていくのでしょう。マスメディアの多くが「少子・高齢化のためだ」と説明していますが、果たしてそうなのでしょうか。

人口の増減は、海外との転出入による社会増減と、国内での出生数と死亡数による自然増減で決まります。

日本の場合、社会増減は比較的少数でしたから、自然増減が中心でした。少なくなった出生数を、多くなった死亡数が追い越すと、その差だけ人口が減った、というわけです。

出生数は１９４９年の２７０万人から６６年には１３６万人まで落ちましたが、以後はやや回復し、１９７３年の２０９万人で第２次ベビーブームを迎えた後、再び低下に転じ、２０２２年には７８万人まで減っています。

死亡数は１９５０年代後半から７０年代までは７０万人前後で推移していましたが、

1980年代から増加傾向に転じ、2003年に100万人を超え、2022年には157万人まで増えています。

このような出生数と死亡数の差が人口増減を決めることになります。しかし、出生数については、少子化でいくらベビーが減っても、死亡数が変わらなければ、ゼロにならない限り人口は増え続けます。

また死亡数についても、高齢化で寿命が延びれば延びるほど亡くなる人は減っていきますから、出生数が一定であれば、やはり人口は増えるはずです。それゆえ、「少子・高齢化で人口が減る」とは限りません。

にもかかわらず、人口が減っているのはなぜなのでしょう。いうまでもなく、生まれてくる人より、亡くなる人が多くなってきたからです(**図表2**)。少なくなった出生数を、多くなった死亡数が追い越すと、その差だけ人口が減ります。

人口学では、出生数の減ることを「少産化」、死亡数の増えることを「多死化」と名づけています。それゆえ、人口減少の真因は「少子・高齢化」ではなく、「少産・多死化」という方が正確でしょう。

では、なぜ「少産・多死化」が起こるのでしょう。少産化の要因として晩婚・非婚化や就業

図表２　直接の理由は「少子・高齢化？」

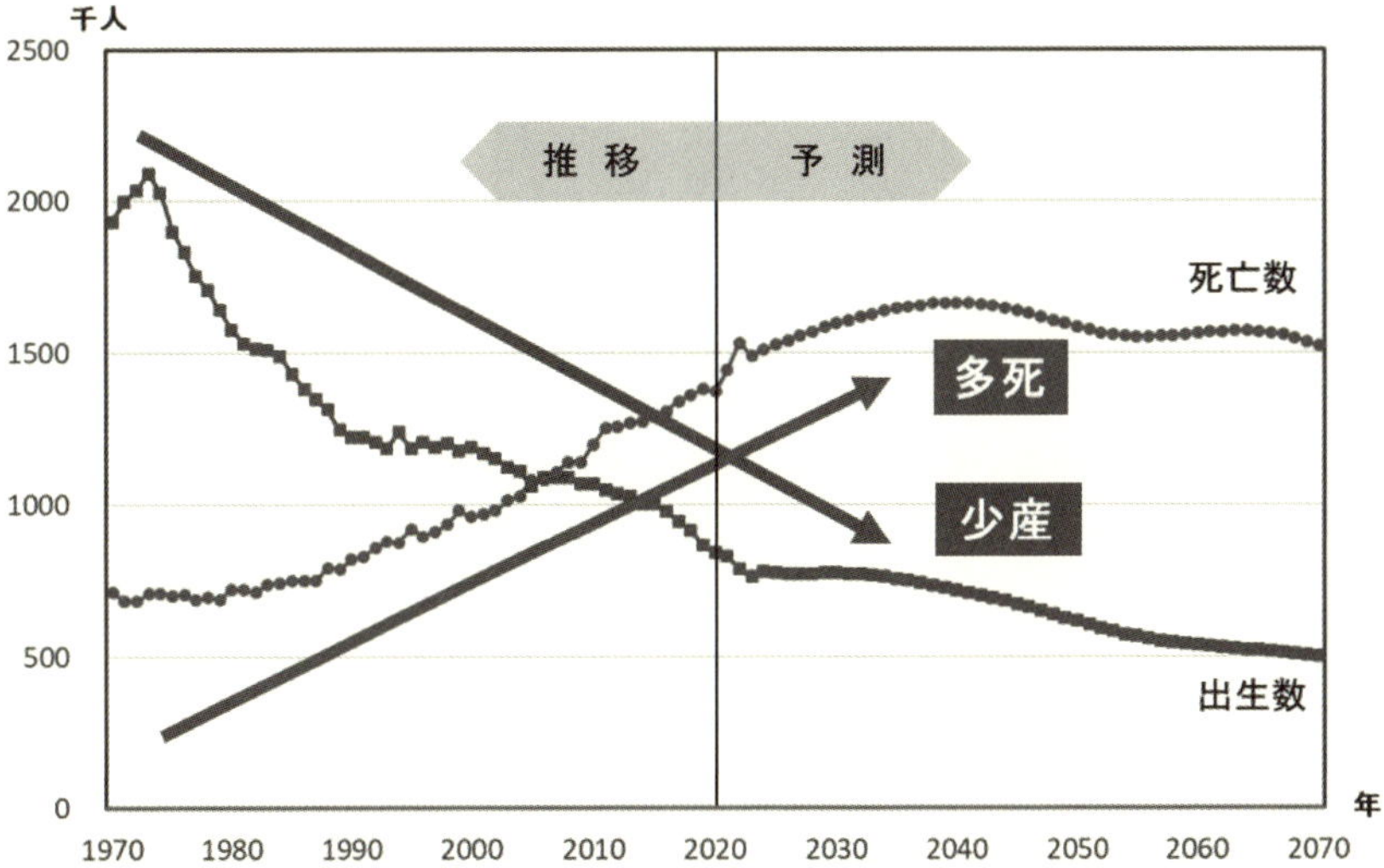

データ出所:国立社会保障・人口問題研究所2023年推計・中位値

と子育ての両立困難性などが、また多死化の原因として老人の増加や平均寿命の限界化などが、それぞれ指摘されています。

本当なのでしょうか。実をいえば、これらは極めて表層的なもので、その背後にはもっと大きな要因が隠されているのです。

真因は人口容量の飽和化

もっと大きな要因とは何でしょうか。それを説明しようとすると、かなりの紙面が必要になりますから、かいつまんで要点だけを述べておきます。

一番基本的な視点は、「もともと人口

が停滞し減少するのは、人口容量が飽和化して、人口抑制装置が作動するからだ」という人口生態学の理論です。

「人口容量」とは、生物学や生態学で使われている用語「キャリング・キャパシティー(Carrying Capacity)」、つまり「一定の環境の中に一種類の生物がどれだけ生息できるか」を示す指標を、人間に当てはめたものです。

原生動物から哺乳類まで、ほとんどの動物は一定の地域内で、自然界から与えられた生息量の限界まで、個体数(動物の人口)を増やしていきます。

しかし、生息量がいっぱいになるにつれて、動物たちはそれぞれに遺伝している本能的な対応力で、生殖力の低下や共食い、子ども殺し、あるいは寿命の低下など、個体数の抑制行動を示し始め、容量に確かな余裕が出るまで続けます。この上限が「キャリング・キャパシティー」と呼ばれる指標です。

人間の場合も基本的には同じです。さすがに共食いまではしませんが、動物である以上、生殖能力や生存能力の低下といった生物的な抑制行動を進めるとともに、結婚減少、避妊、中絶、老人遺棄、集団移動など、人為的、文化的な抑制行動をとるようになります。

要するに、人口容量が上限に達したあと、人口がなおも増えていると、生活水準は次第に落ちていきます。

けれども、すでに一定の豊かさを経験した人たちはその水準を落とすことを嫌いますから、親世代は事前に晩婚や非婚を選んだり、結婚しても避妊や中絶などを行なって、出生数を減らしていきます。

また、子ども世代は老年世代の世話を拒否したり、年金負担を忌避しますから、老年世代の生活水準は次第に低下し、死亡数が増えていきます。

つまり、人間の人口抑制行動は、他の動物と同じような本能的行動と、人間独自の文化的行動の二重装置になっているのです。

2つの抑制装置は、人口容量にゆとりがある時は作動しません。しかし、容量にゆとりがなくなるにつれて徐々に動き出します。これこそ「少産・多死化」を引き起こす、本当の要因なのです。

もっとも、人間の対応は抑制だけに終わるのではありません。もうひとつ、他の動物と違うのは、自らの力で人口容量を増やそうとすることです。文明の力を利用すれば、環境をある程度変えることができますから、人間のキャリング・キャパシティーは、「自然環境×文明」で決まることになります。

このように、人間の人口動向は動物のそれとは明らかに違うため、筆者は人間のキャリング・キャパシティーを「人口容量」と名づけています。

通常、生物学のテキストなどでは、キャリング・キャパシティーを「環境許容量」とか「環境容量」と意訳していますが、これでは「外部から与えられた量」という受け身の印象が強く、「変えられる」という意味が弱くなります。そこで、もっと積極的に「人口容量」と呼ぶべきだと思ったのです。

この人口容量がいっぱいになるにつれて、人口は増加から減少に転じるのです。

5回目の波が下り始める

実際に、世界人口の超長期的な推移をみると、人間が地球という自然環境にさまざまな文明の力で働きかけながら、人口容量を次々に拡大させてきたことがわかります。

フランスの人口学者J・ビラバンやイギリスの経済学者C・クラークらの研究を組み合わせ、ほぼ4万年前から古代、中世、近代を経て22世紀に至る、世界人口の推計値を整理してみると、5つの波が浮かんできます**(図表3)**。

このような5つの波を、筆者は「人口波動」と名づけ、石器前波、石器後波、農業前波、農

図表３　世界人口の推移

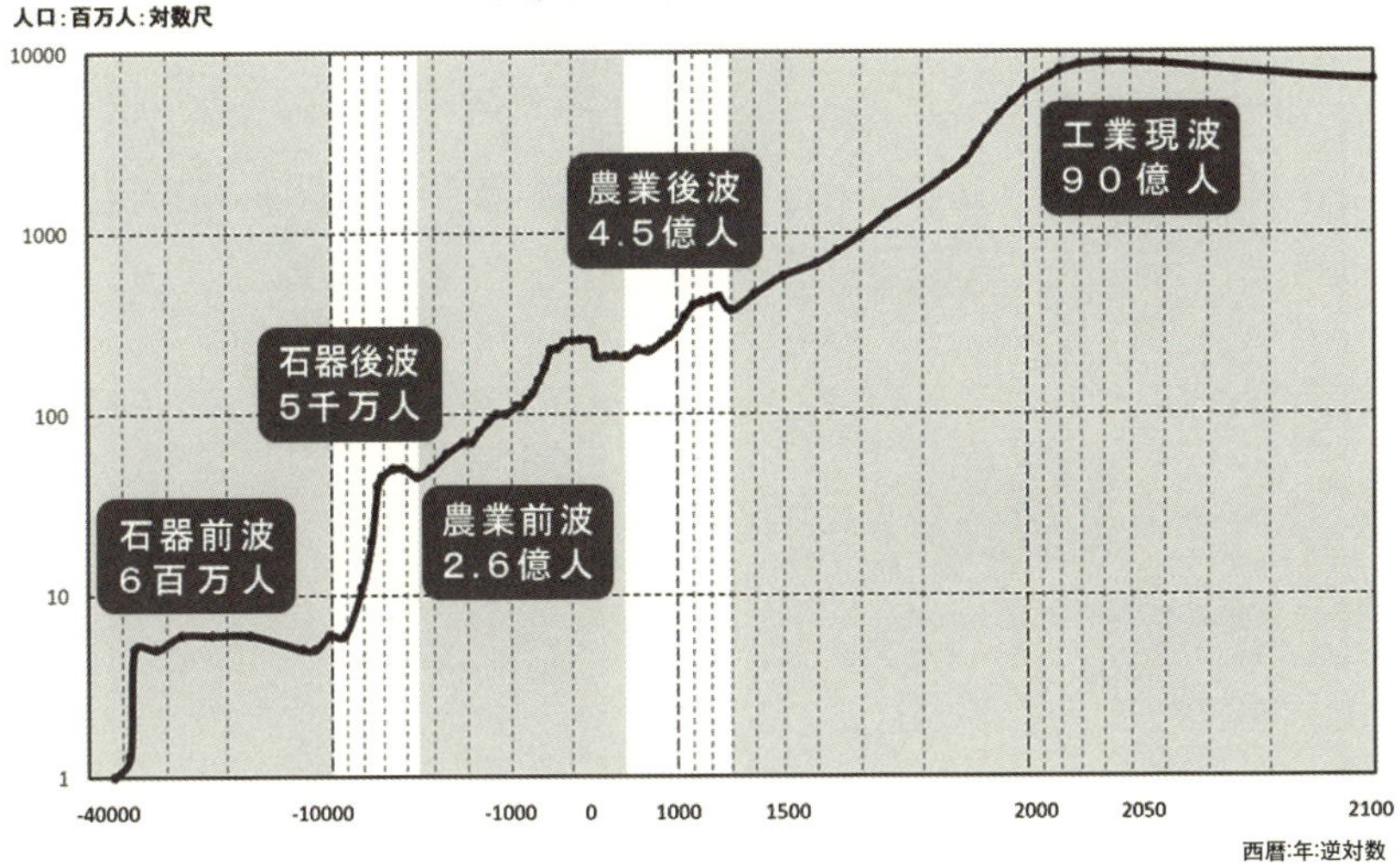

データ出所：-40000～1970：J.N.Biraben,Essai sur l'evolution du nombre des hommes In:Population,
1990～2100年＝Washinton Univ,IHME,Forecast2020,SGD値

業後波、工業現波と命名しました。

これらの波動が生まれたのは、さまざまな文明によって人口容量が拡大されたからです。

つまり、石器前波は旧石器文明で６００万人、石器後波は新石器文明で約５，０００万人、農業前波は草創農業文明で約2億6，０００万人、農業後波は集約農業文明で約4億5，０００万人、工業現波は工業文明で約９０億人というように、文明の変化が人口を増やしてきました。

いいかえれば、人類は新たな文明を生み出すごとに、人口容量を増やし、それによって人口を増やしてきたのです。

図表４　日本人口の推移

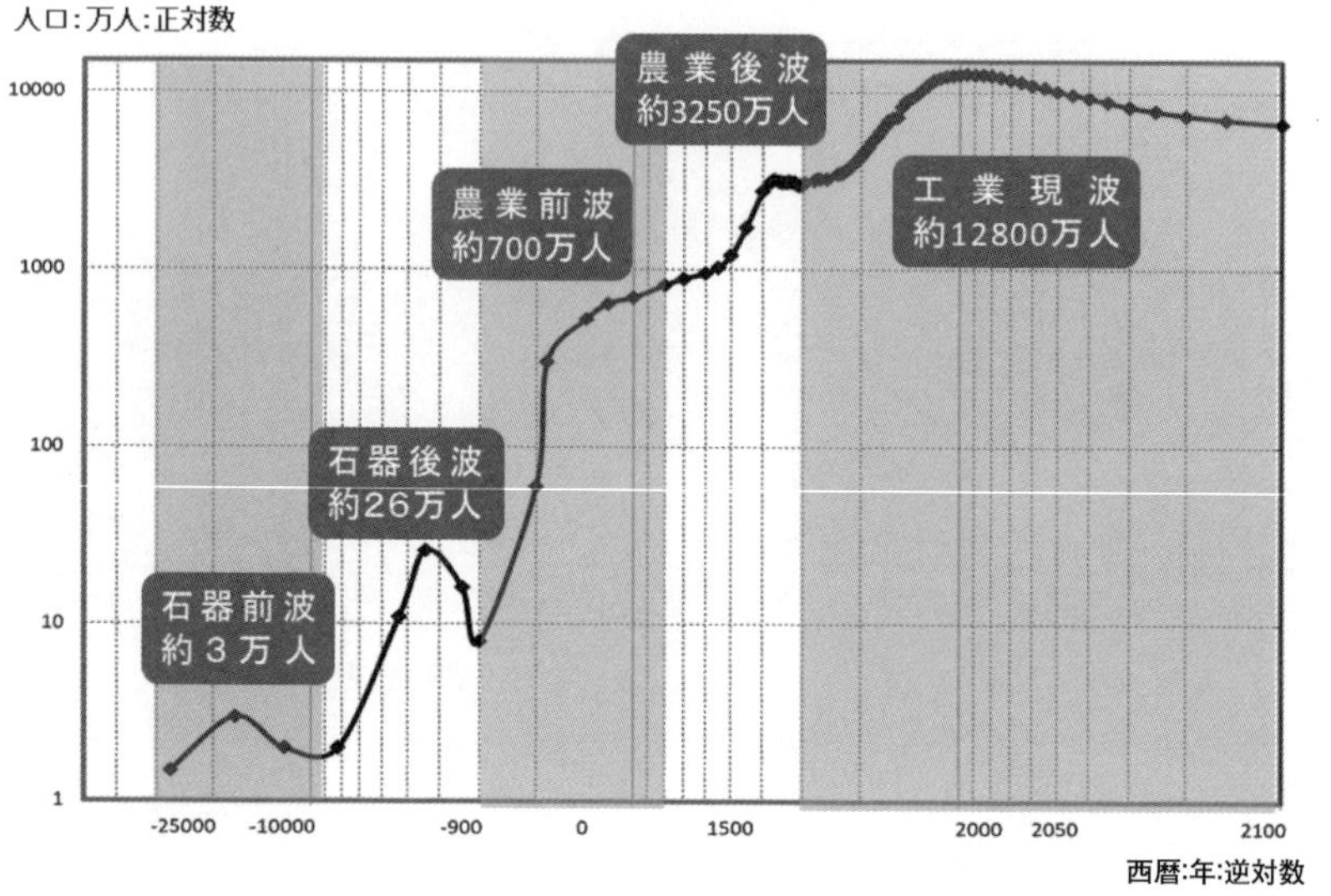

データ出所：古田隆彦【日本人はどこまで減るか』、国立社会保障・人口問題研究所2023年予測・中位値

同様に、日本列島の住人もまた、幾つかの文明を利用して、この列島の人口容量を増やしてきました。

さまざまな推計値を重ねてみると、やはり5つの波が浮かんできます（**図表４**）。

最初の石器前波は旧石器文明で３万人、２つ目の石器後波は新石器文明（縄文文明）で２６万人、３つ目の農業前波は草創農業文明（弥生文明）で７００万人、４つ目の農業後波は集約農業文明で３，２５０万人、そして５つ目の工業現波は1億２，８００万人と、世界波動と同じような波が読み取れます。

このように超長期的に眺めると、日本列島の人口もまた何度か増減を繰り返しながら現在に至っています。人口容量が伸びている時は人口もまた増えますが、容量が満杯になるにつれて、人口は停滞し、やがて減少していきます。

日本列島では、旧石器時代後期、縄文時代後期、平安〜鎌倉時代、江戸時代中期などが、いずれも人口が停滞あるいは減少した時期でした。昨今の人口減少は、それらに続く5回目と思われます。

とすれば、**いま日本で起こっている人口減少は、近代工業文明による1億2,800万人という人口容量が満杯になったため、5番目の波が満杯から減少に移っている**ということなのです。

加工貿易文明の限界化

現代日本の人口容量1億2,800万人は、江戸時代の後期以降、欧米伝来の科学技術を応用して作り上げた約7,500万人の自給量を基礎に、工業製品を高く輸出して、食糧や資源を安く輸入するという加工貿易によって、約5,300万人を上乗せしたものです。

いいかえれば、科学技術、市場経済、自由貿易の3つを組み合わせた「加工貿易文明」とでもいうべき文明を日本列島に応用した成果ともいえるでしょう。

しかし、１９９０年代に至ってその上限に近づいたため、人口は急速に伸び率を落とし、２１世紀に入ると容量の満杯化によって、ついに減少へ向かっています。

単純にいえば、この容量の大前提であった国際環境が大きく変わり、工業生産国の増加で工業製品は安くなる一方、農業・資源生産国の減少で食糧・資源は高くなる、という構造に変化してきたからです。

こうなると、１億２，８００万人の容量を維持するのが精一杯で、これ以上の拡大はもはや困難な状況です。そこで、現代の日本人もまた、他の動物と同様に人口の抑制行動を始めました。平均寿命の上昇をあきらめ、ベビーの出産も抑え込もうとします。

その結果として、死亡数は増加、出生数は減少という傾向、つまり「少産・多死化」が顕著になり、人口を減らし始めているのです。

このように、人口減少の背景を追究していくと、「少子・高齢化」という次元をはるかに超えて、「人口容量の限界」という現代社会の、大きな曲がり角に行き着くことになります。

つまり、加工貿易文明によって造り上げてきた人口容量が限界に差し掛かり、現代日本の仕組みそのものが一種の満杯状態になった、ということです。

見当違いの3方向

とすれば、1億2,800万人の壁に突き当たった日本は、今後どのような方向へ向かっていくべきなのでしょうか。今後の方向として、最近では大きく3つの方向が取りざたされています。

最も魅力的に見えるのは「アップライジング」や「アップサイジング」で、この壁をなんとか突破して人口を再び増加させ、社会全体を成長・拡大型へ戻そうという方向です。

経済学者やエコノミストの多くが提唱し、ネオヒルズ族やICT（情報通信技術）バブル派といったビジネスパーソンの多くも追随している動きです。

しかし、この壁はさほど簡単に突破できるものではありません。

電気製品や自動車を高く輸出して、資源や食料を安く輸入するという国際経済環境が崩れ始めている以上、それに替わる新たな輸出入構造を創り出す必要がありますが、ICT関連産業やM&A（合併・買収）ビジネス程度では到底無理であり、もっと本格的な次元での新技術の開発や新産業の創造が求められます。

となると、2つ目の方向として、成長・拡大よりも「持続」を重視しようという「サステナブル」が挙がってきます。

「1億2，800万人のラインをなんとか持続していく」というサステナブルの考えは、一見、地球環境に見合った優しげな方向に思えます。しかし、これもまた簡単なことではありません。

なぜなら、一部の人口学者が主張するような、人口が増えもせず減りもしない状態を維持しようとすれば、新たに生まれた分だけ死んでもらい、死んだ分だけ産んでもいいという、極めて過酷な条件に従わなければならないからです。

そこで3つ目に、上昇拡大も維持持続も両方とも無理だとして、もっと素直に人口減少につきあっていこうという「ダウンサイジング」や「シュリンキング」が出てきます。

幾つかのマスメディアが唱える「縮小社会」や、都市計画学者が提案する「コンパクト化」などであり、人口が減り始めた以上、いち早く社会構造をそれに適応した規模へ変えよう、というものです。

確かに、生活者も労働者も減っていく以上、経済規模も縮小していくように思えますから、社会規模もまた縮小するというのは、妥当な目標かもしれません。

しかし、労働力が減ったとしても、社会資本はもとより生産整備や生産ノウハウの維持は不可能ではありません。徐々に減っていく国民がその分努力して、少しずつ生産性を上げれ

図表5　見当違いの3つの方向

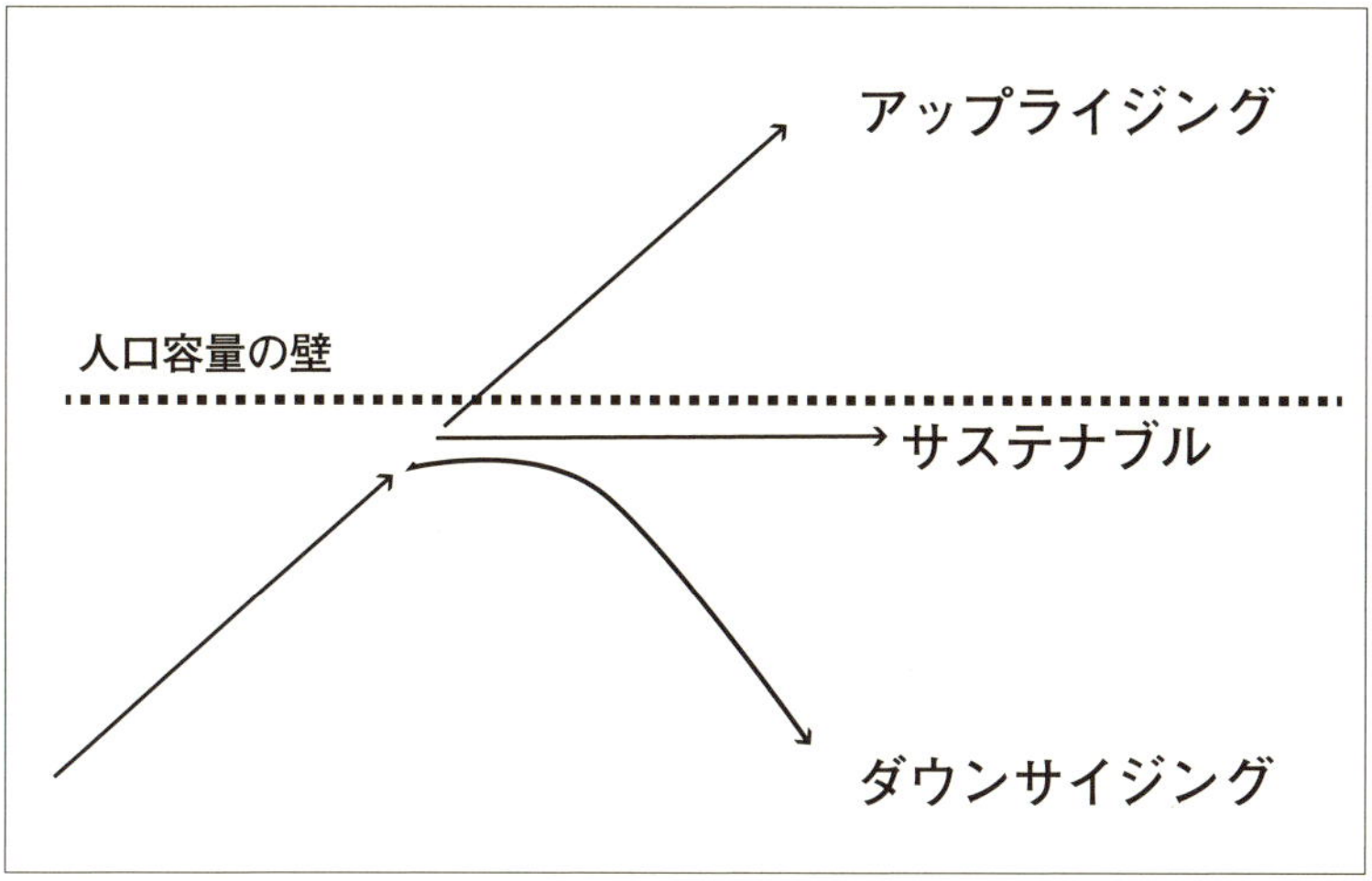

ば、経済規模はそれなりに維持できます。

ＡＩ、ＩＣＴ、ロボットなど最先端技術を応用すれば、生産性はさらに上がります。人口が減るからといって、せっかく到達した1億2，800万人規模の社会を、あえて縮小していく必要性があるとは思えません。

こうしてみると、昨今のマスメディアに登場するこれら3つの方向は、いずれも見当違いなのではないでしょうか。

では、日本はどこへ向かっていくべきなのか。否、人口減少に対応してどのような社会を目指せばいいのか。そのヒントは過去の人口減少社会の中にあります。

2，２つの歴史が示す近未来

「初めて」ではない人口減少社会

人口減少が進んでいくと、日本の社会は大きく変わります。これまで約２００年間、ひたすら人口の増加する社会で生きてきた私たちは今、大変戸惑っています。

とはいえ、人口の減少する社会は、前述のように初めてではありません。人口とは増えたり減ったりするものですから、長い歴史を振り返ってみると、私たち人類は何度か人口減少社会を経験しています。

ここで大切なことは、人口波動における位置づけが似ていると、社会もまた似てくるという事実です。

人口容量に余裕があり人口が急増している時には、若者が多く、元気で荒々しい社会となります。逆に容量が飽和して人口が止まった時には、高齢者が増えて、落ち着いた社会が現れるようです。

もちろん、すべてが同じになる、などと述べているわけではありません。時間が不可逆的なものである以上、まったく同じことが再び起こることなどは絶対にあり得ないからです。

けれども、**まわりの環境が似てくると、たとえ細部の事象が違っても、基本的な社会構造が似てくる**ということはあり得ます。

そこで、今後の日本にとって、とりわけ参考になると思われる、2つの先例を眺めながら、人口減少でどのような世の中に変わっていくのかを、大胆に展望してみましょう。

モデル①　中世後期のヨーロッパ

最初の事例は中世後期のヨーロッパです。当時の人口は600年頃から増加し、1340年頃に約7,000万人に達した後、10年間で約5,100万人に急減し、それ以後も1500年頃の5,600万人まで低迷しています（T・G・ジョーダン『ヨーロッパ文化―その形成と空間構造』）。

直接の理由はペスト（黒死病）です。ペストは、インドからアジア南部にかけて生息していたクマネズミが、東西を結ぶシルクロードに乗って移動した結果、ヨーロッパ全土に広がったものです。

1347年、バルカン半島のコンスタンティノープルに侵入すると、翌年には地中海の貿易路を辿ってイタリア、フランスに上陸し、以後3年間にヨーロッパ中に広がって、3人に1人を殺しました。

その後も、ペストは1350年代、65年前後、80年代前半、95年前後と、ほぼ10年間隔で流行を繰り返しましたから、ヨーロッパ全体では100年間に約2,000万人が死亡し、14世紀の末まで死亡数が出生数を上回った状態が続きました。

このような経緯によって、ヨーロッパの人口は16世紀の初頭まで約200年間停滞したため、典型的な人口減少社会が出現しました。

14~15世紀前半には、ペストへの恐怖と混乱が進むにつれて、「鞭打ち苦行者」や「死の舞踏(ダンス・マカブル)」など、集団的な狂気現象が発生するとともに、刹那的に現実生活を享楽しようとする、退廃的な風潮も高まっています。

しかし、15世紀後半に経済や産業が回復してくると、イタリアではフィレンツェの権力を掌握した豪商、コジモ・デ・メディチが積極的な外交手腕を発揮して芸術や文化の支援者となり、いわゆるルネサンスを開花させていきます。

人口の減少・停滞に伴って当時の社会は大きく変貌し、いったんは「死」の文化が広がりましたが、まもなく「ルネサンス(再生)」へ向かっていったのです。

ルネサンスは文学、美術、建築で始まりましたが、やがて近代的な合理的精神を生み出して社会や経済へと広がり、近代社会を生み出す世界観に発展します。さらに技術分野にも広がって、活版印刷術、火薬、羅針盤など、近代社会を担う最も基礎的な条件を生み出していきました。

こうしてみると、人口減少期の社会とは、**「混乱から成熟へ」「成熟から革新へ」**と、社会や文化が動いていく時代といえるでしょう。

モデル②　江戸中期の日本

第2の事例は江戸中期の日本、つまり享保から文化文政期に至る江戸時代の中期（1720～1830年）です。先に挙げた5つの波動のそれぞれの後半は、いずれも人口減少社会でしたが、その中で最も現代に近いのが江戸時代の中期です。

第4の波、農業後波の人口は室町時代からスタートし、戦国時代に助走し始め、上昇に転じたのは関ヶ原の合戦後でした。

そして八代将軍、徳川吉宗の治世であった享保の時代、1732年に3，230万人でピークに達した後、1790年頃まで約60年にわたって減り続け、以後は停滞しています。

直接のきっかけは気候の極端な悪化でした。宝暦、安永、天明期に大飢饉が発生したことです。しかし、飢饉による人口減少はあくまで表面的なもので、真相はこの時代の人口容量を支えていた集約農業文明が限界に達したからです。

当時の人口容量を支えていたのは、集約農業技術と貨幣経済制度です。一方の集約農業技術は18世紀の前半1730年頃、幕末を100とした時、すでに耕地面積で92%、米の生産量で70%に達していました。

つまり、江戸時代の農業生産はこの時代にすでにピークに達しており、以後はわずかしか伸びなかったのです。

一方の貨幣経済制度は、商品経済をあまりにも急速に浸透させたため、農村では階級分化が進行し、年貢の減免を求める一揆が頻発するようになります。都市部でも、急速な商品経済化に対応できない町人が急増したため、米穀商人や質屋などの富裕層に対する打《う》ち毀《こわ》しが広がっています。

さらに商品経済の浸透は、年貢米に基礎をおく幕府財政にも大きな影響を与えました。幕府直轄地からの年貢収入を減らしたうえ、商工業者からの運上金、生糸貿易の利益、宿駅《しゅくえき》・街道・船舶などの支配による主な収入源にも景気の影響が現れるようになり、財政収支のバランスを大きく狂わせていきます。

２つの変化で人口容量が抑えられると、当時の農民たちは自らの生活水準を維持するために堕胎や間引きなど出産抑制に走り、また江戸や大阪などの大都市では、男子人口が女子人口よりも著しく多いため有配偶率が低く、結婚年齢が高くなって出生率が低下しました。

さらに人口密度が高く衛生状態や住居条件が悪いために、災害や流行り病で死亡率が上がり、農村から出稼ぎに出た若い男女は、都市から帰村しても、やはり結婚が遅れますから、農村の出生率を低下させました。

かくして出生数の減少と死亡数の増加が起こり、人口は急速に停滞へと移行し、以後約１００年間、減少していきます。

こうしてみると、人口容量の飽和化で始まった人口抑制行動には、生活水準優先、大都市志向、単身化・晩婚化志向など、人口減少社会に特有の社会現象が明確に現れており、これらは現代日本にも通底するものです。

個人所得の上昇と米価安《べいかやす》の諸色高《しょしきだか》

もっとも、人口減少が進んだ社会だったとはいえ、江戸中期には個人所得が下がったわけではありません。

１７３０年以降、集約農業生産の限界化や飢饉の影響で人口は停滞したにもかかわらず、農民１人当たりの実収石高は上昇に転じています。つまり、人口が減っても１人当たりの所得はかなり増えたのです。

こうなった背景には、田畑輪作や二毛作の開始、備中鍬《びっちゅうぐわ》や踏車《ふみぐるま》などの新農機具の開発といった農業技術の改善、肥料の改善や虫害防止の進展、品種改良の進歩、作物多様化などが加わっていました。

さらに農業の余業として加工業収入や、町場での商工業所得も伸び始めていましたから、国民１人当たりの所得はもっと高かったものと思われます（速水融ほか「概説一七～一八世紀」）。

所得の上昇と貨幣経済の浸透によって、自給自足を基本としてきた農民層もまた、貨幣を使用して干魚、綿布《めんぷ》、櫛《くし》、簪《かんざし》など、新たな選択財を求めるようになりました。このため、１７３０年以降の物価動向では「米価安《べいかやす》の諸色高《しょしきだか》」という現象が進みました。

経済動向の変化を受けながら、江戸中期の１００年間は、八代将軍吉宗による享保の改革（約４０年）、田沼意次による重商主義（約１４年）、松平定信による寛政の改革（約６年）、十一代将軍家斉による大奥バブル（約４１年）と、改革と規制緩和が幾度か繰り返された時代でした。

これらの政策動向にも、人口減少期に特有の現象がいくつか現れています。経済・社会政策の面では、経済の基盤である米作が限界に達していたため、基本的には奢侈《しゃし》や浪費を抑えて一定の制約下に適応していかざるを得ませんでした。

しかし、それだけでは庶民の支持が離れていきますから、時にはタガを緩めることも必要でした。その結果、経済政策では、デフレ政策とインフレ政策が、また社会政策では、引き締めと緩和が交互に実施されています。

一方、文化面ではこうした経済動向を反映して、それまでの上方《かみがた》文化に代わる、江戸型の文化が新たに生まれています。

とりわけ田沼時代には、江戸町人の経済力が伸びた結果、十八大通《じゅうはちだいつう》という富裕層が出現し、「通」「いき」「粋」といった美意識を重んじる、わが国独特の大都市文化が、遊里と芝居小屋の中から生まれてきます。

縮んで濃くなる社会

この美意識によって、物質的な拡大志向に頼らず、縮小してもなお心理的な満足を保証す

図表6　印籠と根付

る、高度な付加価値をもった商品やサービスが生み出されました。

例えば江戸中期には、印籠と根付という、世界に誇るべき濃縮文化が広がっていました。ここには当時の技術と芸術、実用と美意識がまことに巧みに融合され、モノ作り文化の極致が見られます。

印籠とは、腰に下げる、何段かに仕切った小型容器で、ヒモを通して連結させて印判や印肉を納めるものでしたが、中世のころから薬籠となり、戦国時代の携帯薬入れを経て、江戸時代初めには武士階級の愛玩品となったものです。

江戸中期になると、小さな容器の上に精巧な技法を駆使した製品が登場します。

木、竹、漆器、金属、陶磁、象牙など当時最先端の素材にして、蒔絵や七宝などの装飾を施すなど、江戸時代の技術と芸術の粋を集約した工芸品となりました。

また、根付とは印籠をさらに小さくした工芸品で、印籠、巾着、煙草入れなどに通したヒモを腰帯へ挟むための留め具です。

これにもヒノキ、ツゲ、竹、黒檀、紫檀、白檀、さらには象牙、鹿や水牛などの角、陶磁、ベッコウ、サンゴ、メノウ、水晶などが素材として使われ、その上に木彫、牙彫《げちょう》、彫金、鋳金、象嵌《ぞうがん》、螺鈿《らでん》、拭漆《ふきうるし》、蒔絵《まきえ》、七宝といった、多彩な工芸技法が投入されています。

デザインでも、身近な人物や動物などから、風俗、風物、説話、故事、あるいは花鳥風月にまで広く題材を求めて、見事に極小の世界を作り出しています。

印籠と根付の流行がピークに達した江戸後期には、専門の印籠師や根付師に加えて、絵師、蒔絵師、欄間師、からくり師、面打、鋳物師など、さまざまな分野の職人が参加し、高度な技法水準を競い合いました。

こうした分業体制が素材からデザインに至るまで、ひたすら〝濃縮〟を追求した点で、印籠・根付文化は典型的な「濃縮志向」のモノ作り文化でした。それゆえ、明治維新以後も目利きの西欧人に注目されて、大量の製品が輸出されていったのです。

「濃縮志向」のモノ作り文化

しかし、もっと重要なことは、印籠や根付を求める高度な生活需要が、人口減少社会の中から生まれてきたことです。

当時の武士や町人は、単に薬入れ用の道具や他人に誇示する装飾品として、印籠や根付を求めたのではありません。細工やデザインに究極の美や世界を感じて、掌中で密かに愛玩する、あるいは立腹したり気分が落ち込んだ時にじっと握りしめる、精神的な安定具としても重用したのです。

つまり、それはお守りとしての〝護符〟であり、心の一部としての〝堪忍袋〟でもあったのです。それゆえ、彼らはその品質とデザインに、過大なほどの期待とこだわりを見せ、高額のお金を注ぎました。

結局、印籠・根付文化を支えたのは、成熟した江戸人の高度な願望であり、さらにはそれを育んだ濃縮した江戸文化だったのです。

そのほかにも、寛政期は藩校や寺子屋の急増で識字率が向上し、貸本屋を中心とする出版文化が拡大します。つまり、江戸中期とは物質的な成長や経済的な拡大が滞り、人口が停滞したがゆえに、かえって芸術や文化が深まった時代でもあった、といえるでしょう。

さらに新たな文化が生まれると、新しい産業技術の芽も育まれてきます。享保以降、医療や生産に役立つ実用の学問を求めていわゆる蘭学が興隆し、医学、物理学、化学から天文学や地理学、あるいは和算学や物産学などに幅広く普及していきます。

こうした西欧的知識の導入で、幾つかの藩では手工業（マニュファクチャー）の生産技術を急速に発達させて、財政基盤の回復を実現し、やがて明治維新への足がかりをつかんでいきます。

以上で見てきたように、江戸中期の人口減少社会では、政治・経済的には閉塞した環境の下で規制の強化と緩和が繰り返されましたが、その間に文化の成熟とそれに基づく新技術の蓄積が進んでいます。

ちなみに江戸中期の平均寿命は２０歳くらいでしたが、年齢構成が逆ピラミッド型であったという意味では、現代の日本とほとんど同じ構造です。

人口推移には増加期と減少期があり、停滞・減少期には出生数の減少で、年少者よりも年長者の比率が高い年齢構造が現れるのです。

高齢者という定義は寿命の変化で時代とともに変わりますが、年長比率の高い社会構造という意味では、江戸中期も現代もともに高齢化社会ということです。

図表7　人口減少社会の5つの特徴

【特徴1】　文明主導から文化主導へ
【特徴2】　成長・拡大型から飽和・濃縮型へ
【特徴3】　生産者主導から生活者主導へ
【特徴4】　必需財は安く選択財は高く
【特徴5】　ゼロ成長でも個人は豊かに

とすれば、江戸中期という時代は、制約条件が強まり、逆ピラミッド型の年齢構造にもかかわらず、社会や経済をそれなりに運営し、資源や食糧を節約しつつ、小さなモノの中に成熟した文化を創り出しています。

見習うべきものが大変多いといえるでしょう。

前述のとおり、すべてが同じになるということはあり得ませんが、そうしたミーム(文化的遺伝子)を積極的に活用することができれば、新たな社会を創り出すことも不可能ではありません。

人口減少社会・5つの特徴

人口減少社会の2つの先例から、その生活価値観や社会構造の特徴を述べてきました。要点を整理すると、5つの特徴が見られます(**図表7**)。

第1の特徴は「**文明主導から文化主導への移行**」です。

歴史を振り返ってみると、人口が減少する時代には、ヨーロッパでも日本でも文化が成熟し、栄えています。

人口増加期には新たな文明の応用で人口容量が増えますから、人々の関心も当然、文明に向かいますが、減少期には文明の応用が限界に達して人口容量も飽和し、文明への関心も薄れてきます。

他方、ゆとりも生まれ成熟感や爛熟感も強まりますから、もう一度、伝統的な生活様式や時代精神を見直すという気風が生まれ、文化への関心が高まってくるのです。

次に、第2の特徴が最も顕著なもので、「**成長から成熟へ**」「**拡大から濃縮へ**」「**活力から余裕へ**」という方向へ、向かっていくということです。

人口減少社会というと、すべてが縮んでいく「ダウンサイジング」社会と思われるかもしれません。しかし、「成熟・濃縮・余裕」社会といいかえると、むしろ「コンデンシング（濃縮）」社会と命名した方が適切だと思われます。

第3の特徴は、供給過剰がさらに進み、「**生産者主導の社会から生活者主導の社会へ移行**」という傾向が強まることです。

人口減少が進むと、衣食住などの消費量が減少して、労働力の供給量も低下します。しかし、生活の最も基本となる工業製品では、消費量の低下に比べて、供給能力はさほど落ちるわけではありません。

人口減少で労働力が減少しても、国内の機械・設備や生産ノウハウなどはなお維持されていますし、アジア各地や東ヨーロッパなどの発展途上国から、工業製品が大量に安く供給されるようになるからです。

消費量が減るにもかかわらず、国内に生産余力があり、かつ海外から大量供給が進めば、生活市場は間違いなく供給過剰に陥っていきます。

そうなると、供給側より需要側の立場が次第に強くなりますから、人口の減少する時代には、従来の「生産者主導社会」が終わって生活者が主導する、「生活者主導社会」の傾向が強まってきます。

先に挙げた文明と文化の関係でいいかえれば、新たに開発・導入された「文明」が社会の生産力を押し広げる時には、人口が増え消費量も増加していますから、社会の関心は専ら「文明」や「生産」に向かいます。したがって、生産力の拡大が社会をリードする「生産者主導社会」が出現します。

しかし、人口が減少し始めると、生産性の伸び率が多少停滞したとしても、生活者の消費量も減ってきますから、生産物は広く行き渡り、社会の関心はむしろ「文化」や「嗜好」に移っていきます。

そこで、生活者が生産者をリードする「生活者主導社会」の様相が次第に強まってくるのです。

選択財と個人所得の拡大

第４の特徴は、供給過剰や消費主導によって、「**必需財は安く、選択財は高い**」という傾向が進行することです。

中世後期のヨーロッパは「穀物安の羊毛高」に、江戸中期の日本でも「米価安《べいかやす》の諸色高《しょしきだか》」という傾向がありました。２つの先例を参考にすると、今後の日本では必需品、主に工業製品の価格が低下し、それ以外の製品の価格が上昇していきます。

加工貿易文明の限界で約１億２，８００万人をピークに人口は減少し、消費需要は減少していきますが、工業製品の供給能力は、約１億２，８００万人ラインからさほど落ちないからです。

その一方で、選択財の価値は高騰するでしょう。現代の日本でいえば、非工業製品や非物質的な付加価値を持った商品の価格が上昇してくるということです。

供給過剰が進行して必需財の価格が安定すると、生活者の関心は別の財へ向かうようになります。それに応えて、生産者の側でも、顧客減少による売り上げ低下分を選択財で補おうとしますから、市場には高額商品が溢れてきます。

とすれば、企業経営でも、必需財である工業製品だけでなく、選択財である非工業製品や文化的付加価値の高い商品へ、生産の比重を大胆に転換していくことが必要になります。

そして第5の特徴は、**GDP（国内総生産）の「ゼロ成長化」と、個人所得の増加**です。これまでの常識では、人口が減れば消費人口が減少し労働力も減っていきますから、当然マイナス成長になって個人所得も減少する、と思いがちです。

しかし、ゼロ成長を維持できれば、人口が減っていく分だけ個人所得は増えていきます。なにやら怪しげな話のようですが、ヨーロッパ中期や江戸中期の歴史を振り返れば、これは本当のことです。

2つの先例が示しているのは、労働力が減っても農地、農具、生産技術などの生産資源が保存されておれば、生産性が急速に上がって生産力は維持されるということです。

まして現代社会は、ロボットからＡＩまで生産性を上げていく要素に溢れていますから、これらを適切に活用できれば、生産力の維持はいっそう可能になります。つまり、すでに到達した人口容量を、減っていく人口でなんとか維持できる構造が生まれれば、人口増加時代よりも、もっと充実した暮らしが可能になるということです。

実際、２００９年から人口が減り始めると、１億２，８００万人で分け合っていたパイは、１０年単位で１億２，０００万人、１億１，０００万人と頭数《あたまかず》が減るにつれ、分け前分が増えていきます。分配が公平に行なわれれば、所得は上がっていく可能性があります。

もっとも、そのためには新たな努力が必要です。前述したように、供給面でも人口が減っていく以上、より少ない労働力で従来の生産を維持しなければなりません。

１人当たりの「労働生産性」を大きく上げるために、筋肉労働にはロボットを、頭脳労働にはＡＩやＩＣＴを駆使するなど、急進するハイテクツールを徹底的に導入して、１人の労働者が１・５～２人分の仕事をこなす体制が求められます。

他方、需要面でもお客が減って売り上げが落ちていきますから、これまでの収益を維持していくためには、より高いものを売ったり、数多く売ることが必要になります。

それには、より高価な商品や使用頻度の高い商品、さらにはまったく新しいネウチを持った商品やサービスを創り出して、効果的に売り込んでいくことが必要です。

3，人口減少市場への2つのアプローチ

生活市場への3つのインパクト

これまでみてきたように、人口減少の進行につれて、日本の社会・経済にはさまざまな変化が発生してきます。その中でも、今後の生活市場にとって、とりわけ重大な影響をもたらす変化は次の3つでしょう。

第1は**総人口の減少**。先に述べたように2009年頃に始まった人口減少は、2056年頃に1億人を割り、世紀末にはほぼ5千万人にまで落ち込みます。

都道府県でも、すでに8割強の地域で人口減少が進んでいますが、2025年までに東京都を除く46道府県で減少し、2045年以降はすべてのエリアに波及します（国立社会保障・人口問題研究所・2023年推計）。

第2は**年齢構成の上昇**。「少産化」による若年層の縮小と「長寿化」による高齢層の増加で、若年人口（0～14歳）は2020年の11・9％から、2034年に10・0％、2070年には9・2％へと低下し、逆に高齢人口（65歳以上）は2020年の28・6％から、

２０３８年に３３・９％、２０７０年には３８・７％へ上昇していきます（前記・中位推計）。

第３は**家族構造の激変**。総人口減少と年齢構成上昇の影響を受けて、家族の数は２０２０年の５，５７１万世帯から２０３０年の５，７７３万世帯まで増えますが、その後は減少に転じ、２０５０年には５，２６１万世帯まで減っていきます。

１世帯当たりの規模は２０２０年の２・２１人から減少を続け、２０３０年には２・０２人、２０５０年には１・９２人へと縮小します（国立社会保障・人口問題研究所・２０２４年推計）。

３つの変化は、生活市場に対して、一方ではマイナスの影響を与えますが、他方ではプラスのインパクトをもたらす可能性があります。

３つのマイナス現象「３縮化」

３つの人口変動は、量的にいえば、間違いなく縮小現象ですから、生活市場にも当然マイナスの影響をもたらします。

総人口の減少は、それに比例して衣食住などの生活必需品の需要を減らし、必需品市場も縮小させます。つまり「必需縮小化」というトレンドが始まります。

年齢構成の上昇は、若年齢層の減少と高年齢層の拡大を招きますから、生活市場でも年齢階層の若い層が急速に縮む「若年縮小化」が進みます。家族構造の激変では、家族の数と世帯の規模の、両方がともに縮小する「家族縮小化」が進んでいきます。

このように、**人口減少に伴って、生活市場では「必需縮小化」「若年縮小化」「家族縮小化」の、3つの縮小化、つまり「3縮化」が進行**します。

3つのトレンドは、従来の人口増加＝成長・拡大型市場からみれば、いずれも「縮小」「減少」ですから、間違いなくマイナス現象です。しかし、どれもが避けられない現象である以上、大きく視点を変えて、これらのすべてを、新たな生活需要や社会的ニーズの拡大とみなすことはできないのでしょうか。

これからの企業には、マイナス現象に積極的に対応できるような、新たな商品やサービスを大胆に開発することが求められているのです。

3つのプラス現象「3超化」

一方、3つの人口変動を質的にみれば、従来のトレンドを覆す、大きな変化として、新たな生活需要を生み出す可能性を秘めています。その意味では、生活市場にとってプラスの影響をもたらすともいえるでしょう。

総人口の減少によって、経済・社会の基本的な方向は、従来の成長・拡大型社会が作り出したさまざまな蓄積を、減っていく人間で巧みに利用する構造へと移行していきます。

生活面でも、ひたすら成長・拡大を焦る生活心理が次第に縮小し、与えられた生活環境を巧みに活用して、自分なりの暮らしを実現する、「**知足・自足型**」の生活者が増えてきます。

そこで、生活市場においても、これまでの日常生活を超えた「**超日常化**」というべきトレンドが生まれてくるでしょう。

年齢構成の上昇は、年齢区分を次第に上昇させ、人生の仕切り方もまた大きく変えます。これまでは平均寿命が70歳前後であった、1960年頃の人生観に基づいて、幼年・少年・青年・中年・老年の年齢区分を決めていました。

しかし、今後は「人生85～90歳」を前提に、幼年、青年、中年、老年などの開始・終了時代をそれぞれ見直し、各時期をゆっくりと生きる「**超年齢化**」へと移行していくでしょう。

家族形態の変化では、単身者、夫婦のみ、単親が増え、核家族や多世代家族が減っていきます。

さらに細かくみると、同棲、事実婚、別居婚なども増えてきますし、単身者がマンションの一室や一軒の家で共同生活する「ルームシェア」や「ハウスシェア」、高齢者が一緒に住む「グ

図表８　人口減少の量的影響と質的影響

３大インパクト	量的影響	質的影響
総人口減少	必需縮小化	超日常化
年齢構成上昇	若年縮小化	超年齢化
家族縮小	家族縮小化	超家族化
トレンド	３縮化	３超化

ループホーム」、複数の家族や元気な高齢単身者が共同で暮らす「コレクティブハウス」といった、非血縁的な同居世帯も拡大します。

従来の家族を超えた新家族、いわば「**超家族化**」ともいうべきトレンドの進行です。

こうしてみると、人口変動の質的なインパクトは、「超日常化」「超年齢化」「超家族化」という、３つのトレンド、つまり「３超化」を生み出します。

いいかえれば、３超化は人口減少＝成熟・濃縮型市場を生きる生活者の、新たなライフスタイルに対応するものです。

それゆえ、これらの需要を的確にとらえることができれば、生活産業にかかわる多くの企業には、絶好のチャンスが訪れるでしょう。

量と質の2大革新

人口減少が生活市場に与えるインパクトを、量的影響と質的影響の両面から眺めてきました。「必需縮小化」「若年縮小化」「家族縮小化」の「3縮化」はマイナス現象ですが、このトレンドに見合った商品やサービスを開発できれば、新たな生活市場を創り出すことができます。また「超日常化」「超年齢化」「超家族化」の「3超化」はプラス現象である以上、これに適応した対応によって、より大きな市場を形成していくことが期待されます。

人口減少のインパクトというと、一般にはマイナス現象が喧伝されていますが、もう一方では、従来の社会にはなかったような、幾つかのプラス現象も発生させる可能性を秘めているのです。

とすれば、これらの変化に産業界が的確に対応していくには、どうすればいいのでしょう。まずはその視点を次のように転換し、それに見合った市場戦略を着実に展開していくことが必要ではないでしょうか。

第1は**マイナス現象の産業化**。人口減少は量的な縮小ですから、従来の人口増加市場と比較すれば、明らかにマイナス現象が多くなります。しかし、これらのマイナス要素を新たな需要の発生ととらえて、積極的に対応すれば、新たな市場を形成することも不可能ではありません。

例えば「超年齢化」や「超家族化」というトレンドには、新たな機能・性能・品質などで商品を革新する「差別化」戦略、あるいは新しいカラー・デザイン・ネーミングなどで訴求する「差異化」戦略で、ある程度の対応が可能でしょう。

第2は**プラス現象の産業化**。人口減少社会の進行に伴って、新たに発生するさまざまな生活需要を敏感にとらえ、新しい生活産業を積極的に創造すれば、従来とは異なる新しい生活市場の拡大が期待できます。

「超日常化」の次元でいえば、非日常的な選択品の創造が中心となりますから、アロマテラピー（芳香療法）、タラソテラピー（海洋療法）、森林浴など、感覚性や精神性を充足できる戦略、あるいは手作りログハウスや手作りアクセサリーのように、自給・自足を求めるユーザー層を積極的に応援する戦略など、より多様な戦略が求められます。

つまり、体感、象徴、学び、遊びといった、ユニークな訴求要素を駆使できる、多様な戦略が必要になってきます。

第3は**マーケティング戦略の根本的転換**。第1、第2で述べたような産業を新たに創出するためには、マーケティングの視点と戦略を、根本から見直していくことが必要になります。

例えば「必需縮小化」「若年縮小化」「家族縮小化」の「３縮化」に対しては、量的革新を中心にしたマーケティング戦略「６別化戦略」が必要であり、「超日常化」「超年齢化」「超家族化」の「３超化」に対しては、質的革新を新たに目指すマーケティング「６差化戦略」が求められるのです。

以上のような視点に立って、本書ではⅠ部で「量的縮小に対応するマーケティング」を、Ⅱ部で「量的縮小と質的変化に対応する、新たな戦略体系」を、Ⅲ部で「質的変化に対応するマーケティング」を、そしてⅣ部で「量と質を統合するマーケティング・多重化戦略」を、できるだけ具体的な手法として提案していきます。

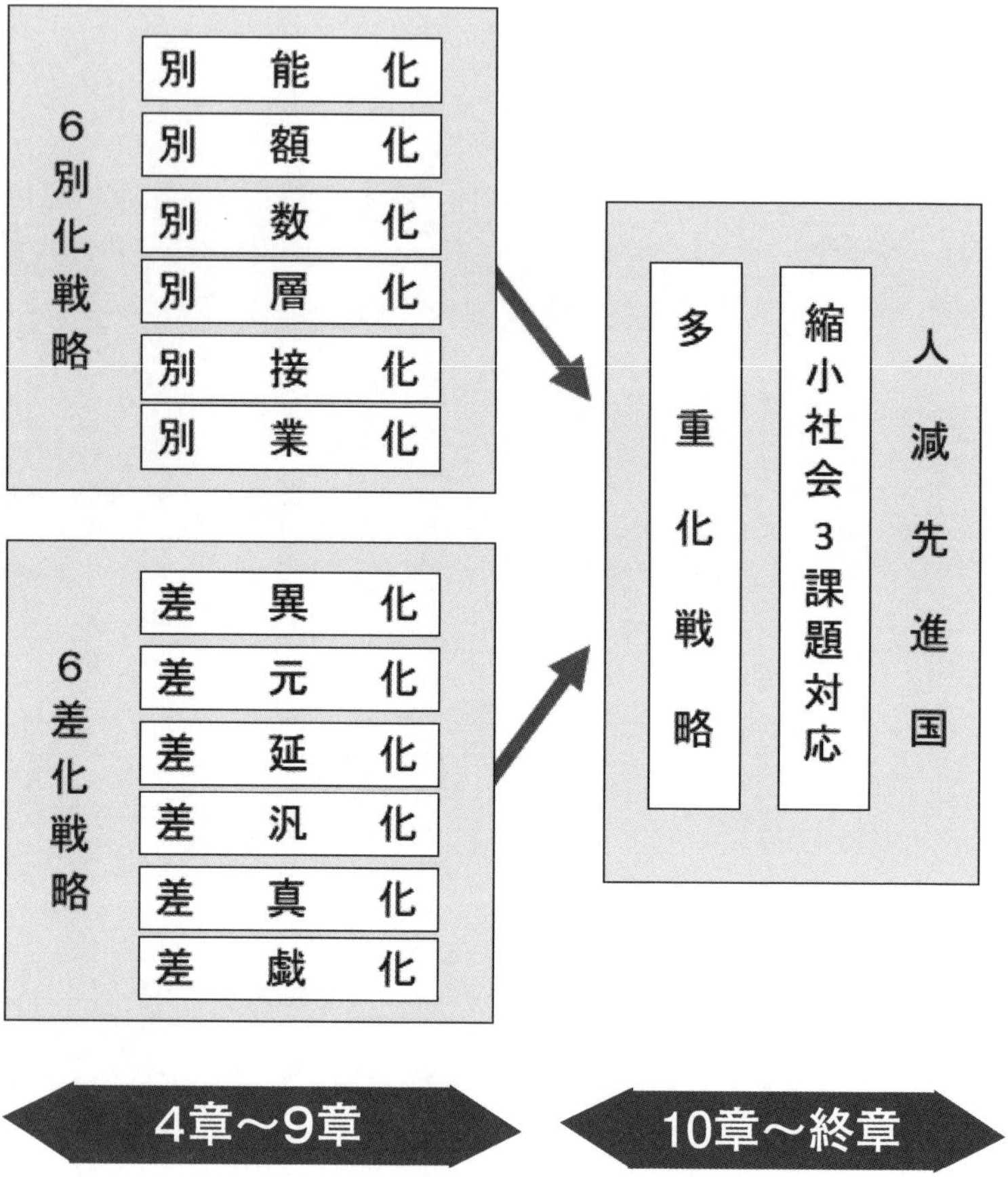
6別化戦略
別能化
別額化
別数化
別層化
別接化
別業化
6差化戦略
差異化
差元化
差延化
差汎化
差真化
差戯化
人減先進国
縮小社会3課題対応
多重化戦略
4章～9章
10章～終章

《本書の全体構造》

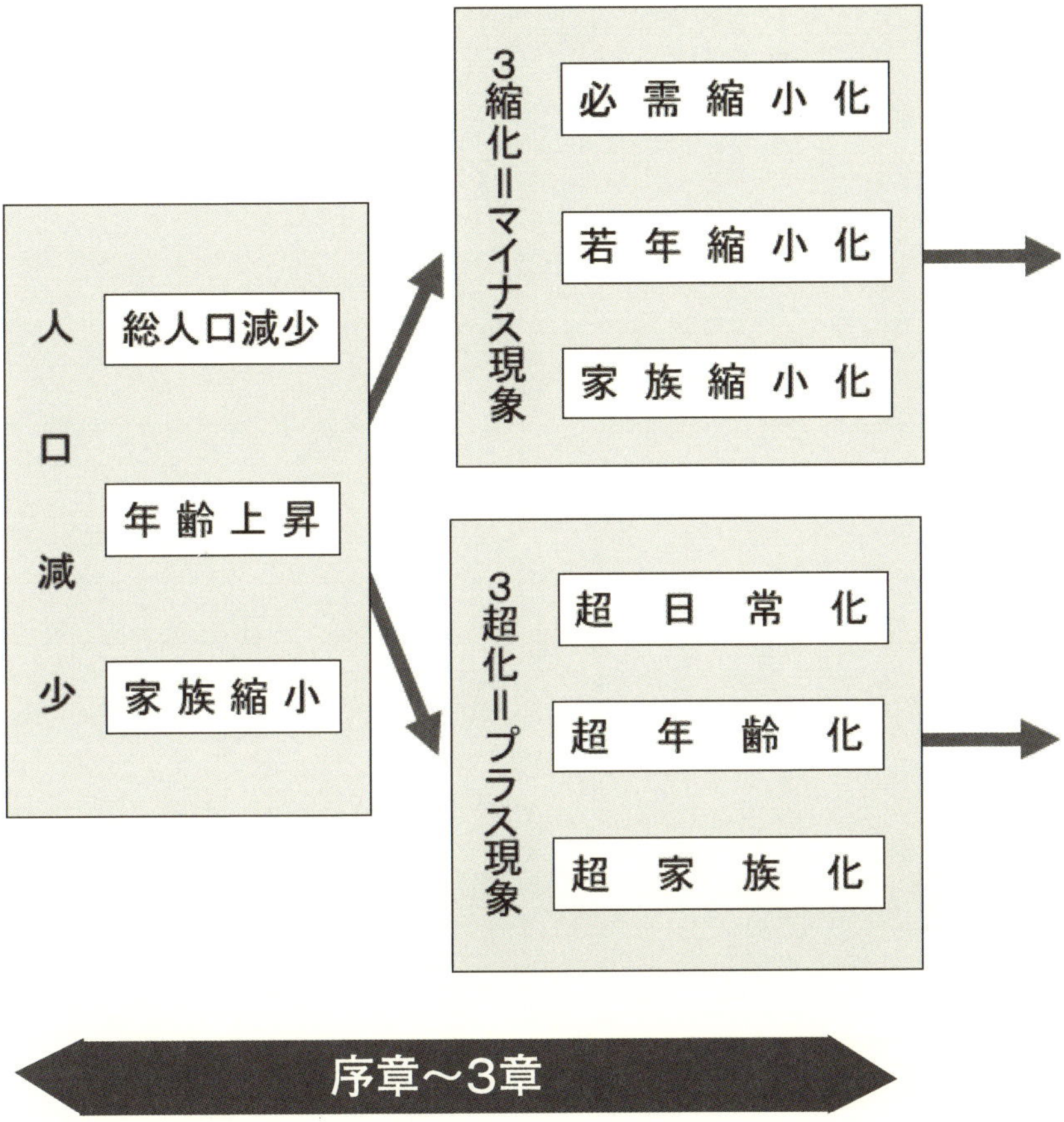
人口減少
総人口減少
年齢上昇
家族縮小
3縮化＝マイナス現象
必需縮小化
若年縮小化
家族縮小化
3超化＝プラス現象
超日常化
超年齢化
超家族化
序章〜3章

Ⅰ部　縮小市場をプラスに変える逆転発想

総人口の減少とともに、必需縮小化、若年縮小化、家族縮小化という、３つの縮小化が進行します。この「３縮化」トレンドは、従来の人口増加＝成長・拡大志向からみれば、間違いなくマイナス現象です。

しかし、一方では、従来の社会にはほとんどなかったようなプラス現象もまた引き起こします。超日常化、超年齢化、超家族化という「３超化」トレンドです。

産業界がこれらのインパクトを柔軟にキャッチしていくには、基本的な視点を大きく転換し、それに見合ったマーケティング戦略を柔軟に展開していくことが必要でしょう。

そこで、Ｉ部では「量的縮小に対応するマーケティング」を求めて、３つの縮小化が生活市場に及ぼすさまざまな影響を予測し、そのうえで、今後のマーケティング戦略の進むべき方向を、「３縮化」と「３超化」の両面から提案していきます。

1章　総人口減少をプラスに変える

1，急減する総人口

人口はどこまで減るか

最初に、総人口の急激な減少が引き起こすインパクトを展望してみましょう。序章で述べたように、日本の総人口は、ピーク時(2008年)の1億2，808万人から、2020年には1億2，622万人へ落ちています。

今後も一貫して減り続け、2056年に1億人を割って、2070年には8，700万人にまで落ちる、と予測されています(国立社会保障・人口問題研究所・2023年・中位推計)。出生率の回復はほとんど無理な状況ですし、数百万人の移民を受け入れたとしても、2050年に1億人を維持するのがやっと、というところでしょう。

総人口はその後も減り続け、2100年に6，287万人、2120年に4，973万人まで落ちて、ピーク時の4割にまで減っていきます(同研究所・中位値・参考値)。

生活市場への影響を縮小率でみると、ピーク時の2008年から2020年には99％まで縮んできました。今後も2030年までは94％程度の縮小ですが、2050年

図表９　地域人口の減少

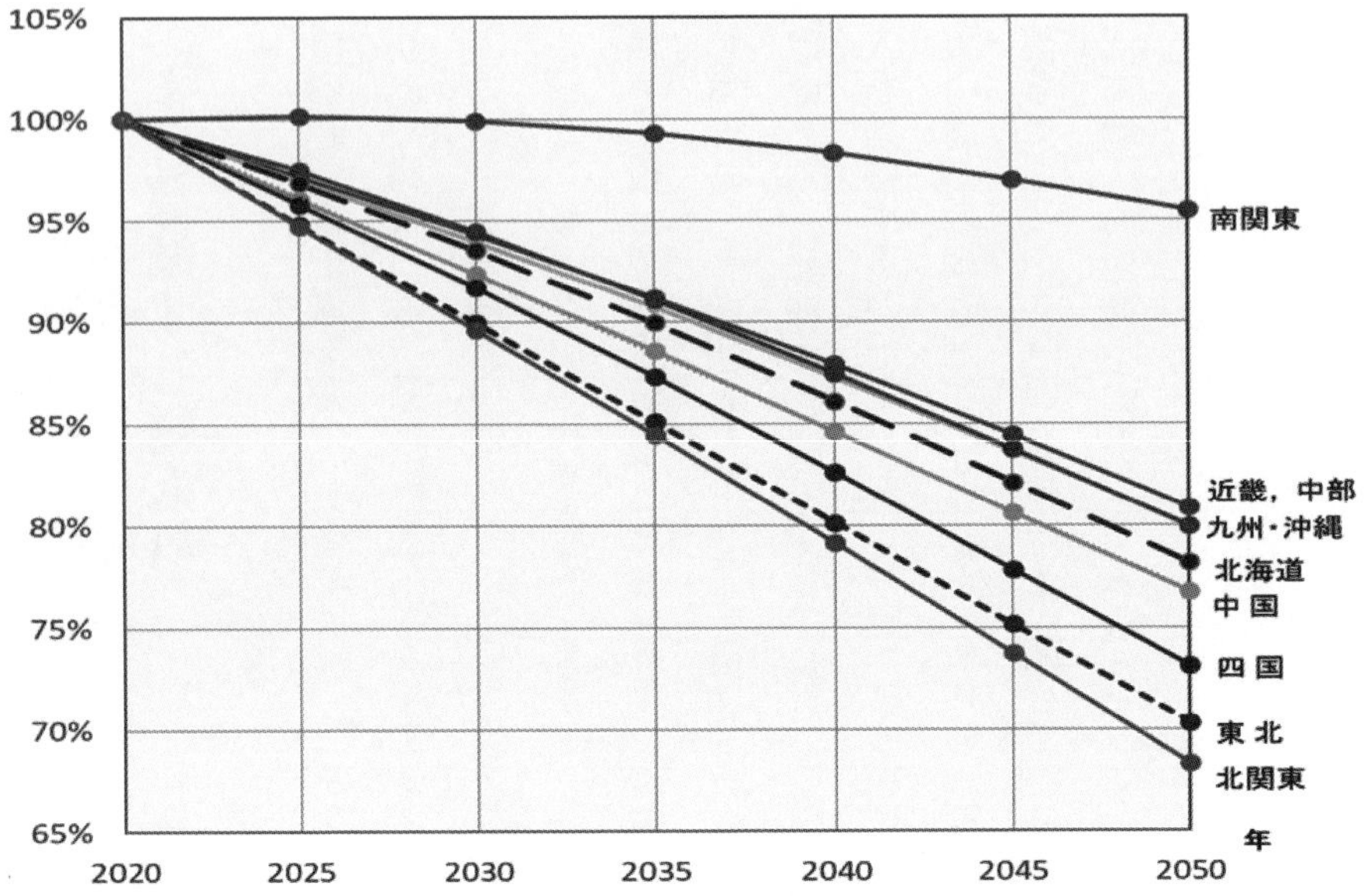

データ出所：国立社会保障・人口問題研究所・2023年推計

には８２％、２０７０年には６８％、２１００年には４９％、２１２０年には３９％まで縮んでしまう、ということです。

さらに注目すべきは、人口の減るスピードが、大都市圏よりも地方圏においていっそう早まっていくことです。

「日本の地域別将来推計人口」(国立社会保障・人口問題研究所、２０２３年推計)によると、２０２０年の人口を１００％とした場合、次のような傾向が読み取れます。

地域別では、全国９ブロックのうち南関東(東京都、神奈川県、埼

図表10　都道府県の人口減少(2020年〜2050年)

対2020年	都　道　府　県
100%以上	東京都
90〜99%	神奈川県、千葉県、埼玉県、沖縄県
80〜89%	大阪府、京都府、滋賀県、愛知県、福岡県、岡山県
70〜79%	北海道、宮城県、茨城県、栃木県、群馬県、山梨県、静岡県、長野県、岐阜県、三重県、富山県、福井県、石川県、奈良県、兵庫県、広島県、鳥取県、島根県、愛媛県、香川県、熊本県、大分県、佐賀県、宮崎県、鹿児島県
69%以下	青森県、秋田県、岩手県、福島県、山形県、新潟県、和歌山県、山口県、徳島県、高知県、長崎県

データ出所：国立社会保障・人口問題研究所・2023年推計

玉県、千葉県）だけが2030年までほぼ2020年のレベルを維持していきますが、その他の8ブロックは急激な減少に向かっていきます(**図表9**)。

都道府県でみると、2020年の人口に対し、30年後の2050年まで増加し続けるのは東京都だけです(**図表10**)。

90%台になんとか留まるのは、首都圏の神奈川県、千葉県、埼玉県と沖縄県の4つ、80%台となるのは、近畿圏の大阪府、京都府、滋賀県と、愛知県、福岡県、岡山県の6つです。

残りの36県はすべて80%以下まで減っていきます。その中でも、青森、秋田、岩手などの東北県、山口、徳島、高知などの中国・四国県、それに長崎県などは70％以下に落ちていきます。

地域の人口増減は、出生数と死亡数の差による自然増減に加えて、転入数と転出数の差による社会増減の影響が大きいのですが、これもまたそれぞれの地域の人口容量に影響されています。

人口容量が、各地の自然条件を、現代の加工貿易文明で利用した結果である以上、科学技術を応用した農林漁業の生産はもとより、工業や商業の蓄積や生産動向によって、自然増減と社会増減の両方が影響されるからです。

外国人は急増する

その一方で、日本人の減少を補うため、外国人の入国は増えてきます。

国立社会保障・人口問題研究所の予測（2023年推計・中位値）によれば、**図表11**に示したように、2020年に275万人（人口総数の2・2％）の外国人は、2050年には729万人（同7％）へと急増します。

その後も増え続け、2066年に906万人で10％を超え、2100年には971万人

図表11　外国人の人口増加

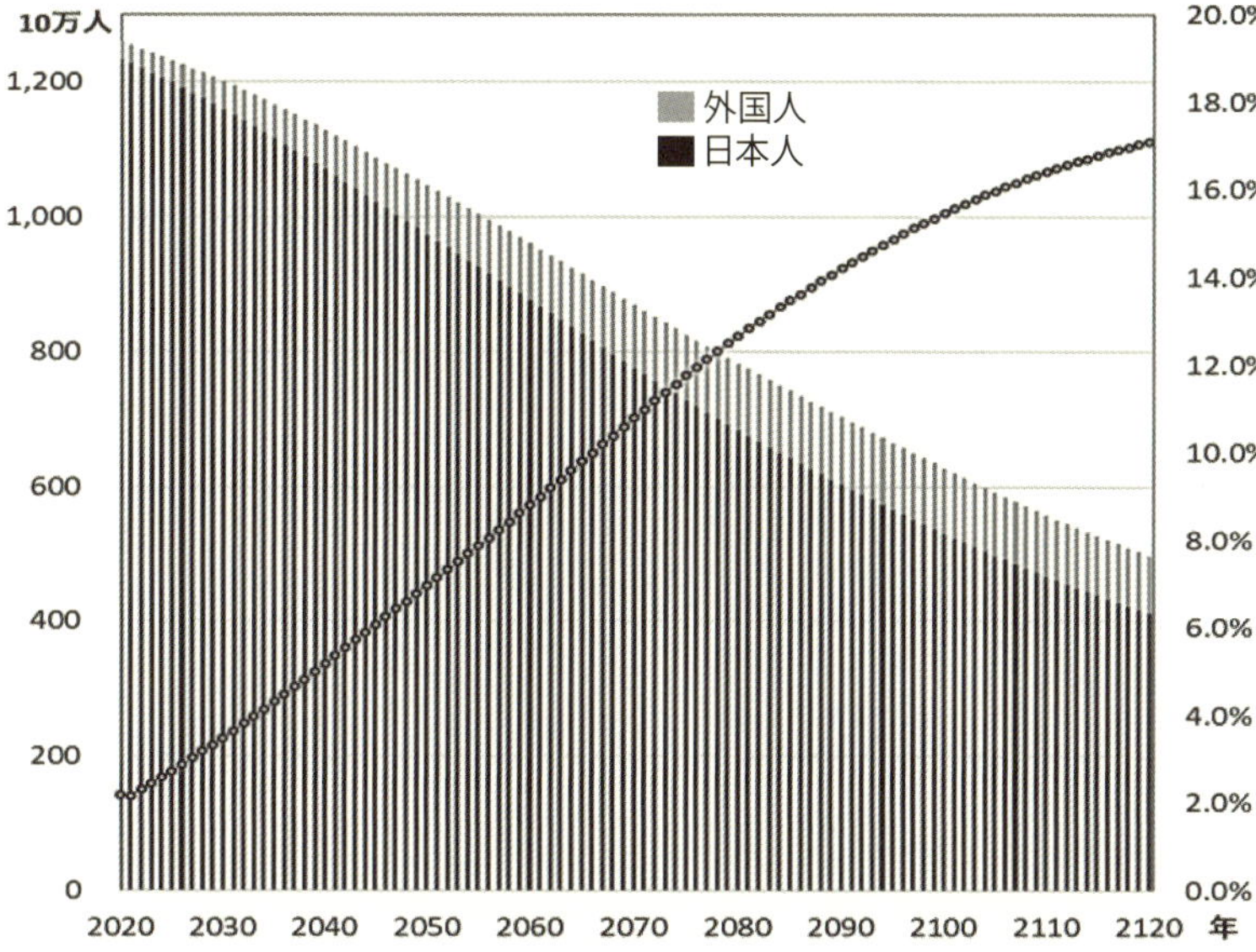

データ出所：国立社会保障・人口問題研究所・2023年推計・中位値

で15%に達する、と見込まれています。

主な背景には労働力不足への対応があります。

ニッセイ基礎研究所の調査(将来人口推計に基づく2070年の外国人労働者依存度について)では、2022年時点の日本人と外国人それぞれの労働者比率を前提に、産業別の外国人労働者依存度を展望していますが、それによると、全産業では2022年の2.7%から2070年には12.3%へ上昇していきます。

産業別では、宿泊業・飲食サー

ビス業が5・4％から24・4％へ、製造業が4・6％から20・9％へ、情報通信業が2・7％から12・5％へ、学術研究・専門・技術サービス業が2・6％から11・7％へ、など大幅に高まっていきます。

とりわけサービス業では、3人に1人が外国人となるなど、もはや外国人抜きには産業が立ち行かない状況が生じる、と予測されています。

需要変化へ対応する

これまでみてきたように、総人口の減少に伴って、わが国の社会構造は大きく変わっていきます。生活市場にかかわるビジネスは、どのように対応していけばいいのでしょうか。

全国的に人口減少が進んでいきますから、生活市場では、序章で述べたように「必需縮小化」「若年縮小化」「家族縮小化」の、3つの縮小化、つまり「3縮化」が進行します。これに対応していくには、人口減少に伴って発生するさまざまな障害を、視点を変えることによって、新たな生活需要の発生とみなしていくことが必要です。

つまり、日本人の生活需要の変化や在留外国人の生活需要など、新たに生まれてくる需要を的確にとらえることができれば、新しい生活市場を開拓できる可能性が、間違いなく広がっていくでしょう。

そしてもうひとつは、人口減少で新たに発生してくる需要への対応です。「超日常化」「超年齢化」「超家族化」という、3つの超越化、つまり「3超化」にどのように向き合うのか、という課題です。

これらを捕まえるには、ゆとりや余剰を積極的に活用するという視点に立って、新しい商品やサービスを創造していくことが必要です。2つの面からの対応によって、斬新な生活産業を生み出すことができれば、生活市場の縮小を食い止めることも、決して不可能ではありません。

本章では、この2つの側面から、総人口減少が生み出す新たな需要を幅広く考えていきましょう。

2, 3縮化へ新必需品で対応

顧客が減っても売り上げを伸ばす

最初の対応策は、新しい「必需品」を開発して、市場規模を維持することです。従来の必需品とは、成長・拡大型社会の中で、加工食品から家電や自動車まで、人並みの暮らしを実現するために必要な商品が中心でした。

これに対し、**人口減少社会の必需品では、過疎化、少産・多死化、平均年齢上昇、家族縮小などの影響で急速に崩れていく生活の水準を、どうやって維持・転換していくかにかかわる商品が中心**となってきます。

具体的にいえば、人口減少の引き起こすマイナス現象によって、新たに生まれてくる生活需要を掘り起こす分野であり、代表的な市場としては「コンパクトライフ市場」「コンパクトシティー市場」「農山・漁村過疎市場」「都会過疎市場」の4つが浮かんできます。そして、もうひとつ「在留外国人市場」も伸びてきます。

これらの需要を満足させる商品やサービスを実現していくには、企業のマーケティング活動に加えて、行政の政策マーケティングをはじめ、NPOや第3セクターなどのソーシャル・マーケティングにも、積極的な参加や連携を促す必要があるでしょう。

①コンパクトライフ市場

第1はコンパクトライフ市場です。全国各地では人口減少、長寿化、小家族化の影響を受けて、量的には消費規模の縮小が進みますが、質的にも消費対象の縮小、いわゆる「コンパクト化」と呼ぶべき現象が進行します。

その代表がコンパクト家電です。最近の家電市場ではコンパクト化が急進しています。例えば、ウィナーズ㈱（東京都渋谷区）が発売しているレコルトのポット型自動調理家電は、材料を入れてボタンを押すだけで、刻む・加熱・攪拌を自動で行なってくれるコンパクト調理器具です。

食材を刻んだり、鍋をかき混ぜて加熱温度を調節するなど、調理のちょっと面倒な部分を引き受けてくれますので、スープ、ポタージュ、ミネストローネ、キーマカレー、スムージーなど温かい料理から冷たい飲み物まで、材料を入れれば30分ほどで、でき上がります。単身者や高齢層には最適といえるでしょう。

パナソニック㈱のパーソナル食洗機「ソロタ」も、朝食の大皿も、夕食の食器も、まとめて6点まで洗える、1人暮らし向け食器洗い乾燥機です。

A4ファイルサイズのスペースに置ける省スペース設計で、前面と背面がクリア窓で透けて見えますから、圧迫感はありません。タンク給水方式で、分岐水栓の取り付けも不要ですから、購入後にすぐに使えます。単身者向けは不要と思われていた分野に、新しい需要を開拓しています。

リズム㈱(さいたま市)の卓上加湿器「MIST Mini（ミスト・ミニ）」は、90×197ミリのコンパクトな加湿器です。落ち着いたデザインとスモークのタンクから霧が噴出するたびに、キャンドルのようにゆらぐ優しいあかりが、くつろぎの時間を演出します。

超音波の振動で水を霧状にして室内に噴霧する、超音波振動加湿方式であり、ヒーターを使用しませんから、環境への負荷や家計への負担を軽減しています。

アイリスオーヤマ㈱(仙台市)の空気循環機「サーキュレーターアイ DC silent（ディシー・サイレント)」も、コンパクトなボディながら、最大風速がトップクラスの機器です。

風が直線的に遠くまで届くため、部屋の空気を循環させるという、サーキュレーターの最も重要な役割をしっかり果たしてくれます。パワフルで良質な風によって、空気循環だけでなく、部屋干しにも活用できます。

シャークニンジャ社（アメリカ）のコードレス掃除機「Shark EVOPOWER SYSTEM STD+（シャーク・エヴォパワー・システム）」は、コンパクトなコードレスですが、床も家具の上もしっかり掃除できる家電です。

パワフルな掃除力とシンプルな操作が売り物で、フローリングからカーペットまで使えるブラシレスパワーフィンや強力な吸引力など、掃除機としての性能も高く、ワンタッチでハンディクリーナーに切り替えもできます。

充電スタンドに自動ゴミ収集ドックを搭載し、掃除機で吸ったゴミを自動で収集でき、約30日分も溜められますから、ゴミ捨ては月1回でOKです。

幾つかのコンパクト家電を挙げてきましたが、新たな潮流として注目されるのは、単なる小型化ではなく、2つの機能が1つに収まるなど、より広い意味でのコンパクト化です。今まで2つ必要だったものを1つにまとめて省スペースにしたり、類似カテゴリーで人気であった機能をよりスリムな機種に搭載するなど、質的なコンパクト化も進み始めています。

コンパクトマンション・コンパクト住宅

コンパクト志向は住宅市場にも広がっており、すでにコンパクトマンションやコンパクト住宅が広がっています。

不動産市場では近年、30~50平方メートル程度の「コンパクトマンション」が単身者やディンクス(DINKS:Double Income No Kids =共働きで子どもを持たない夫婦)向けに増加しています。

従来の分譲用のマンションでは、家族向けの50平方メートル以上と、投資向けの20平方メートル程度のワンルームの2つが多く、中間の物件は主に賃貸住宅用として供給されてきました。ところが近頃では、この中間に位置する物件が、分譲用としても急速に拡大しています。

直接の背景には、未婚化・晩婚化や少産化・無子化による世帯人員の縮小があります。1世帯当たりの人数は今後も減少していきますから、70平方メートル以上のファミリータイプマンションは供給過多になることも予想され、コンパクトマンションの比重は間違いなく上昇していくと思われます。

そこで、コンパクトマンションの供給側では、中規模の面積や求めやすい価格水準に加えて、「積極的なシングルライフ」や「都心におけるＤＩＮＫＳスタイル」などのコンセプトを強力に打ち出す企業が増えています。

手軽な予算で「都心」や「駅近」に住める好立地性、単身女性も安心して住める防犯性、洗練されたインテリアデザインなど、さまざまな利点が訴求されており、生活意識のコンパクト化にも対応しています。

また、コンパクトな小型住宅も伸びています。㈱スペースエージェンシー（熊本市）が販売する規格住宅「小さな家、PACO（パコ）」は、〝戸建て＝家族で住む〟という概念を取り払い、〝戸建て＝個人空間〟を重視した小型住宅です。

「小さな暮らし、だから自由」をコンセプトに、約4坪（13・2㎡）のワンルームで、キッチン、トイレ、シャワーなど、最小限の必要な設備に囲まれる暮らしを提案しています。工場で生産して現地で組み立てるという規格住宅の利点を活かし、価格も大幅に抑え、13・42㎡（タイプ：PACO-FAMILY）の場合、545万円～（税込み・以下同じ）です。別に運搬・設置・付帯工事等の費用がかかります。

面積が狭いですから、材質にコストを掛けられますが、そうかといって安っぽさは感じさせず、高品質な機能美とおしゃれなデザインが目立っています。

２０２３年１０月には「グッドデザイン・アワード・２０２３」を受賞しました。４坪というサイズは、１人の居住スペースとしても、趣味を楽しむ離れとしても、オンライン会議を行なう書斎としても、小さくても汎用性を感じさせる大きさです。

また輸送して移築可能な組み立て方式ですから、災害時の避難所や防災備蓄倉庫としての役割も期待できます。さまざまな使い方を誘発する仕掛けが詰まった注文住宅として、今後の展開が期待されています。

以上のようなコンパクト志向は、今後、インテリアや小型車などにも波及し、小型収納家具や小型・節電車といった、新たな必需品市場を形成していくことになるでしょう。

②コンパクトシティー市場

第2はコンパクトシティー市場です。人口減少の激しい地方都市では、それに対応した都市づくりとして、コンパクトシティーやコンデンスシティーといった、新たな都市計画が必要になってきます。

コンパクトシティーについては、さまざまな定義がありますが、おおむね「人口が減る以上、今後の都市づくりは郊外化やスプロール化を抑制して、住居も都市施設も中心部に集中していこう」という方向を意味しています。

この定義に基づき、コンパクトシティーの形態やプランについては、幾つかの方向が考えられます。欧米では1970年代からさまざまな議論が行なわれてきましたが、わが国でも1990年代から導入が検討され始め、先行した諸都市からは幾つかのプランが提案されています（図表12）。

全国で最初にコンパクトシティーを都市計画の目標に掲げたのは青森市です。1995年に策定した長期総合計画からコンパクトな都市づくりを検討し始め、1999年策定の都市計画マスタープランでコンパクトシティーを目標に掲げました。

背景には、冬期の除排雪に係る経費負担、1960年代以降の郊外拡大による公共コストの増加、中心部人口の減少による商業機能の衰退などが、立案の動機となっています。そこで、市域をインナー、ミッド、アウターに3分し、インナーには都市拠点の重点的な整備を、アウターには開発の抑制をそれぞれ計ることに決めました。

インナー整備の中核事業として青森駅前再開発事業を実施し、公共施設と商業施設を併設した複合ビル（フェスティバルシティ・アウガ・2001年）や、クリニックとケアハウスを併設したシニア対応型分譲マンション（ミッドライフタワー青森駅前・2006年）などを建

図表12　コンパクトシティーの3つのプラン

ワンセンター型

中心市街地に都市
機能を集約

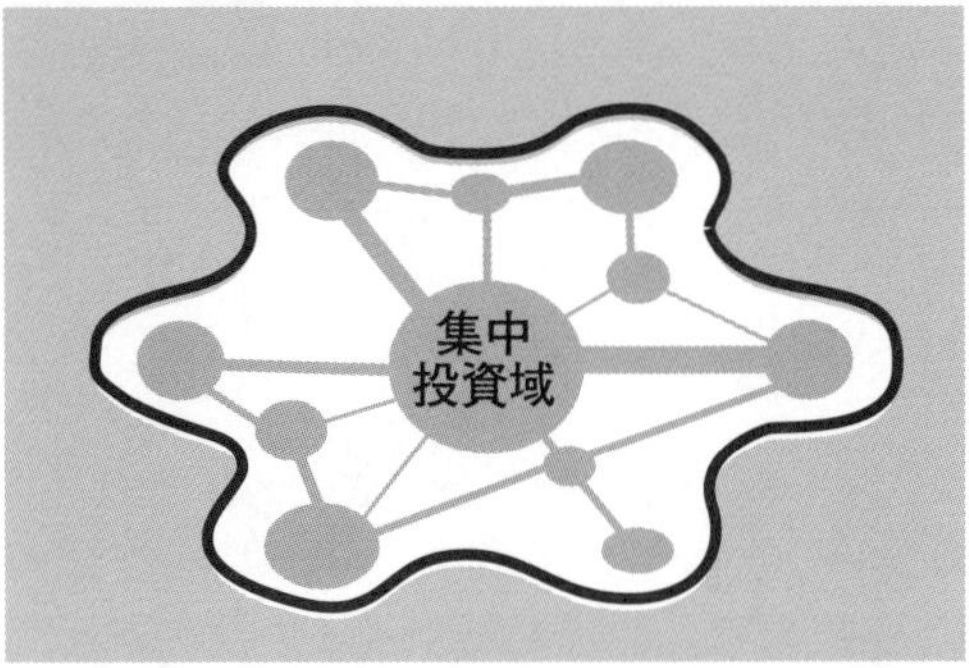

クラスター型

周辺部に諸機能を
集約した生活拠点
を幾つか設け、公共
交通などで中心部や
副中心を連結する

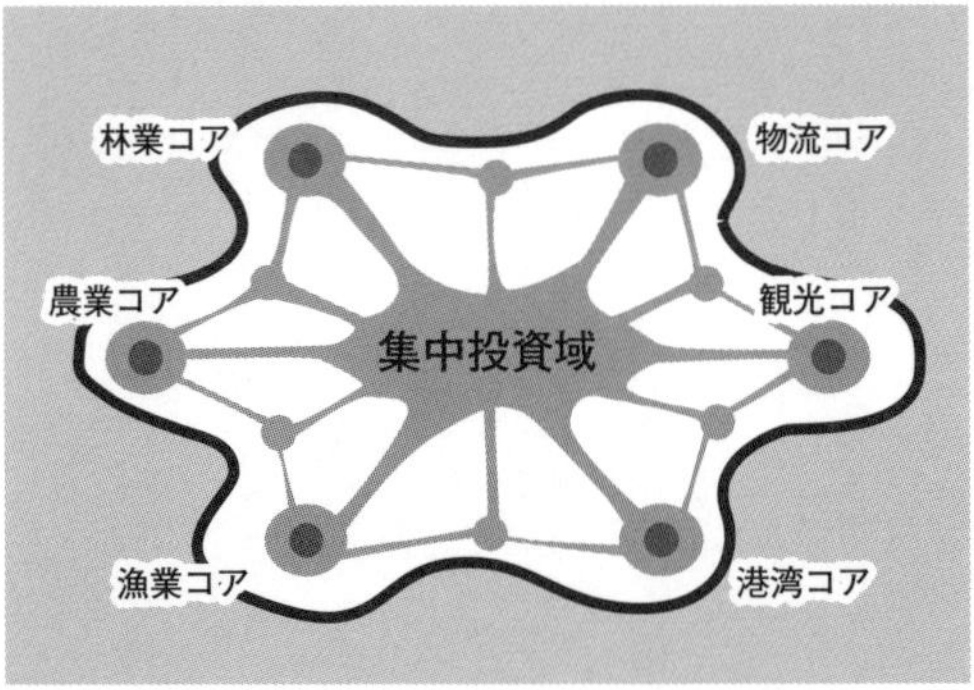

ネットワーク型

都市の機能を幾つ
かの要素に分けて、
それぞれに拠点を
作り、交通網などで
互いに連結する

設し、中心市街地への人口、商業の再集積を目指しました。

この計画では、郊外に広がった都市域を改め、中心部へと集める一極集中が意図されていたため、「ワンセンター型」の代表プランとなりました。

続いて2002年頃から検討を始めたのが富山市です。同市でも、過去の人口増加とモータリゼーションによる市街地の拡散で、中心市街地の人口減少と商業機能の低下、公共コストの増大という問題が生じていました。

これを解決するため、2002年から研究会を組織し、2005年に「富山市総合的都市交通体系マスタープラン」を策定して、「お団子と串の都市構造」を計画しました。

これに沿って、2006年4月には全国初の本格的LRT（次世代型路面電車システム）である「富山ライトレール」を開業し、2009年12月には市内電車の環状線を開通させて、2万人余りが住む中心市街地と、電車駅周辺の生活拠点を結びつけました。

周辺部に諸機能を集約した生活拠点を幾つか設け、公共交通などで中心部や副中心と連結するもので、複数の拠点を連結した「クラスター型」といわれているプランです。

その後、2006年から独自のタイプに挑んだ宇都宮市では、生活や商業などの機能が集約する「地域拠点」や「生活拠点」の他に、「産業拠点」や「観光拠点」などさまざまな特性や機能を集約した拠点を作り、それぞれを公共交通などで結節する方向を提案しました。

クラスター型では、すべての機能をフルセットで集約する生活拠点を複数配置していますが、宇都宮プランでは都市の機能を幾つかの要素に分けて、それぞれに拠点を作り、交通網などで互いに連結する「ネットワーク型」を目指しています。

3つのプランが、わが国で進められているコンパクトシティーの代表的なものです。幾つかの地方都市では、それぞれの置かれた環境に応じて、いずれかに近いプランを採用しています。

政府もまた2006年に「中心市街地活性化法」を改正し、市町村の策定する「中心市街地活性化基本計画」では、コンパクトシティーの実現を目標とするように誘導しています。この計画の認定を内閣府・地域活性化推進室が行なっており、2007年から283団体が認定され、2024年の時点で155団体の計画が進められています。

さらに2014年、国土交通省は都市再生特措法を改正し、コンパクトシティー構想を推進するため、容積率を緩和した「居住誘導区域」を指定して諸機能を集約する一方、郊外での建設を抑制し、住民の移住を促して、衰退した中心部を便利で活気のある街に再生させようとしています。

以上のように、都市づくりの方向が変われば、中心地域型老人マンション・老人ホーム、中心地域型公営住宅・公営施設、次世代型路面電車＝ＬＲＴなど、新しい商品やサービスの需要もまた高まってきます。

コンパクトからコンデンスへ

もっとも、コンパクトシティーにはさまざまな問題点も残っています。

先行する青森市や富山市では、中心市街地活性化基本計画の第１期計画期間を終了した現在でも、依然として中心市街地への人口集積が進んでおらず、商業活動の活性化や財政支出の縮減といった効果も、思うほど上がっていないというのが実情です。何が問題なのでしょうか。

人口が減る以上、都市の整備もまた中心部へコンパクトにしようという発想は、わからぬ話ではありません。しかし、計画を立案するうえで、幾つかの条件があります。第１にこれまで郊外に拡大した、膨大なストックを充分に活用するという視点が必要です。

第２に財政が逼迫する中で、都心部への再開発投資はより多大な負担を招く怖れがあり、適切に抑制する視点が求められます。

そして第3に「コンパクト」という言葉につきまとう「簡便さ」や「簡略さ」、さらにいえば「軽薄さ」というイメージを抑えて、成熟を目指す人口減少社会にふさわしい方向を目指さなければなりません。

そこで、筆者は以前からコンパクトシティーに代えて、「コンデンス（濃縮）シティー」というコンセプトを提唱してきました。コンデンスが意味しているのは、「拡大した人口容量を減っていく人口で徹底的に活用する」という理念です。

都市計画に沿っていえば、「これまでに拡大した都市域を、減っていく人口で限りなく活用し、1人当たりの利用空間をさらに拡大していく」ということになります。

発想の原点は、筆者が1970年代にイタリアでかかわった、アドリア海沿岸の都市計画にあります。再開発プランの立案に参加して、最も感心したことは、ヨーロッパの都市の原型である、城壁で囲まれた都市域の「重層性」や「連携性」でした。

具体的にいえば、

❶行政的には、城壁の内外で権利と義務を明確に定め、内側の住民については手厚い保護を与える代わりに、厳しい責任を負わせるという、伝統的な「市民」観がなお継承されている

❷都市管理の面では、かつての王宮を市役所に、古い教会を公会堂に改造するなど、過去の建造物の外観や構造を残しつつ、現在の目的に合わせて徹底的に再利用するという方針が定着している
❸隣接都市とは丘陵の尾根を走る道路で万里の長城のように繋がっており、日常あるいは緊急時の連携・協力関係が緊密に形成されている

などの特徴を挙げることができます。

以上のような仕組みによって、城壁都市は人権と歴史の重層性を獲得し、変わりゆく時代に対し、一定の批判と抵抗を示しながらも、緩やかに適応していくことができます。

こうした発想こそ、現代日本の近視眼的な都市づくりにもっと応用すべきではないか、と考えました。

つまり、「長期的な視点に立って中心市域を一定以上に広げない」「都心部への過剰な投資を避けるため、既存のストックをできるだけメンテナンスして再活用する」「郊外のストックを活かすため、農林業や地場産業などの生産・流通拠点化、マルチハビテーション（複数居住）や休日農業などへの再利用化といった活用方策を積極的に進める」といった対応が求められます。

こうした視点からみると、コンパクトシティーの3つのプランの中で最も期待が持てるのはネットワーク型、ということになるでしょう。いずれにしろ、今後の都市づくりは、コンパクトやコンデンスといった方向を目指して、強力に推進される必要があります。

これらの方策によって、少なくなった市民が、大都市の生活よりもはるかにゆとりと遊びのある、コンデンス(濃縮)な暮らしを実現できるようになれば、地方都市の魅力はますます増していくことになります。

③農山・漁村過疎市場

第3は農山・漁村過疎市場です。地域人口の急速な減少で、とりわけ農山・漁村地域では過疎化が広がり、生活の基盤が失われていきます。このため、毎日の暮らしを維持するための、基本的な商品やサービスが、絶対的な必需品となります。

例えば、過疎地宅配サービスです。先行的な事例として、徳島市の㈱とくし丸は、2012年から全国初の移動スーパー「とくし丸」を展開しています。

軽トラックにさまざまな商品を載せて移動販売を行なうサービスですが、最大の特徴は、食品の供給元は地元のスーパー、販売者は個人事業主、移動販売のプロデュースは同社と、事業主3社が組み合わされていることです。

「大手流通業の行なっているネットスーパーではクールすぎて、高齢者には向かない」「カタログ宅配サービスも、注文してから届くまでに時間がかかる」「食事の宅配もあるが、1カ月もすれば飽きる」「スーパーまでの送迎サービスも、外出するための身支度などで気遣いが多い」…などなど、地方に住むユーザー層の不満を克服するため新たに考案されたもので、まさに玄関先まで「スーパー」を届けるサービスです。

軽トラック2台でスタートした移動スーパーは、1年で7台にまで伸び、2022年には1，000台を突破しました。全国のスーパー経営者からも問い合わせや視察が殺到し、2024年現在、東北から九州まで140社を超えています。

もっとも、この課題はますます深まっています。トラックドライバーの時間外労働制限や過疎化に伴う交通インフラの弱体化などで、高齢者などの「買い物難民」が日増しに増えているからです。

そこで、拡大が期待されているのがハイテクツールのひとつ、無線操縦の小型無人機、ドローンによる物流です。ドローンを活用すれば、過疎地や離島などトラック配送が難しい地域でも、自宅まで荷物を安全かつ迅速に配送できます。

こうした需要に対応するため、政府も「航空法等の一部を改正する法律」を２０２２年１２月に施行し、「有人地帯での目視外飛行」を認めました。

これを受けて、２０２３年３月、国土交通省は「ドローンを活用した荷物等配送に関するガイドライン Ver.4.0」を公表し、ドローン配送の拡大を促しています。そこで、長野県や宮城県など、多くの自治体も配送ドローンの導入に向けた、さまざまな取り組みを始めています。

こうしてみると、社会的に必要であり、かつ絶対的な需要がある以上、分散・小規模であっても採算の成り立つビジネスモデルを編み出すことが強く求められます。すでに進みつつある過疎地向けタクシー、空き家紹介サービス、防犯・防災情報装置、小型ドクターカーなどでも、新たな必需品市場を育成していかなければなりません。

コンデンスシティーや過疎地対策ビジネスは、人口減少地域を再生する最大の鍵となっていくでしょう。

④都会過疎市場

第４は都会過疎市場です。過疎化は農山・漁村部に限る現象ではなく、都会や都市の中心部でもすでに進行しています。

そうした地域では、さまざまな生活必需品が求められていますが、農山・漁村部とやや異なるのは、集合住宅の居住者が多く、供給機関にも、さほど離れていないこともあり、独自の対応が求められています。

農林水産政策研究所がとりまとめた推計(２０２０年)によると、生鮮食料品販売店舗まで５００メートル以上で、自動車を持たない６５歳以上の高齢者は全国で９０４万人、同年齢層の２５・６％に達しています。このうち７５歳以上は５６６万人、同年齢層の３１％でした。

都道府県別にみると、神奈川県の６１万人を筆頭に、大阪府５４万人、東京都５３万人、愛知県５０万人などで、三大都市圏は４１４万人、全国の４６％に当たります。とりわけ東京圏に集中して２０４万人となり、買い物難民の５人に１人以上に当たります。

かつてニュータウンや新興住宅地として宅地化された都市周辺で高齢者夫婦や単身者の世帯が増加する一方、個客の減少や郊外型ショッピングモールの出店で近隣のスーパーや商店が撤退したため、需給両面から買物が不便になっているのです。

そこで、メインユーザー層を２０～４０歳代に向けてきたコンビニエンスストアでも、最近では高齢者に便利な店へと転換する動きが現れています。高齢者向けの生鮮品や和風総菜を充実させたり、介護用品の注文を受け付けるなど、遠くのスーパーに行かなくても生活が成り立つような店舗展開を始めています。

㈱ローソンは2015年4月、介護事業者の㈱ウイズネットと提携して、埼玉県川口市内に新店舗「ローソン川口末広三丁目店」をオープンしています。

店内には、ケアマネージャーによる相談窓口を設けたうえ、介護食やおむつなどの介護関連商品や、高齢者の嗜好に合わせた和菓子などを豊富に揃えています。こうした店舗は、芦屋市、彦根市、武蔵小金井市など、10数店舗に広がっています。

㈱セブン・イレブン・ジャパンも2012年5月から、全国およそ1万店舗で、弁当や総菜などの高齢者向けの食事宅配サービス「セブンミール」を開始し、2022年9月にサービス内容を一部変更して、現在に至っています。

宅配の場合は、注文金額1，100円（税込、以下同じ）以上から注文可能で、送料は1回につき220円です。注文金額が3，300円以上なら無料です。

㈱シニアクリエイトライフ（東京都港区）は、1999年から高齢者専門の宅配弁当サービス、「宅配クック123」を展開しています。

持病のある人、カロリー制限の人、食事制限の人など、さまざまな事情を持つ高齢者に向けて、管理栄養士が考えた、さまざまな宅配弁当が用意されています。1日1食から前日の18時まで注文が可能で、年中無休です。単品で540~680円、送料や会費は無料です。2021年には利用者が10万人を突破しています。

食事の宅配サービスは従来、地域の福祉団体などが担ってきましたが、宅配料が無料になり、コンビニなどの参入が進んでいけば、高齢者の選択肢も大きく広がっていきます。

こうしたビジネスの延長線上には、安心・安全対策サービス、生活支援サービスなど、都会型過疎化に対応する関連ビジネスの拡大が予想できます。

⑤在留外国人市場

第5は外国人向け市場です。日本人向け市場が量的縮小に向かう一方で、急増する外国人に向けては、新たなビジネスが拡大していきます。深刻な労働力不足にも対応するため、外国人材の受け入れが増加していますが、日本の企業で働くには、日本語研修だけでなく、社会人としての作法も必要になります。

そこで、㈱キャムテック(東京都港区)は2023年に、技能実習生や特定技能外国人などの研修を行なう宿泊型施設「キャムテックエデュックアカデミー成田センター」を開設しています。

日本に入国後、約1カ月間、日本語や日本文化、生活習慣などを教育する施設であり、開設後約1年間で200人ほどの外国人が受講しています。

多くの自治体でも、外国人材の受け入れや研修を支援し始めています。東京都は2024年予算で、特定技能分野の就労を希望する外国人と中小企業のマッチング支援などに2億円を計上しました。千葉県も24年度予算に、中小企業の外国人材活用を支援する事業経費を盛り込んでいます。

技能実習生などが増加するにつれて、このような研修施設や教育産業は今後ますます拡大していくでしょう。

外国人向けの不動産流通業も広がってきます。㈱グローバルトラストネットワークス（東京都豊島区）は2006年から、「外国人が日本に来てよかったをカタチに」をビジョンに、外国人向けの住環境整備や生活支援などの総合支援サービスを行なっています。

社員の7割が20カ国の外国籍メンバーで構成され、言語や文化の違いを理解したうえでさまざまな事案に対応しています。

生活支援サービスの「TRUST NET 21（トラストネット21）」では、賃貸住宅の情報提供から家賃債務保証、入居後の生活サポート、さらには携帯電話やクレジットカードの手配に至るまで、日本での生活を始める外国人を全般的に支援しています。

以上のように、在留外国人向けビジネスは、人口減少市場の裏側でサービスの形を大きく変えつつ伸び始めています。

3，3超化へ新選択品で対応

プラス現象の産業化

総人口減少市場を克服する、もうひとつの対応策は、新規の選択品を創造して、新たな生活需要を創り出すことです。

人口減少社会では、量的な変化が進めば当然、質的な変化も進行します。経済・社会の基本的な方向は、従来の成長・拡大型社会が作り出したさまざまな蓄積を、減っていく人間で巧みに活用する構造へと移行していきます。

経済面でいえば、今後もゼロ経済が維持できれば、人口が減る分、1人当たりの分け前は増えていきます。空間や時間でも、適切なメンテナンスが行なわれれば、やはり余裕が生まれてきます。

空間面でいえば、加工貿易文明、つまり科学技術の応用で作り出された現代日本の居住環境は、都市装置、交通装置、通信・情報装置などの整備によって、多くの日本人が所得の高低にかかわらず一様に享受できる自由度を高めてきました。今後も対象を取捨選択して適切なメンテナンスが行なわれれば、1人当たりの空間利用度はさらに高まっていきます。

時間面でも交通、通信、情報装置などによる移動時間の短縮や、産業機械や情報ネットワーク装置などの拡大による労働時間短縮の効果によって、日本人の多くがすでに獲得している時間的余裕を、さらに広げていく可能性が生まれてきます。

こうして経済、空間、時間で余裕が出てくると、当然、精神面でもゆとりが生まれてきます。従来の人口増加社会ではひたすら成長・拡大に駆り立てられて、ともすれば失いがちであった余裕やゆとりが、人口減少社会の進展とともに再び見直されてくるでしょう。

それとともに、**与えられた生活環境を巧みに活用して、自分なりの暮らしを実現しようとする〝知足・自足〟型の生活者**も増えてきます。

あるいは、**日常生活の拡大をほどほどにして、心理的、感性的な非日常生活を充実しよう**

とする**「超日常化」のトレンド**も強まってきます。いたずらに成長・拡大を追わなくても、それなりにゆとりの生まれる社会が目標になってくるのです。

以上の傾向は、人口減少社会のプラス現象ともいえるものですが、この流れを敏感にとらえて、新しい生活産業を創造していけば、もうひとつの生活市場を切り拓くことができます。

期待できる市場は幾つか考えられますが、代表的なものとして、「コンデンス（濃縮）市場」「知足・自足市場」「体感・象徴市場」「非日常市場」の４つが浮かび上がってきます。

これらの市場については、以下で紹介するような、さまざまなビジネスがすでに走り出しており、それなりの成果を上げています。

①ゆとりを活かす「コンデンス（濃縮）市場」

第１はコンデンス（濃縮）市場です。人口減少の影響で住宅、農地、山林などが放置され、その管理や維持などが社会問題化していますが、逆に考えると、これらはゆとりの拡大を意味しています。

そこで、それぞれを積極的に活用すれば、拡大よりも密度の濃い生活を目指す「コンデンス（濃縮）」志向が高まり、新たなビジネスチャンスが生まれてきます。

例えばマルチハビテーション用住宅、空き家リノベーション住宅、田園都市型住宅、空き家活用サービス、過疎地活用サービスなどが考えられます。代表的な事例として、空き家を活用するマルチハビテーション用住宅の動向を眺めてみましょう。

総務省の土地統計調査によると、２０２３年１０月現在、全国の総住宅数は６，５０２万戸、そのうち空き家は９００万戸に達し、５年間で５１万戸も増加しています（２０２４年４月３０日発表）。総住宅数に占める空き家率は１３・８％となり、空き家数、空き家率ともに過去最高となりました。

こうした空き家を活用するため、政府や地方自治体では、空き家バンクの促進や定年帰農、地方移住促進など、幾つかの政策を始めていますが、具体策のひとつがマルチハビテーションの拡大です。

マルチ（複数）とハビテーション（居住）を組み合わせた造語で、「複数の居住空間を行き来しながら生活するライフスタイル」を意味し、「複数居住」とか「2地域居住」と訳されています。

典型的なケースは、平日は都心で働き、週末には海や森が見えるリゾートマンションや菜園付きの貸し別荘で、自然をたっぷりと満喫する。あるいは普段は地方都市や農山漁村でさまざまな仕事に従事しつつ、ときどき都会のマンションなどへ出て、芸能や美術などを楽しむというスタイルですが、次のような事例がすでに生まれています。

1つ目は大都市中心部と郊外の空き家のマルチハビテーションです。UR都市機構の「UR賃貸住宅」には、セカンドハウスとして利用できる住宅があり、関東では多摩ニュータウンやひばりが丘団地で、関西では千里ニュータウンで、すでに数十件が対象となっています。

これらの住宅を利用すれば、「緑の多い郊外にアトリエを持って、アートな時間を楽しみたい」「森のそばで週末を過ごしたい」など、多様な需要に応じたマルチハビテーションが実現できます。

2つ目は大都市と地方の空き家のマルチハビテーションです。地方都市や農山村の空き家増加に対応して、地方自治体では2005年頃から、「空き家バンク」を相次いで設立しています。

自治体などが所有者から空き家を募ったうえ、移住や2地域居住を希望するユーザーに、ホームページ上で賃貸や売買情報を提供するものです。

国土交通省の調査によると、2023年2月現在、47都道府県を含めた1，788自治体のうち、「全国版空き家・空き地バンク」の参画自治体数は949と、53%の参画率となっています。また自治体へのアンケート調査等によると、約13，300件の物件が成約しています。

こうした動きを推進するため、２０１７年１０月からは、㈱LIFULL（ライフル：東京都千代田区）が「LIFULL HOME'S　空き家バンク」を、また㈱アットホーム（東京都大田区）が「アットホーム 空き家バンク」を、それぞれインターネット上に開設し、全国の空き家情報を掲載したうえで、物件探索や移住体験などを勧めています。

３つ目は地方居住中心のマルチハビテーションです。㈱Little Japan（リトル・ジャパン：東京都台東区）は、２０１７年から全国泊まり放題・住み放題のサブスクリプション（定期定額料金）サービスを行なっています。

月額定額制で、北海道から沖縄までの２２都道府県３１箇所を、３泊９，０００円から利用が可能です。ライフスタイルに合わせて、旅行、移住、２地域居住、リモートワークやワーケーションなどに利用できます。

㈱アドレス（東京都千代田区）も、２０１８年から月額９，８００円から始める多拠点居住サービスを行なっています。国内・海外に３００以上ある空き家、シェアハウス、ホテル等を利用でき、２地域居住や多拠点居住、あるいはお試し移住などにも利用できます。すべての物件に管理人である「家守（やもり）」をおいています。

４つ目は地方の都市間や郊外とのマルチハビテーションです。先に紹介した「ＵＲ賃貸住宅」のセカンドハウス利用は、地方都市のほとんどの物件で提供されていますから、これを利用すれば、地方都市の中心部と郊外団地などを対象にしたマルチハビテーションが実現できます。

いうまでもなく、マルチハビテーションには、生活費用や移動の手間など、いくつかの困難も伴います。にもかかわらず、このスタイルが広がっているのは、インターネットの普及でクラウドソーシング（ネット経由の仕事の仲介）が可能になり、地方都市に住んでいたとしても、都会と同じように働けるようになったからです。

さらには人口減少によるゆとりが再認識され、３０年も前からマルチハビテーションを楽しんできたスウェーデンやノルウェーなど、北欧型の居住スタイルへ急速に近づいてきたことも一因でしょう。

②拡大する「知足・自足市場」

第２は知足・自足市場です。国民生活に関する世論調査（内閣府、２０２３年）によると、「現在の生活に対する満足度」は、「満足」４９・０％、「不満」５０・７％となっています。満足と不満の割合はほぼ同じということです。

人口減少が急速に進んでいるにもかかわらず、こうした傾向が現れるのは、注目すべき現象ではないでしょうか。新たな社会環境の中で、それなりの暮らしを実現しようという「知足」志向の高まりが如実に現れているからです。

さらには、生活市場から与えられる商品だけでは満足せず、できることは自分で行なうという「自足」志向も高まっているのでしょう。

そうなると、新たに広がる生活市場として、自給自作支援商品・サービス、特注・参加・編集・変換・自作対応商品・サービスなどが注目されてきます。代表的な一例として、セルフビルド・ログハウス（丸太を積み上げて建てた家）の動向をみてみましょう。

日本には現在400を超えるログハウスメーカーがありますが、近年「ログハウスを自分で建築する」という「セルフビルド」商品が増えています。ユーザー自身が、一部の工事を専門業者に委託したりしながら、実際に建築してしまうものです。

セルフビルドといっても、難易度は建物のサイズや構造によって大きく異なります。本格的なハウスになると、素人には難しい工程も幾つかありますから、メーカーが予め基礎工事・屋根工事・電気工事・水道工事などを引き受けるケースが一般的です。

庭先に建てる「趣味の小屋」や「離れ」程度であれば、女性や高齢層でも家族や友人などの協力を得て、セルフビルドが可能です。

主要な部材は加工済みですので、これを組み上げていけば素人でも完成できますし、内装工事や外壁の塗装などに限って、ユーザー自身が日曜大工で施工できる「ハーフビルド」プランも提供されています。

具体例を挙げると、㈱ビックボックス（栃木県宇都宮市）では２０００年から、多目的小型ログ「ミニログ」をセルフビルド向けに発売しています。

「コスカＡ・それでね」（９・５７平方メートル）を１０６万円、「シエル・森の妖精」（９・９９平方メートル）を２１７万円、「マンシッカ・いちご」（２１・０６平方メートル）を２８１万円など、２０余の商品を１００〜５００万円で発売しています。

いずれも、２〜３人がかりで１０日もあれば完成できます。またログハウスの特性や建築工程などを、実際の建築現場で体験できるセルフビルドスクールを全国で開催しています。

セルフビルド住宅が広がれば、新築・売買・賃貸が主流であった住宅市場に、新たな風を吹き込む可能性が生まれてきます。

③下降志向を見直す「体感・象徴市場」

第3は体感・象徴市場です。「体感・象徴市場」とは、耳慣れない言葉かと思いますが、「体感市場」とは、足元を見直すモノ的な生活願望に対応するものであり、「象徴市場」とは、私たちの暮らしの深層に流れている、古くからの伝統や風習をもう一度見直そうとする願望に対応するものです。

まず、体感市場から解説しましょう。

人口減少による社会ムードの変化は、従来の上昇志向一辺倒から下降志向を見直す方向へと向かいます。

人口増加・成長・拡大型社会では上昇志向が強く、上流、ブランド、目新しさなどコト的な生活願望が強かったのですが、人口減少・成熟・濃縮型社会で下降志向が強まると、体感、伝統性、神話性など、足元を見直す、モノ的な生活願望が重視されるようになります。そうなると、体感・睡眠商品や象徴・神話商品などへの需要が高まってくるのです。

体感・睡眠市場では、代表的な「快眠」願望の拡大に応えて、眠りの質を高めたり、気持ちよく目覚めるための、さまざまな商品が増えています。

オムロンヘルスケア㈱(京都府向日市)は、2013年、枕元に置くだけで睡眠状態が測定できる「オムロンねむり時間計　HSL－002C」を6，900円で発売しました。枕元の加速度センサーが寝具の動きを検知して、睡眠時間を測定する時計です。

玩具メーカーの㈱ドリームズ・カム・トゥルー（東京都江東区）も、2013年、「ネムリエール」を3，600円で発売しています。

睡眠専門医の監修で開発した手のひらサイズの装置で、片手で握ったり、抱いたりして使えば、心拍のような微振動によってリラックスでき、そのまま眠りに入れるという器具です。専用カバーとして熊やウサギなど10種類の動物を用意しています。

寝装寝具の西川㈱（東京都中央区）は2013年から、睡眠を助けるスマートフォン向けのアプリを無料で配信しています。寝ている間の体の動きをセンサーが検出し、設定時間の15～30分前からスムーズに起きられるように、目覚ましが鳴ります。

睡眠時間や寝付きのよさなどの5つの項目で眠りを評価する機能も搭載していますし、睡眠診断をカレンダーに記録して、月間睡眠グラフとしても表示できます。このアプリの普及で、同社の製品の拡販を目指しているのです。

フランスベッド㈱（東京都新宿区）は2012年、敷きパッド「冷暖四季パッド」を47，400円で発売しています。5組のシリコーン製チューブの中で水を循環させ、温度を好みのままに調節できるパッドで、エアコンや扇風機の風が苦手なユーザーに向いています。

水温は15～48度まで調節でき、最大12時間まで電源オフのタイマーも設定できます。電気代も夏場でエアコンの約4分の1、冬場では約10分の1と経済的です。

㈲小池経編染工所（栃木県足利市）は2013年、首筋の湾曲をサポートすることで、立ち姿に近い、自然な状態で眠れるようにした「首枕」を発売しています。シルク混のカバー付きで18，000円です。栃木県産業振興センターの地域産業振興事業に採択され、足利工業大学睡眠科学センターと共同して、約2年がかりで商品化したものです。

㈱ウェルヴィーナス（東京都渋谷区）は2023年、「美容の観点から睡眠の質にこだわりたい」という声に応えて、雲のようなふんわり感の寝心地を提供する、高さ調整付・低反発枕「ネムヒール」を発売しました。人間工学に基づいた特殊形状が首や頸椎をサポートしており、体圧分散効果で肩の負担を軽減し、快適な眠りと上質なくつろぎを提供します。

以上のように、最近では、大手企業から中小企業まで、睡眠関連の新商品を次々に発売しています。

伝統や風習を活かす

もう一方で、象徴・神話商品も伸びています。私たちの暮らしの深層に流れている、古くからの伝統や風習をもう一度見直そうとする願望に対応するものです。

この分野では以前からさまざまなヒット商品がありましたが、代表例は縁起をかつぐ「恵方巻」や「キットカット」でしょう。

恵方巻は、節分の日に、その年の恵方に向かって、願い事を念じながら丸かぶりにする巻き寿司です。大阪地方の風習として、「丸かぶり寿司」とか「恵方寿司」などと呼ばれ、古くから続いてきたようですが、1998年頃からコンビニエンスストア各社が多様な商品を用意して、年々商戦を盛り上げるようになりました。

2024年春の状況では、恵方巻の売り出し役を務めた㈱セブンイレブン・ジャパンが、銀座久兵衛や柿安といった老舗が監修する恵方巻5種を、389～1，296円で発売したほか、惣菜やスイーツなど幅広いラインナップとなっています。

また㈱ローソンでは、日本料理の名店や、ミシュラン一つ星獲得の寿司店が監修した本格恵方巻2種をはじめ、肉巻き恵方巻など合計9種類を480～1，380円で、㈱ファミリーマートも、老舗料亭・なだ万や人気焼き肉店・肉山監修の「特上恵方巻」をはじめ、定番具材から海鮮や肉巻きなどの6種類を450～1，480円で、というように、各社はそれぞれ個性的な恵方巻を売り出しています。

一方、ネスレ日本㈱の「キットカット」も受験生向けの縁起商品です。1935年にイギリスで発売以来、世界70以上の国・地域で販売されているチョコレートですが、2002年頃から読み方が「きっと勝とう」に似ていることが話題となり、受験生たちの間で広まりました。

今日では、受験生が受験会場に持参したり、応援する人たちが差し出すプレゼントの定番になっています。それればかりか、恋愛やスポーツなどでも、応援や感謝の気持ちを伝えるコミュニケーションツールとして、広く親しまれています。

キットカットに影響されて、受験生がきっと合格できる「（う）カール」（明治製菓㈱）、試験を「トッパ」（㈱ロッテ）、「さく〝ら〟さく（桜咲く）ぱんです」と読ませる「さくさくぱんだ」（カバヤ食品㈱）など、さまざまな合格祈願グッズも売り出されました。

縁起担ぎの流れに乗ったヒット商品は「茶柱縁起茶」です。縁起茶本舗㈲アルゴプラン（福岡市）が2011年に発売した、カプセル入りの粉末緑茶で、お湯を注ぐと湯飲みの中に茶柱が現れます。

日本古来の風習、お茶を飲む時の茶柱は吉事の前触れという現象を商品化したものです。魚釣りの浮きにヒントを得て、八女茶の一番摘み茶を練って麺状に加工し、飲み込んでも危険がないように工夫しました。3杯用が864円ですが、四季折々の記念日に贈答用としても喜ばれているようです。

他方、自然や大地の持つ神話的な力への憧れが、パワースポットとして、新たな観光資源になりつつあります。

神社の代表格である伊勢神宮や出雲大社はもとより、奈良県天川村の天河神社、長野市北西部の戸隠神社、青森県下北半島の恐山などが、それぞれ魅力的なスピリチュアルゾーンとして観光旅行や体験旅行の対象になっています。

④新たな学びと遊びを提供する「非日常市場」

第4は非日常市場です。人口減少社会は一方ではゆとりを拡大させ、他方では人生の長期化を招きますから、こうした時代に生きる人々は、真摯な生きがいや新しい遊びを求めるようになります。

詳しくは8~9章で述べますが、日常生活とは、真実と虚構という2つの非日常生活に挟まれているものです。そこで、日常生活にゆとりが出てくると、非日常生活にも関心が向かいます。

非日常生活の代表的なものは、目標や意図などを実現しようと勉学や訓練を行なう「真剣需要」と、それらを敢えて外して解放や遊戯へ向かう「遊戯需要」です。両方が膨らんできますから、新型勉学・鍛錬用品や新型遊戯用品などが伸びてきます。

とりわけ注目されるのが生涯学習です。内閣府の「生涯学習に関する世論調査」（2022年7月実施）によると、「過去1年間で月に1日以上学習をしたことがある」人は76％で、4年前より約19％増えています。

内容別では「仕事に必要な知識・技能や資格に関すること」が40・1％と最も高く、以下、「健康やスポーツに関すること」（31・3％）、「料理や裁縫など家庭生活に関すること」（23・1％）、「音楽や美術、レクリエーション活動など趣味に関すること」（22・9％）、「インターネットの知識・技能に関すること」（20・4％）の順となっています。

こうした需要の拡大に対応して、供給サイドでは、公民館や生涯学習センターなどの公的機関、同好者のサークル活動、カルチャーセンター・スポーツクラブ・通信教育などの民間企業、国公立・私立大学など、多様な主体がさまざまな教育サービスを提供しています。

公立機関では、全国各地に公立の生涯学習センターが相次いで開設されていますし、国公私立大学・短大なども公開講座、オープンカレッジ、エクステンションセンター、リスキリングカレッジなどを設けて、多岐にわたる講座を提供しています。

民間企業ではカルチャーセンターが伸びています。１９５５年、東京・大手町の産経会館に産経学園が誕生したのが最初ですが、その後、１９５７年に三宮・神戸新聞会館に神戸新聞文化センターが、また１９７４年に東京・西新宿の住友ビルに朝日カルチャーセンターが発足しています。

１９８０年前後からマスメディア各社、私鉄電鉄、デパートなどの大手企業が続々参入するようになり、今日では生涯学習施設の一大拠点となっています。カルチャーセンターは、民間企業として、常に生涯学習ニーズを的確に把握しつつ、独自の発想で新しい講座を開講し、生涯学習の拡大に務めているといえるでしょう。

通信教育も伸びています。ＮＨＫ学園の生涯学習通信講座は、書道・ペン字、俳句・短歌、絵画、教養等、約１００講座２００コース以上を提供しています。㈱ユーキャン（東京都新宿区）では、教養・趣味・技能・資格など、開講中の通信講座は約１６０にも上ります。

また㈱日本マンパワー（東京都千代田区）の通信講座も、資格検定講座、実務・スキル講座、趣味教養講座などで、200講座を提供しています。

今後は勉学需要の変化に対応して、供給方式も一層多様化していきます。教室での座学に加えて、通信教育、通学・通信の併用授業、インターネットを応用したネット塾やビデオ・オン・デマンド(VOD)、さらにはハイテクツールを活用した対話型AIやデジタルツインなどの新方式が、急速に広がっていくでしょう。

その一方では、より濃厚な人間関係を求めて、同好会や寺子屋式の講座などへの回帰現象もまた目立ってくるものと思われます。


対応は2つの戦略群で!


以上で述べてきたように、総人口減少に伴う生活市場縮小への対応策は、大きく分けて2つになります。ひとつは「3縮化」、つまり「必需縮小化」を覆す新必需品の開発であり、もうひとつは「3超化」、つまり「超日常化」の流れを掴んだ新選択品の創造です。

両方からの戦略によって、人口減少時代の生活市場は、量的に縮まないばかりか、質的にはいっそう充実した次元へと発展していくことが可能となるでしょう。

このうち、3縮化対応については、本章でひと通り述べてきましたが、3超化対応については、従来のマーケティング手法を大きく超える、より本格的な戦略立案が必要です。このため、Ⅲ部の6～9章では、3超化に対応する、新たなマーケティング戦略をより詳しく提案していきます。

2章　年齢上昇をプラスに変える

1，逆層化に対応する

若減高増化する年齢構成

次に年齢構成の上昇に対応するマーケティング戦略を考えてみましょう。

人口減少社会では、「少産化」による若年層の縮小と「長寿化」による高年層の増加で、年齢構成の逆層化が進行します**（図表13）**。

量的にみると、若年人口（0～14歳）は2020年の11・9％から40年の10・1％を経て、60年には9・3％まで低下し、逆に高年人口（65歳以上）は20年の28・6％から40年の34・8％を経て、60年の37・9％へ上昇していきます（国立社会保障・人口問題研究所・2023年推計）。

その結果、国民全体の平均年齢も20年の48・1歳から40年の51・8歳を経て、60年には54・1歳にまで上昇します。

平均年齢の上昇は、世論や社会ムードを従来の若年層主導から中・高年層主導へ移行させます。生活市場でも、若年層の縮小は低・若年市場の縮小をもたらし、高年層の増加は高・

図表 13　上昇する年齢構成

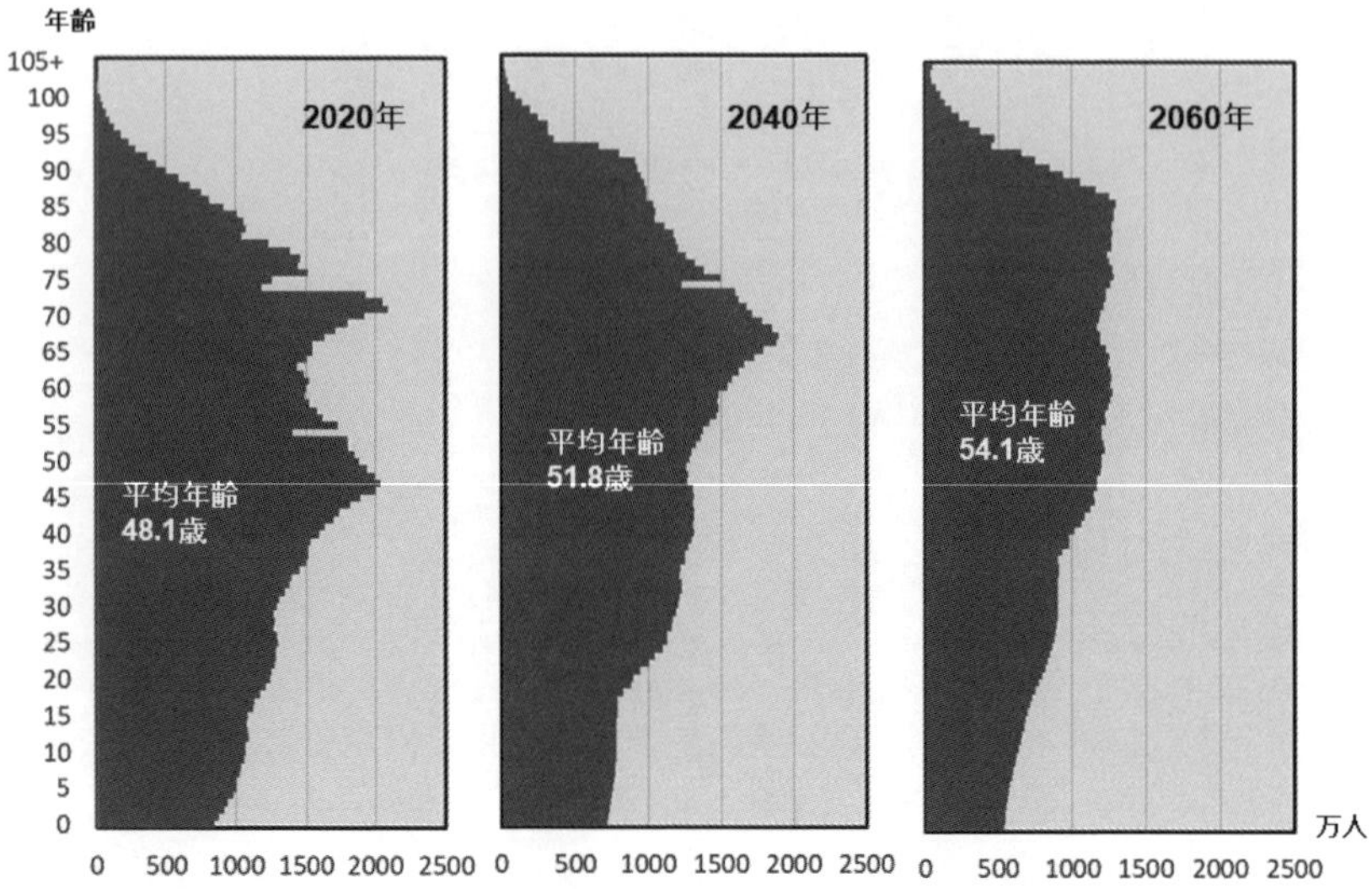

データ出所：国立社会保障・人口問題研究所 2023年推計

老年市場の拡大を引き起こします。

そうなると、若年層主導から老年層主導への動き、つまり「低年縮小・高年拡大」あるいは「若減高増」とも呼ぶべき傾向が強まってきます。

生活需要でも、高・老年者向けが増加し、それに見合った商品やサービスは大きく伸びることになります。

それに加えて、老年者の急増は生活支援や介護・看護需要なども増やしますから、世帯的、あるいは社会的な負担も増加させていきます。

そこで、企業、行政、NPOなどとの連携によって、できるだけ合理的なサービス対応が求められます。

若減高増化で伸びる市場とは

「若減高増」という需要変化に対しては、低・若年層の量的縮小と中・高年層の量的増加を、従来とは異なる、新たな社会動向とみなして、それぞれに応じた新商品やサービスを創造していくことが必要です。

つまり、**低・若年向けの必需品の需要が減少し、中・高年向けの需要が増加する以上、そうした変化に適応できる、まったく新たな必需品を開発し、的確に供給していく戦略**を生み出していかなければなりません。

例えば、「低・若年向け新必需品市場」「中年向け新必需品市場」「高年向け新必需品市場」のような市場向けに、新たな商品やサービスが考えられます。

①低・若年向け新必需品市場

減っていく低・若年層に対して、新たな必需品として確実に拡大できる典型的な商品は、ハイテクツール、とりわけ「ウェアラブル端末」（身に着けて持ち歩ける情報機器）ではないでしょうか。

近年では眼鏡型や腕時計型など、新しい形状の進歩に加えて、さまざまな応用分野も広がり始めており、国内外の関連メーカーが開発競争を加速させています。

眼鏡型では「スマートグラス」が最先端で、ディスプレイやカメラ、オーディオ、マイクなどを搭載しています。動画視聴やパソコン接続でモニター代わりに使ったり、アプリで健康管理をするなど、搭載機能によってさまざまな用途に使用できます。

遠隔支援や度つき、眼鏡の上からかけられるもの、映画館のような見え方になるもの、スマートフォン（スマホ）接続など、さまざまな商品が販売されています。

セイコーエプソン㈱が２０１６年に発売した「MOVERIO（モベリオ）スマートグラスBT300」は、高コントラスト、高画質なディスプレイで、ＡＲ（拡張現実）や動画配信サービスを楽しむことができます。

外部バッテリー式のため、本体は軽量で、着用していても疲れにくいのが特徴です。カメラを搭載していますから、アプリでドローンを操作しながら、動画や静止画を撮影することもできます。

腕時計型では、スマホと連携できる腕時計型の「スマートウォッチ」が伸びています。時刻表示をはじめ、各種センサーによる健康状態の測定、メッセージの通知など、さまざまな機能が利用できます。

アップル社（Apple Inc.）が２０２３年9月に発売した「Apple Watch Series 9（アップル・ウォッチシリーズ9）」は、従来モデルに比べて操作性が向上した商品です。高性能な新型チップ「S９」を搭載し、機械学習のタスクを2倍速く向上させました。

音声入力の精度も最大２５％アップさせ、明るい場所でもはっきりと画面を確認できます。ワークアウトな記録や健康データの取得に活躍しますので、ヘルスケアに役立つのが大きなメリットです。

国内メーカーでは、シチズン㈱が２０１９年１２月に発売した「Eco-Drive Riiiver（エコドライブ・リィイバー）BZ7000-60L」は、メンズ向けのスタイリッシュな商品です。Bluetooth（ブルートゥース：近距離無線通信）でスマホと接続し、歩数、距離、消費カロリーなどを計測するほか、専用アプリで日々の行動履歴や移動経路なども視覚的に確認できます。本体の重さも１１０ｇと軽く、光発電で充電は不要です。

カシオ計算機㈱も２０１２年から、人気の腕時計「Gショック」シリーズで、スマホへ入った電話着信やメール受信などを音、振動、表示で知らせる「通知機能」や、時刻自動修正機能なども搭載した新機種を発売しています。

各社がウェアラブル端末の発売を急ぐのは、急拡大してきたスマホ市場の低価格化が進み、先進国ではすでに飽和状態に近づきつつあるからです。利益率の高い次世代型を発売して、新たな市場を開拓する必要に迫られています。

眼鏡型は機能の多岐化によって、「ポストスマホ」になるとの期待も出ていますし、腕時計型はスマホと連携して、個人の健康管理に役立つサービスなどへの活用が見込まれています。

ウェアラブル技術の世界市場は、２０２３年の１，２０５億米ドルから２０３０年には９，３１３億米ドルへ成長すると予測されています。１０年間で7・7倍に成長するのです（フォーチュン ビジネス インサイト）。

こうなると、新しい情報端末は眼鏡や時計から、帽子、ベスト、スーツにまで広がる可能性も生まれてきます。

新たな職能教育ビジネスを

減っていく低・若年層にとって、最も切実な生活願望のひとつは就業や起業へ向けての能力開発です。いかにして就職や仕事を得るか、どのように生活の基盤を形成していくか、という課題は、最大の必需市場ともいえるでしょう。

従来、若者の職能教育は、大学や専門学校などの教育機関で行なわれ、就職後は企業や官庁などの組織内教育で付加されるのが一般的でした。特別な資格や能力を上げることが必要な場合には、専門的な教育機関や教育サービスが提供してきました。

しかし、人口減少社会では、労働力の減少が予想され、60~70歳代の人々はもとより、専業主婦、フリーター、ニートなど、現在潜在化している若年労働力を、積極的に活用することが求められます。

また良質な労働力の形成は、今後の経済規模を維持し、産業構造を改革していくうえでも、絶対に必要な課題として、官民をあげた対応が必要となります。そこで、専門教育機関のカリキュラムの改善や公共的職能教育の向上などが急務となりますが、民間企業にも新たなビジネスとしての対応が求められるでしょう。

これまで厚生労働省は、フリーターやニートなどの再教育や就業斡旋のため、各県に「地域若者サポートステーション（サポステ）」を設置してきました。

働くことに悩みを抱える15~39歳までの若者に対し、キャリア・コンサルタントや臨床心理士などによる専門的な相談、コミュニケーション訓練などによるステップアップ、協力企業への就労体験などを無料で実施し、就労に向けた支援を行なう組織です。

2024年までに全国177カ所に設置されており、運営はNPO法人、学校法人、株式会社などへ委託されています。受託企業の中には、すでにさまざまな教育ノウハウや運営モデルを持った事例も生まれています。

例えば㈱K2インターナショナルジャパン(横浜市)は、2010年から「湘南・横浜サポステ・プラス」を運営していますが、それ以前の1989年から、不登校、引きこもり、ニート、家庭内暴力など、社会に馴染みにくい若者たちの自立支援を行なってきました。

㈱九州コミュニティーカレッジ(宮崎市)も、「みやざきサポステ・プラス」を運営しています。コミュニケーション・ゲーム、応募書類作成、面接練習、ビジネスマナー、商品配送センターやフラワーショップなどでジョブトレーニングなど、専門学校教育で培った、さまざまなノウハウを生かして、カリキュラムを実施しています。

また東日本では、キャリアバンク㈱(札幌市)が「はこだてサポステ・プラス」「おびひろサポステ・プラス」「あさひかわサポステ・プラス」など北海道地域に加えて、「せんだいサポステ・プラス」の運営も受託しています。青森県でも、㈱I・M・S(弘前市)が「あおもりサポステ」、「ひろさきサポステ」を運営しています。

以上のような事例の延長線上に就職予備校、士業開業塾、自立起業塾など、受験・教育ビジネスの拡大、あるいは新たなソーシャルビジネスの展開として、若年層の職能を伸ばす、さまざまな教育ビジネスが拡大していくでしょう。

②中年向け新必需品市場

人口減少にもかかわらず、次第に比重を増してくるのが40～50歳代の中年層です。彼らに対しては、健康・容姿の維持・拡大商品、知的能力維持・拡大商品、中年向け新情報機器などへの需要が広がってきます。

そのひとつ、健康維持商品では、健康の維持・増進・回復などを目的に飲食される食品がすでに大きな市場を形成しています。最も一般的な分野は、日常的に食べられている加工食品に、健康によい機能や成分を添加して、機能性を訴求する食品やドリンク類です。

これらの食品は、健康増進法と食品衛生法という認可制度によって、特定保健用食品、栄養機能食品、機能性表示食品の3つに大別されます。

第1は特定保健用食品(トクホ)です。1991年9月、栄養改善法(1952～2002年)に基づいて認可された食品類で、体調調節機能を有する成分を含み、その摂取により、特定の保健の目的が期待できる旨を表示しています。

2002年8月からは、健康増進法第26条第1項に基づいて、個別の食品ごとに、消費者庁がその保健の用途に関する科学的根拠が明らかであるかどうか等を審査して、表示できる内容を許可しています。当初の所管は厚生労働省でしたが、２００９年９月に消費者庁の食品表示課に変更されています。

代表的なヒット商品として、２００４～０７年には花王㈱の「ヘルシア緑茶」やサントリー食品インターナショナル㈱の「黒烏龍茶」が第１次ブームを作り出し、２０１２～１４年にはキリンビバレッジ㈱の「キリン メッツコーラ」、花王㈱の「ヘルシアコーヒー」、サントリー㈱の「伊右衛門 特茶」や「ボス グリーン」などが第２次ブームとして販売を伸ばしました。

２０２２年現在１，０６０品目で、２０２３年の市場規模は６，８６５億円に達する、と推測されています（富士経済グループ）。

第２は栄養機能食品です。２００１年４月に食品衛生法に基づいて導入された、特定の栄養成分の機能を表示した食品類で、厚生労働大臣への許可申請等は不要ですが、政府が定めた規格基準に適合し、食品の包装部分に定められた表示をすることが必要です。

主にサプリメントに用いられており、調味料、菓子、飲料水などにも表示されています。多種多様な商品がありますが、明治製菓㈱の「ヨーグレット」、ハマダコンフェクト㈱（兵庫県加古川市）の「バランスパワー」、アサヒフーズアンドヘルスケア㈱の「１本満足バー」や「クリーム玄米ブラン」、大塚製薬㈱の「SOY JOY（ソイジョイ）プラス」や「カロリーメイト」などが代表例です。

第3は機能性表示食品です。事業者の責任で科学的根拠に基づく機能性を表示する食品類で、2015年4月に導入されました。

特定保健用食品の審査が厳しく、認可取得までの時間と費用がかかり過ぎるという批判を受けて導入された制度であり、販売の60日前までに安全性及び機能性の根拠に関する情報を消費者庁長官へ届け出れば、そのまま無認可で販売できます。

このため、参入企業が続出しており、キリン㈱の「パーフェクトフリー」（糖分・脂肪吸収抑制効果）、キリンビバレッジ㈱の「メッツ　プラス　レモンスカッシュ」（脂肪抑制効果）、アサヒビール㈱の「アサヒ　スタイルバランス」（脂肪抑制効果）、㈱ファンケルの「えんきん」（視力調節力アップ効果）、カルピス㈱の「アミール　WATER」（血圧抑制効果）、ロート製薬㈱の「ロートV5粒」（視力アップ効果）、アサヒフードアンドヘルスケア㈱の「ディアナチュラゴールド」（視力調整効果）、森下仁丹㈱の「ヘルスエイド　ビフィーナR」（便通改善効果）などのヒット商品が生まれています。

ただし、2023年に紅麹原料を含む機能性表示食品で健康被害が生じたことで、今後のあり方が再検討されています。

以上のような認可・届け出食品のほかにも、カルシウムやグルコサミン、コンドロイチンなどを主成分として、骨の形成や関節痛対策を訴求する骨・関節サポートサプリメントは、中・高年層を対象に近年2ケタの成長を続けており、各社の参入が続いています。

キユーピー㈱の「ヒアルロン酸＋グルコサミン」、大正製薬㈱の「大正グルコサミン」、㈱世田谷自然食品の「グルコサミン＋コンドロイチン」、㈱ヤクルト本社の「グルコサミン」、㈱資生堂の「グルコサミン＋コンドロイチン」、アサヒフードアンドヘルスケア㈱の「グルコサミン・アクティオ」、サントリー㈱の「ロコモア」、富士フイルム㈱の「新グルコサミン&コラーゲン」などです。

またブルーベリーやルテインなどの素材で、視覚改善を訴求したアイケア市場も毎年数パーセントの伸びを見せています。

この市場には、サントリーウエルネス㈱の「ブルーベリー」、㈱DHCの「ブルーベリーエキス」、キユーピー㈱の「ブルーベリー&ルテイン」、ボシュロム・ジャパン㈱の「ルテインブルーベリー&アスタキサンチン」など、20を超える企業がすでに参入しています。

以上のような食品、飲料、サプリメントはいずれも、健康や体力を維持していこうとする中年層をメインターゲットにして、新たな必需品市場を作り出しています。

③高年向け新必需品市場

６０歳代以上の高年層も急速に比重を高めていきます。彼らの暮らしを維持し、さらに守っていくためには、さまざまな必需品が必要になります。

例えば体力維持・補完商品、調理簡易食品、着脱容易衣料、新機能介護衣料、美味型介護食、サービス付き高年者住宅、高年者向け自動車、高年者向け簡易家電、高年者向け新情報機器、高機能介護用具などが、代表的なものでしょう。

例えば家電製品の分野では、シニア層を意識した、新たな商品が増えています。元気で活動的な最近の高年層は、多少価格が高くても「品質」や「使いやすさ」にこだわった商品を好む傾向があり、次のような３つの商品に人気が集まっています。

１つ目は高性能・コンパクト化です。シニア層では夫婦のみや単身世帯が多いため、家電類でも大きなサイズや複雑な操作の商品は敬遠される傾向にあります。

こうした需要の変化を受けて、性能を高く保ったまま小型化したり、操作を簡単にしたりする動きが、メーカー側にも広がってきました。

パナソニック㈱は２０１４年、シニア世代向けの新ブランド「Ｊコンセプト」を発表し、軽量コンパクトな紙パック式掃除機やルームエアコン、トップユニット冷蔵庫を発売しました。さらに１５年には第2弾として、縦型洗濯機、スチームオーブンレンジ、圧力ＩＨ炊飯器を、１７年には電動アシスト自転車を発売しています。

三菱電機㈱も２０１５年に「三菱大人家電」シリーズを立ち上げています。発売済みや発売予定の製品の中から、背が低く開閉しやすい冷蔵庫、２人向け3・5合までのジャー炊飯器、軽くてコンパクト、使いやすいサイズのクリーナーなど、シニア層の生活に適した7製品を選んでシリーズ化しました。

２つ目は新機能化です。シニア層のために、従来にはなかった、新機能の商品を提供する家電も増えてきました。

タイガー魔法瓶㈱は２０１２年に、１人暮らしの女性に向けて、ご飯とおかずが一緒に作れる炊飯ジャー「tacook（タクック）」を発売しました。釜と食材を調理するプレートの2層構造で、炊飯中の水蒸気で惣菜を加熱し、蒸し料理などを短時間で作ることができます。

発売後、５０~６０歳代以上の年齢層からも問い合わせが急増したため、同年１２月に高火力のＩＨタイプを、さらに２０１９年には、「冷凍ご飯」メニューの搭載で時短調理を可能にした新モデル「JAJ-G550」も発売しています。

三菱電機㈱は2023年2月から、ルームエアコンや冷蔵庫など、同社の家電製品をインターネットに接続し、高齢家族の生活状況を見守る新サービス「MeAMOR（ミアモール）」を始めています。

離れて暮らす家族がスマホなどのアプリを使って、1人暮らしの高齢者の現況を、家電製品の使用状況などを通じて把握することができます。カメラなどの専用の機器・設備は不要で、家電製品1台から月額1，080円で利用でき、高齢家族のプライバシーを守りながら、高齢家族の生活状況を見守るサービスです。

3つ目は新情報機能化です。ＩＣＴ化やデジタル化の進展は高年層の暮らしもまた大きく変え始めており、彼らにふさわしい対応策が求められています。

近年、携帯電話の主流はスマホに移行していますが、シニア層への本格的普及も急速に進み始めています。そこで、携帯電話各社では、高年層が苦手なタッチパネル操作への対応、機能の簡素化、問い合わせサービスの充実などで、スマホへの移行を促しています。

ドコモが2022年2月に発売した「らくらくスマートフォン F-52B」は、らくらくタッチの標準モードとスマホかんたんモードの切り替えができるうえ、丸洗いやアルコール除菌も可能です。

ソフトバンク㈱が２０２２年４月に発売した「シンプルスマホ６」は、３つの物理ボタンを搭載し、大音量の緊急ブザーも搭載しています。

ＫＤＤＩ㈱（ａｕ）が２０２２年１０月に発売した「BASIO active（ベイシオ・アクティブ）」も、３つの物理ボタンで操作しやすくし、健康状態を通知するメール機能も付けています。

これまで見てきたように、高年層向けの家電や情報機器では、高性能・コンパクト化や新情報機能化などの改良によって、新たな必需品が増えつつあります。

多様化する介護ロボット

さらに年齢の高い高年層向けには、高機能介護用具が必需品となってきました。その代表としてハイテクツールの介護ロボットが伸びてきます。

ロボットとは、情報を感知・判断・動作する機械システムを意味していますが、この技術を利用者の自立支援や介護者の負担の軽減に利用する機器が介護ロボットです。厚生労働省と経済産業省では、２０１４年にロボット技術の介護利用における重点分野を６つに定めています。

移乗介助、移動支援、排泄支援、見守り・コミュニケーション、入浴支援、介護支援の6分野です。これらの分野では、すでにいくつかの企業がロボットを開発しています。

移乗介助は介護者への負担を軽減するもので、マッスル㈱（大阪市）が2016年に「ロボヘルパーSASUKE」を、㈱ジェイテクト（愛知県刈谷市）が2021年に介護型アクティブスーツ「J-PAS fleairy（ジェイパス・フレアリー）」などを販売しています。

移動支援では、RT・ワークス㈱（大阪市）が2016年に「ロボットアシストウォーカーRT.2」を、㈱今仙電機製作所（愛知県犬山市）が2017年に「aLQ by ACSIVE（アルク・バイ・アクシブ）」を発売しています。

排泄支援では、排泄物の処理用に㈱アム（石川県津幡町）が2015年に水洗式ポータブルトイレ「流せるポータくん3号」を、トイレ誘導用ではDFree㈱（ディフリー：東京都港区）が2018年に排尿予測デバイス「DFree」や、㈱リリアム大塚（神奈川県相模原市）が2021年に「リリアムスポット2」を、動作支援用では㈱がまかつ（兵庫県西脇市）が2021年に排泄動作支援機器「サットイレ」を、それぞれ発売しています。

見守り・コミュニケーションでは、介護施設用としてエコナビスタ㈱（東京都千代田区）が2016年に「ライフリズムナビ＋Dr.」を、キング通信工業㈱（東京都世田谷区）が2014

年に「シルエット見守りセンサー」を発売しています。

また在宅用としては、㈱ラムロック（東京都千代田区）が２０１７年に「みまもり CUBE（キューブ）」を、㈱ ZIPCARE（ジップケア：東京都豊田区）が２０２２年に「まもる～の ONE」などのサービスを開始しています。

コミュニケーション用には㈱カブメディカルスイッチ（東京都大田区）が２０１９年に「見守り機能付き服薬支援ロボット「FUKU 助」を、㈱レイトロン（大阪市）が２０１６年に音声認識コミュニケーションロボット「Chapit（チャピット）」のサービスを開始しています。

入浴支援では、浴槽内への移動を支援する介護ロボットとして、㈱ハイレックスコーポレーション（兵庫県宝塚市）が２０１９年に「バスアシスト」を、積水ホームテクノ㈱（大阪市）が２０２２年に「wells（ウェルズ）リフトキャリー」などを売り出しています。

介護業務支援では、ジーコム㈱（東京都大田区）が２０２３年に入居者の状態変化を自動通知する「ココヘルパX」を、社会福祉法人善光会（東京都大田区）が２０１９年に「SCOP Now（スコープ・ナウ）」などを開始しています。

このように、世界をリードする日本のロボット技術を活用し、大学や研究機関をはじめ、自動車、家電、住宅など、さまざまな企業が開発研究を進めています。

2, 超年齢化で新たな需要が生まれる

年齢区分が大幅に変わる

年齢構成の上昇を量的な3縮化の側面から眺めてきましたが、視点を大きく変えて、質的な3超化から見直すことも必要です。平均寿命の上昇に伴って年齢区分が次第に上昇し、人生の仕切り方が大きく変わってきたからです。

これまでの社会では、平均寿命が70歳前後であった1960年頃の人生観に基づいて、0~6歳を「幼年（トッド）」、7~14歳を「少年（キッズ）」、15~29歳を「青年（ヤング）」、30~64歳を「中年（ミドル）」、65歳以上を「老年（シニア）」と呼ぶのが一般的でした。

ところが、2022年の平均寿命は、女性87・09歳、男性81・05歳です。平均寿命は0歳児の平均余命を意味していますから、75歳に達した人であれば、女性は91歳、男性は87歳まで生き延びます。つまり、「人生85~90歳」時代がすでに始まっているのです。

そうなると、過去の区分はもはや通用しません。平均寿命が1・3~1・4倍に延びた以上、

図表 14　人生の仕切り方が大きく変わった

老 年…	65歳～	⇒	75歳～
中 年…	30～64歳	⇒	45～74歳
青 年…	15～29歳	⇒	25～44歳
少 年…	7～14歳	⇒	10～24歳
幼 年…	0～ 7歳	⇒	0～ 9歳

年齢区分もまた上方にシフトさせて、０~９歳を「幼年」、１０~２４歳を「少年」、２５~４４歳を「青年」、４５~７４歳を「中年」、７５歳以上を「老年」と呼ぶ方が適切になるでしょう（**図表14**）。

奇異に感じられるかもしれませんが、世の中を素直に見渡せば、この区分はすでに通用しています。

過去１０数年、新成人となる若者に尋ねると、その約７割が「自分は大人ではない」と答えています（㈱オーネット、新成人意識調査）。４０歳で青年会議所を卒業した男女も、４４歳くらいまでは青年の意識を引きずって、さまざまな会合に出席しています。

さらに近ごろの７０歳は、体力、気力、知力とも旺盛で、老人とか高年者と呼ばれることに強い違和感を覚えています。このように、現実はすでに新しい区分へ近づいています。

とすれば、**これからの日本人には、子ども、青年、中年、老年時代がそれぞれ上方にシフトする「延子・中年化」が進み、各時期をゆっくり生きる「超年齢化」が始まる**ことになります。

こうした変化に目を瞑って、労働力の減少や年金制度の破綻などを問題視するのは、いつまでも半世紀前の常識や制度にしがみついているからかもしれません。

いずれにしろ、年齢構成の上昇は、生活市場に対して、量的には「低年縮小・高年拡大」あるいは「若年縮小」というマイナス現象をもたらしますが、質的には「超年齢化」というプラス効果を引き起こす可能性も秘めているのです。

超年齢化が生み出す新たな市場

「超年齢化」というプラス効果を活かすには、平均寿命の上昇に伴って、新たに発生する生活需要を的確にとらえていくことが必要です。**新年齢区分にふさわしい、新たな選択品を創造して、市場を拡げていく**という戦略です。

とりわけ旧区分と新区分のズレは、新たな生活需要を生み出します。従来の区分を新区分に当てはめると、少年の7～9歳は「幼年」に、青年の15～24歳は「少年」に、中年の30～44歳は「青年」に、老年の65～74歳は「中年」に当たります。

つまり従来の年齢区分を超えた、新たな幼・少・青・中年層、いわばハイパートッド、ハイパーキッズ、ハイパーヤング、ハイパーミドルといった年齢階層が登場しているのです。８５歳以上も、ハイパーシニアと呼ぶべきでしょう。

こうした**年齢区分に見合った新商品や新サービスを、生活産業にかかわる企業では積極的に開発する**ことが必要です。なかでも**９０歳近くにまで延びた永い人生をどうやって生き抜くかという、人生再構築産業などは最も有望**といえるでしょう。

従来の人生前半型教育に加えて、中年以上の生涯学習やリスキリング教育、あるいはトレーニングやコンディショニング教育など、人生後半に重点を置いた教育が必要になってきます。さらには、永い人生をより充実させ、より楽しくさせるための新しい遊戯産業、スポーツ産業、アート産業も有望でしょう。

そこで、新年齢区分に合わせ、新たに誕生している商品群について、詳しく紹介していきます。

０～９歳にはトッドタブレットを

幼児から小学校低学年までの新幼年市場では、少なくなった子どもに沢山お金をかける「一子豪華化」が進むとともに、ICT化、デジタル化の影響を受けて、ハイテクツールを応用した勉学商品や遊戯商品が続々開発されています。

代表的な商品が幼児向けトッドタブレットです。㈱アガツマ（東京都台東区）は2023年に「アンパンマン はじめてのキッズタブレット」を発売しています。

1歳6カ月からを対象にしたタッチパネル式知育玩具で、軽くタッチするだけでボタンが反応し、クリアな音も聞き取りやすく、初めてのあいうえお学習にピッタリです。さらに英語の学習や「めいろ遊び」で、目と手の協応運動を高め、頭脳を鍛えられます。価格は4，950円です。

2歳以上向けには、「おうたもあいうえおも！ アンパンマン はじめてのキッズタブレット」（5，280円）、「アンパンマン 見て！ 触って！ 学べるあいうえお カラーナビキッズタブレット」（10，450円）なども発売しています。

㈱学研ステイフル（東京都品川区）も2015年に「あそびながらよくわかる　あいうえおタブレット」を、2歳以上に向けて発売しています。

カタカナ教育用のタブレットで、文字を押すと、読みの音声が聞こえます。液晶パネルには書き順も表示されますので、正しい文字の書き方が自然と身につきます。しりとりやことばの問題が215問も入っており、飽きずに繰り返し遊ぶこともできます。

知育玩具で有名なローヤル㈱（東京都台東区）も、2019年に「さわって！バイリンガルずかん」（6，578円）を発売しています。1歳6カ月からを対象に、指で触るだけでおしゃべりしながら、「日本語」と「英語」を学べるタブレット型図鑑です。モード切り替えスイッチで、イラストの単語とサウンドが流れる「たんごモード」、イラストについての説明とサウンドが流れる「おしゃべりモード」、イラストについてのサウンドが流れる「サウンドモード」を、お好みに合わせて楽しめます。

以上で紹介したように、最近のタブレット玩具はいずれも子ども向けのデザインやアプリを充実させているうえ、親向けの画面によって閲覧コンテンツや使用時間などをコントロールできるなど、セキュリティー機能も強化しています。

こうしたＩＣＴ化の影響を受けて、ハイパートッド市場では今後、キャラクター系のカジュアルファッション、課外授業充実幼稚園、あるいは職業疑似体験型遊園地など、よりリアルな消費も拡大していくでしょう。

１０～２４歳にはオンライン学習を

小学校高学年から大学生くらいまでの新少年市場では、インターネットを使ったオンライン学習サービス、オンライン塾が急速に伸び始めています。

スマホやタブレットとインターネット環境があれば、誰でも利用できますから、専門的なカリキュラムを受講すれば、通塾と遜色のない学習が受講できます。

先駆的に開始したのは㈱ジャストシステム（東京都新宿区）です。２０１２年に学習専用のタブレット端末を用いた通信教育サービス「スマイルゼミ」を始めています。

学習専用タブレット端末を採用することで、画面内で動く解説、アニメーションを多用した問題や、音読録音機能など五感を使った教材で、紙の学習よりも効率よく学習できるようにしています。

また漢検や英検の模擬試験に挑戦できる「漢検チャレンジ」「英検チャレンジ」や、高難易度問題カリキュラム「特進コース」など、ハイレベルな学習に特化したサービスも展開しています。

当初は小学生コースのみでしたが、２０１３年から中学生コース「SMiLE ZEMI」、２０１８年から幼児用コース「すまいるぜみ」、２０２３年から高校生コース「SMiLE

ZEMI」をそれぞれ開講しています。

さまざまな予備校を経営する㈱ナガセ（東京都武蔵野市）も、2020年から「東進オンライン学校」を始めています。

小学生から中学生までを対象に、小学部が「算数・国語、社会（3年生以上）」、中学部が「英語・数学、国語、理科、社会」とし、内容のレベルと進度は、公立の小中学校とほぼ同じペースとなっています。どちらのコースも毎週、火曜日と金曜日が配信日ですが、配信済みの動画であれば、受講期間内に繰り返し視聴できます。

㈱明光ネットワークジャパン（東京都新宿区）が経営する明光義塾もまた、2020年から、小学生、中学生、高校生向けに個別指導を行なう「オンライン個別指導」サービスを行なっています。

対面授業と変わらない個別指導による90分間の授業で、全教科に対応しています。苦手克服や受験対策など、一人ひとりの目標に合わせた学習プランを提案し、それに沿って、学習内容を講師との対話で確認しながら、オンラインで授業を進めています。

予備校関連以外でも、㈱ソニー・グローバルエデュケーション（東京都品川区）が、2024年4月から、小学生向け学習アプリ「LOGIQ LABO（ロジックラボ）」のサービスを開始しています。

ロボット・プログラミング学習サービス「KOOV（クーブ）」などを展開する会社ですが、このアプリは「テクノロジーを使いこなす理数脳を育成する」をコンセプトとした学習アプリです。

数字に親しむ計算問題、空間認識力や探索力を鍛える数理パズル、じっくり読んで論理的に考える読解問題などを通じて、正解を論理的に導く力や、正解のない答えを探究する力の育成を目指しています。

今後、高校生のスマホやタブレットの所有率が上がるにつれて、低額のスマホ講義が学習塾や予備校に取って変わり、あるいは通信教育の主流がインターネット配信になるという可能性がますます強まってくるでしょう。

３０～４４歳にはコダルト商品を

２５～４４歳の新青年市場のうち、３０～４４歳のハイパーヤングの世界では、「コダルト商品」が急激に拡大します。コダルトとは、子どもの心を保持した大人、あるいは子ども的感性を持った成人のことで、〝アダルト〟をもじって編み出した、筆者の造語です。

この年齢層の消費傾向を振り返ってみると、30歳を過ぎても少年的世界にどっぷり漬かっている人が意外に多いようです。40歳に近い男性ですら、通勤電車では携帯ゲームに夢中になり、自室に帰ればアニメやゲームに熱中しています。

女性層もまた、キティのキャラクター商品を手放しませんし、少女コミックの衣装を真似た「ネオ・ロリータ」ファッションを継続させています。

幼児期よりコミック、ゲーム、アニメ映画に慣れ親しんできた世代ですから、30～40代になっても、なお子どもの心を失っておらず、自由になった可処分所得で、子ども時代の果たせなかった夢をそのまま実現しようとしています。

とすれば、今後はコダルト的な消費願望を的確につかみとるマーケティング手法が、早急に必要になります。コミック、ゲーム、アニメの関連商品や、それらがより高度にデジタル化された遊戯用品まで、〝新しい子ども〟像に対応した、斬新な商品やサービスを積極的に創り出していくことが必要になるでしょう。

代表的な分野が鉄道玩具市場です。ここでは、子どもの頃からプラモデル作りを楽しんだハイパーヤングが、再びその魅力にはまっていますが、この需要に向けて、幾つかの企業がすでに対応しています。

㈱タミヤ（静岡市）は1998年から毎年1回、全国にある模型クラブの合同作品展を開催しています。毎年2，000人を超える愛好者が参加していますが、その中心は40～50歳代です。2008年から彼らのために、タミヤ・プラモデルファクトリーを横浜や東京に開設し、体験教室なども行なっています。

同社の商品には、親子や3世代共通で愛されている商品もあります。1982年に発売された「ミニ4駆」は、単3電池とモーターで走る手のひらサイズのレースカーです。80年代後半から90年代にかけて大ブームを巻き起こし、その後も新型の発売毎に盛り上がりました。

2015年の全国大会「ミニ四駆ジャパンカップ2015」には約3万人が参加し、その8割が20～40歳代でした。コロナ禍の中で行なわれた「ジャパンカップ2020」でも、約2，000名のレーサーが参加し、熱いバトルを繰り広げています。

青島文化教材社（静岡市）も1961年からプラモデルを発売しており、現在はミニカーやフィギュアなどのホビー商品も扱っています。2012年に発売したアヴェンタドール（4，114円）は、イタリアのランボルギーニ社のスーパーカーを最新の技術で精巧に再現したプラモデルです。カーモデルファンの大半を占めるハイパーヤングが、少年時代にあこがれたスーパーカーの新型であり、ヒット商品となりました。

２０２４年６月には、手作りカーファンに向けて、創業１００周年を記念したプラモデル新シリーズ「楽プラ・スナップカー」の第１弾、「スカイライン」のシルバー、ホワイト、レッドの３種を発売しています。

㈱ハセガワ（静岡県焼津市）は、「飛行機のハセガワ」とも称されているプラモデルメーカーですが、近年には「戦艦三笠」などの戦艦商品もヒットさせ、２０１３年６月には「戦艦大和」（４，５００円）を発売しています。同社の原点ともいうべき、４５０分の１のリニューアルキットで、作りやすさに重点を置いています。

㈱バンダイのホビー事業部（静岡市）は１９８０年から、国民的アニメ「ガンダム」にちなんだプラモデル「ガンプラ」を発売しています。１９７９年からテレビで放映されているアニメ「機動戦士ガンダム」シリーズで、主人公の一人となるロボット兵器「モビルスーツ」のプラモデルです。

部品数や難易度により価格帯は数百円から数万円に分かれています。１９８０年の発売以来の累計出荷数は３０年間で７億個を超え、購買層の中心はやはり３０代後半以上のようです。

㈱タカラトミー（東京都葛飾区）も2015年に「リニアライナー超電導リニアL0系スペシャルセット」（35，000円）を発売しています。リニア中央新幹線をモデルにした玩具で、実車と同じく、磁力を使って2ミリメートル車体を浮上させたまま、時速500キロメートルで走行できるという逸品です。

定番スポーツゲームの野球盤メーカー、㈱エポック社（東京都台東区）も2015年に「野球盤3Dエース」（6，980円）を発売しました。新たに搭載させた新投法3Dピッチングシステムで、飛ぶボールから転がるボールまで、9種類の投げ分けができるようにし、野球盤に馴染んできたハイパーヤングの回帰を狙っています。

上新電機㈱（大阪市）が経営するわが国最大級の模型専門店「スーパーキッズランド本店」でも、プラモデルを購入する客の多くはハイパーヤング層です。この年齢になっても、昔、憧れたスーパーカーや戦闘機などの模型を手に入れて、身近に置きたいという願望がなお持続しているからでしょう。

同様の傾向は、高級バイク、ハイパーヤングファッション、ハイパーヤング向けナイトクラブ、回顧風CDなどの市場にも、幅広く及んでいるようです。

60~74歳にはフィットネスクラブを

45~74歳の新中年市場では、中年時代の延長と深化によって、フィットネスクラブ、職能訓練センター、容姿保持商品、アンチエイジング商品、往年ヒット曲ベスト盤などへの需要が強まってきます。

とりわけ、従来は老人とみなされていた、60歳代から70歳代前半の年齢層では、体力、知力、財力、気力、精力の〝5力〟を充分に維持している人たちが多く、典型的な「ハイパーミドル」層を形成しています。

彼らの間では本格的な老人生活に入る前に、勉学、トレーニング、遊び、旅行、趣味、奉仕、慈善活動などで、まだまだ中年期を楽しもうとする人たちが増えており、新たな消費需要を広げています。

これに対応した代表的なビジネスがフィットネスクラブです。大手フィットネスクラブの、セントラルスポーツ㈱、㈱ルネサンス、メガロス(野村不動産ライフ&スポーツ㈱)などの資料によると、60歳以上の会員比率が2014年には約30%ほどでした。

この比率はその後も高まっているようで、ルネサンスの決算説明資料によれば、同クラブの60歳以上の会員比率は、2018年の31%から2023年には35%に上昇しています。

６０歳以上の人口構成比が上がったことや、彼らの間でスポーツ志向や健康志向が高まったことなどが背景となっているようです。

そこで、幾つかのフィットネスクラブでは、専用プログラムを作ったり、インストラクターの指導をきめ細かくするなど、トレーニング効果の上がるサービスを充実させています。

㈱コナミスポーツ&ライフ（東京都品川区）では、２０１２年１０月から、６０歳以上を対象にした運動スクール「OyZ（オイズ）」（初回のみ事務手数料３，０００円、週１回６，５００円）を始めています。

現在、関東、関西の9店舗で、ウォーミングアップやストレッチの後、約1時間かけて足の筋力強化や心肺機能の強化、姿勢やバランスの改善などに役立つ運動を行なっています。

２０１5年2月からは、有酸素運動と簡単な計算を組み合わせた認知機能改善向けの新プログラム「OyZ 運動スクール 脳活性化コース」も開講しています。

㈱ルネサンス（東京都墨田区）でも、２０１１年に開発した「シナプソロジー」メソッドを応用して、ハイパーミドルの健康維持や体力増進に向け、スクールやプログラムを実施しています。

その中のひとつ「脳はつらつ教室」（正会員・月会費11，300円）は、脳トレエクササイズ、軽運動、筋力アップなど、運動脳の活性化につながる運動を組み合わせて、脳と心とからだの活性化を図るものです。

㈱カーブスジャパン（東京都港区）は2005年から、女性だけの30分フィットネスクラブ「カーブス」を展開しています（入会金16，200円で、月間会費6，820～7，920円）。2024年には、全国で1，971店舗、会員数が78万人に達しています。運動メニューは1回30分と軽めですが、インストラクター教育には更年期のメカニズム、症状、改善策なども盛り込まれており、ここでも会員の平均年齢は65歳です。

女性層にはアンチエイジング商品を

ハイパーミドルの女性層にとりわけ人気が高いのが、若さを保つための「アンチエイジング（抗加齢）」商品です。若い肌を持続させる美肌商品では、コラーゲン関連商品が主導してきましたが、最近ではプラセンタ関連商品も参入し、さらに市場を広げています。

コラーゲンとは、私たちの身体を構成しているたんぱく質の一種で、その10～20％が骨に、7～8％が血管に、40％が肌に分布しています。

肌の土台である真皮では、７０％がコラーゲンでできているため、不足すると加齢化が進みます。食事でも補給できますが、量には限りがありますから、「飲むコラーゲン」や「食べるコラーゲン」の需要が高まってきます。

㈱明治では２００２年以来、「アミノコラーゲン」を発売しています。パウダーを溶かして飲むタイプを中心に、タブレットやドリンクなど、十数種の関連商品（３，０００～６，５００円）で、幅広い年代の女性ユーザーを獲得しています。２０２１年には、ドリンクタイプの「アミノコラーゲンドリンク」も発売しています。

森永製菓㈱も２００６年から「おいしいコラーゲンドリンク」ブランドの数商品を発売していますが、２０２３年には「おいしいコラーゲンドリンク プレミオ」を、肌・ひざ関節・骨に関する４つの機能を高める機能性表示食品として、リニューアル発売しています。

他方、プラセンタとは動物の胎盤のことですが、古くから滋養強壮薬や若返り薬として愛用されてきました。美容商品に使われているのは、主に豚や馬の胎盤から抽出したものが多く、肌の白さやハリなどに役立つといわれています。コラーゲンに代わる成分として、ドリンク、ゼリー、錠剤などで人気が高まっています。

代表的な商品として、銀座ステファニー化粧品㈱（東京都港区）は２００３年から「プラセンタ100」(30粒907円)を、2018年には「プラセンタ100 CORE」(同3，888円)を、また㈱Arc（名古屋市)も2019年から「Plange（プランジュ)」(90錠7，020円)を、それぞれ通信販売しており、近年の伸び率はかなり高いようです。

化粧品でもアンチエイジング商品が伸びています。サントリーウエルネス㈱は、2000年代から化粧品開発に乗り出していますが、2010年にスキンケア化粧品「F・A・G・E・（エファージュ)」ブランド(3，000～11，000円)を発売しました。

ビールの製造工程で発酵を活性化する酵母から抽出したエキスを配合して、抗加齢機能を高めた商品ですが、毎年計画の倍のペースで売り上げを伸ばしているようです。

また資生堂㈱は40歳前後に向けて、1983年から「エリクシール」シリーズを、㈱ポーラは2011年から「本能は、再起動できる」をブランドメッセージに掲げて、「Red B.A（レッド・ビーエー)」シリーズを、それぞれ発売しています。

「究極のアンチエイジング」ともいえる美容整形市場も拡大しています。十仁美容整形（一般財団法人 日本美容医学研究会 十仁美容整形：東京都中央区)では、しわやたるみを取る「フェイスリフト」の施術を受けるハイパーミドル層が増えています。

従来のフェイスリフトは手術が主流で、費用も数十万円が必要でしたが、最近は鍼《はり》を使って発光ダイオードを照射し、肌の張りを回復させる手法が普及しており、1回数万円で受けられます。

このほか、ハイパーミドル向けには、商品では電動アシスト自転車、社交ダンス用商品、トレッキング用商品、家庭用カラオケなどが、またサービスでは海外・国内旅行、世界一周クルーズ、知力・経済力の維持・拡大サービスなどが、さらに情報市場では超中年向けの情報誌や状況サイト、おしゃれ雑誌、余暇・教養セミナー、自分史セミナーなど、さまざまなヒット商品が生まれています。

75歳以上には新たな遊びを

75歳以上の老年層でも、最近では元気な高年者が多く、勉学や遊びに関係する選択財が伸びています。

例えばシニア向けのICT教室、ゆとり旅行、「昭和再現」ゲームセンター、キャバレー型デイサービスセンター、子育て応援シニア遊戯施設、資産活用サービス、高度サービス付き高年者向け住宅、簡易型葬儀・墓地といった施設やサービスです。

ゲームセンターにも近年、ハイパーシニア層が押しかけています。かつては若者の溜まり場でしたが、ここ数年、若年層の減少やソーシャルゲームの台頭などで苦戦を強いられており、施設やメーカー側も、経済的にも時間的にも余裕のあるシニア層に熱い視線を送っています。

シニア層にとっても、ゲームが目的というよりも、ゲームの合間にお茶を飲んだり、弁当を食べたり、和やかに時間を過ごす「憩いの場」になってきています。こうしたトレンドを積極的につかもうと、関連各社もさまざまなサービスを展開しています。

㈱タイトー（東京都渋谷区）では、2011年1月から全国約20店舗で店内のベンチをシニア向けの畳敷きに変えました。またシニア世代の健康面にも配慮して、血圧計の設置や、一定時間にスタッフとラジオ体操を行なう店舗も設けています。

2014年からは60歳以上のシニア向けに〝大人のメダル倶楽部〟を設け、全国の店舗で展開しています。1回来店毎に会員カードへスタンプを押し、50個集めるとメダル抽選のクジを引くことができます。

㈱カプコン（大阪市中央区）でも、2012年から50歳以上を対象に、メダルの割り増しやコーヒー無料などのサービスを行なう「プレミアム会員制度」を始めています。

2022年からは、55歳以上初心者向けに、クレーンゲームやプリクラなどの遊び方を教える無料体験ツアーも約30店舗で開催しています。センター内で友人を作るシニア層も増加し、メダルの数を競ったり、孫の話を交わすなど「新たな社交場」としても機能しています。

アドアーズ㈱（東京都中央区）では、2012年から運営店舗の半数以上で60歳以上に「専用パス」を発行し、来店時にゲームに使えるメダル50枚（250円相当）を提供するなど、シニアの優待サービスを始めています。

一部の店舗では、茶菓子の無料サービスを提供したうえ、シニア層に人気の高いメダルゲーム機を増設し、老眼鏡や毛布の貸し出しなども行なっています。

カラオケ店でも、シニア向けのサービスが増えています。業務用カラオケ事業の㈱エクシング（東京都港区）では2013年4月から、同社の高機能カラオケ「JOYSOUND FESTA」に、シニア向けの専用コンテンツ「健康王国」を搭載しています。

高年者が座って踊れるフラダンス、名曲に合わせた体操ができる「名曲健康体操」、愛知県歯科衛生士会が監修した「口腔体操」などを楽しむことができます。

シダックス㈱（東京都渋谷区）も2013年11月から、和食「雅御膳」に飲み物とカラオケルーム2時間の使用料を合わせたプランを2，000円で始め、シニア層を引き込んでいます。また２０１４年9月からは６０歳以上の会員を対象に、カラオケルームの使用料を毎週月曜は2時間無料とするサービスも始めています。

とりわけユニークなシニア向け遊戯施設が、(社福)よいち福祉会が経営する「よいち銀座はくちょう」(北海道余市町)でしょう。廃業したキャバレーを改装して、２０１１年4月にオープンしました。

天井からはシャンデリアが下がり、バーカウンターもカラオケ用のステージもあります。これでも、れっきとしたデイサービス施設であり、入浴、夕食、送迎などの基本サービスのほか、医師などの許可があれば、有料でビールや焼酎を飲むこともできます。

職員の大半がビアマイスターの資格を持つという徹底ぶりで、自宅にこもりがちな男性の高年者を引っ張り出せる施設を目指しています。

新旧年齢ギャップを狙う

以上で見てきたように、年齢上昇に伴う市場変化への対応策もまた、２つの方向に分かれます。

ひとつは「低年縮小・高年拡大」あるいは「若減高増化」というトレンドに沿って、新たな必需品を開発する戦略であり、もうひとつは「超年齢化」という流れを積極的にとらえて、ユニークな選択品を創造する戦略です。

前者では、年齢構成の上昇で新たに発生してくる必需的な生活需要を、緻密かつ幅広く把握して、旧来の必需品を超える新規の必需品を積極的に提供することで、年齢別市場をリフレッシュしていきます。

また後者では、年齢区分の上昇によって、旧来の年齢層と新規の年齢層の間から生まれてくる、さまざまな生活需要のギャップを的確にとらえ、それに見合った、大胆な選択品を創造することで、まったく新たな年齢別市場を創り上げていきます。

両方からの戦略によって、人口減少時代の年齢別市場は、量的な縮小を乗り越えるだけでなく、質的にも「ゆとりある人生市場」という、新たな段階へと進んでいくことになるでしょう。

3章　家族縮小をプラスに変える

１，家族縮小が生み出す新需要

激変する家族構造

３番目は、家族構造の激変に対応する分野の展望です。総人口減少と少産・長寿化は、家族数の減少や家族規模の縮小などの量的変化を進めるとともに、家族形態の激変という質的変化を引き起こします。

国立社会保障・人口問題研究所の「日本の世帯数の将来推計」（２０２４年）によると、家族の数は２０２０年の５，５７０万世帯から増加し、２０３０年の５，７７３万世帯でピークを迎えた後は減少に転じ、２０５０年には５，２６１万世帯となります。２０２０年より３１０万世帯ほど少なくなります**（図表15）**。

１世帯当たりの家族数も、２０２０年の２・２１人から減少を続け、２０３３年に初めて２人を割り込んで１・９９人に、２０５０年には１・９２人まで縮小します。これに伴って、家族の形も大きく変わります**（図表16）**。わずかでも増え続けるのは単身者、夫婦のみ、単親（ひとり親と子）の３世帯です。

図表15　家族の数と規模が変わる

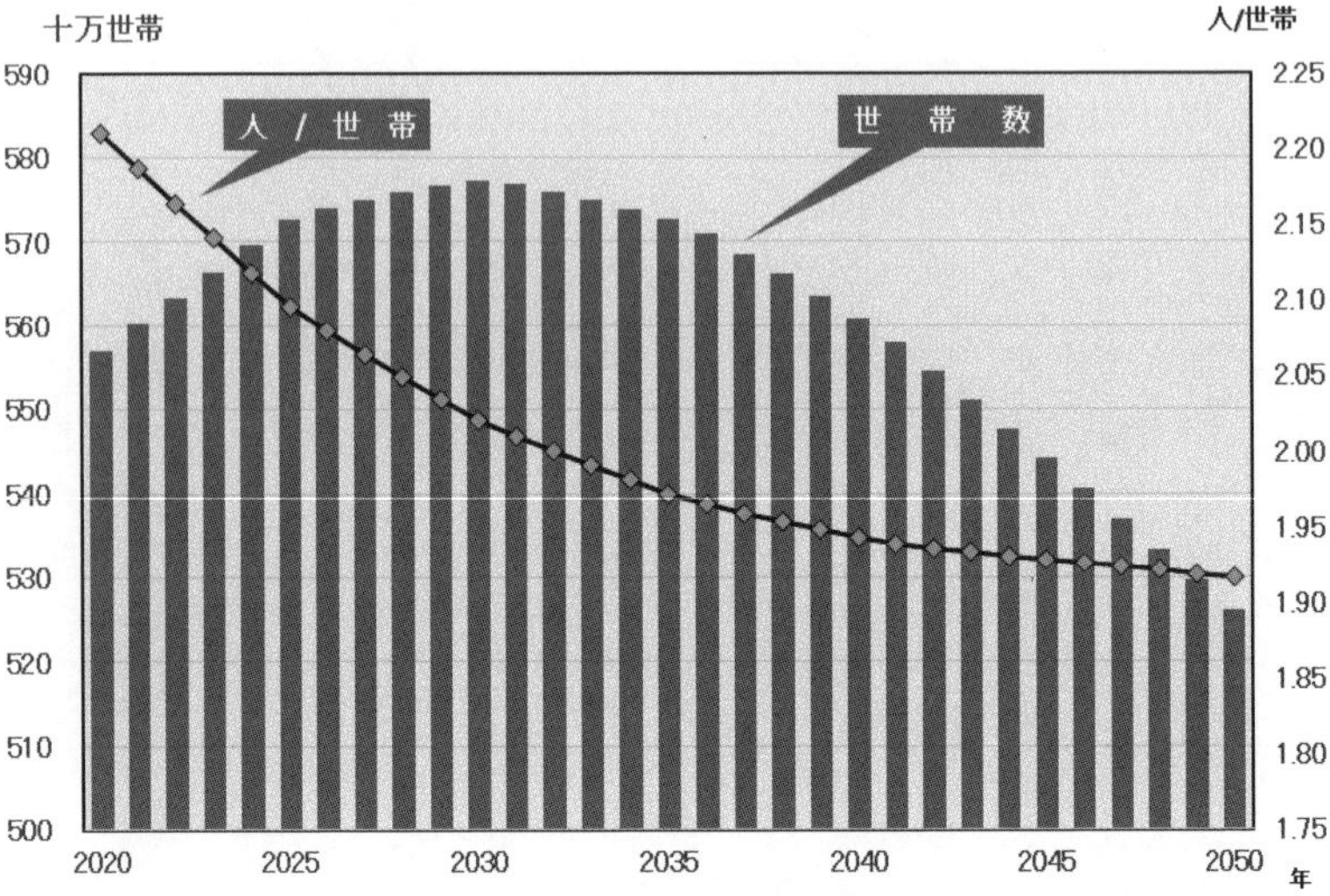

データ出所：国立社会保障・人口問題研究所2024年4月推計

単身者は、２０２０年の２，１１５万世帯から増加を続け、２０３６年に２，４５３万世帯でピークを迎え、その後は緩やかに減少します。

２０５０年には２，３３０万世帯まで減りますが、一般世帯総数に占める割合は２０２０年の３８・０％から４４・３％へと６・３ポイント上昇します。

夫婦のみの世帯は、２０２５年の１，１３４万世帯までは増えますが、以後は減少に転じ、２０５０年には２０２０年よりも１２６万世帯少ない９９５万世帯となります。

一般世帯総数に占める割合は、２０２０年の２０・１％でピークを迎え

図表 16　家族構造が変わる

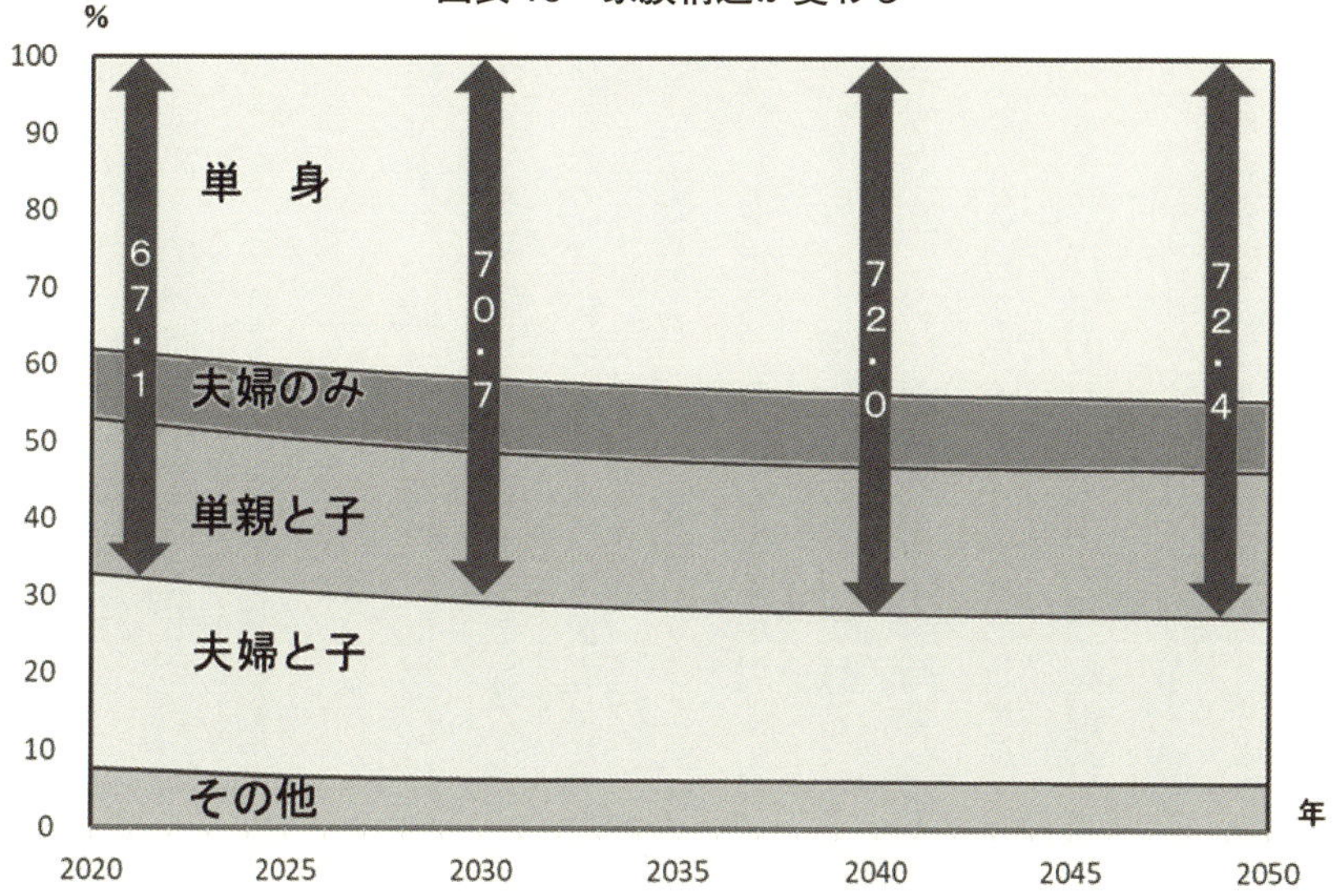

データ出所：国立社会保障・人口問題研究所2024年4月推計

たとみられ、今後はわずかに低下して、2050年には18.9％になります。

単親、つまりひとり親と子の世帯は、2020年の503万世帯から増加を続け、2031年に553万世帯でピークを迎えます。

以後は減少に転じ、2050年には485万世帯まで減少します。

以上の3つの合計比率は、2020年の67.1％から2050年には72.4％まで上がっていきます。

しかし、この3つ以外は、すでに減少を続けています。

いわゆる核家族（夫婦と子の世帯）は、1985年から減少を続け、

２０５０年には1，１３０万世帯まで落ちて、２０２０年より２７１万世帯ほど減少します。その他の一般世帯も、１９８５年以降、主に「3世代世帯」の減少に伴って急速に減少してきましたが、２０５０年には３２０万世帯と、２０２０年よりも１１１万世帯も少なくなります。

一般世帯の内側では「3世代世帯」に代わって、「兄弟姉妹のみの世帯」や「非親族を含む世帯」などが増加してきます。となると、３０年後には「単身世帯」以外の4類型の比率は２０２０年よりも減少していきますから、「世帯の小規模化」から、さらに進んだ「世帯の単独化」がより顕著になってきます。

こうした変化は、今後の生活市場にも、量と質の両面から大きな影響を与えます。量的な影響としては、世帯数そのものが減るうえ世帯規模も縮小しますから、両方が掛け合わされて、家族単位に向けた消費需要も減少していきます。

つまり、量的なマイナス現象としては、①家族数の減少、②家族規模の縮小、③両者を掛け合わせた消費量の減少、の3つを進行させます。

他方、質的な影響としては、家族形態の激変から新たに生まれてくる、さまざまな生活需要の拡大が予想されます。

　このうち、量的マイナス現象を補って、なおも消費規模を維持・拡大していくには、従来の商品やサービスに加えて、これまでの生活市場にはなかったような、新たな必需品を開発し、新規の購買を喚起させていくのが、最も基本的な対応策となるでしょう。

　縮小していく家族にとって、必ず必要になる商品やサービスとは何なのでしょうか。主な方向を展望してみると、「小規模家族向け食品市場」「小規模家族向け住宅市場」「小規模家族向け家電市場」「小規模家族向け新機能市場」の4市場が挙がってきます。

　新たに生まれてくるさまざまな生活需要を、具体例を挙げながら解説していきましょう。

①小規模家族向け食品市場

　家族規模が縮小すれば、それに比例して毎日の量的需要も縮小します。このため、食品や日用品などでは、小ロット・小容量商品や量り売り販売が求められるようになります。

　これに応えるように、2010年代から、食品メーカー各社では、酒類や食用油から調味料や簡易食品に至るまで、小容量の商品を次々に発売しています。

　味の素㈱では、2012年に代表商品「味の素」で、従来の75グラム瓶や50グラム瓶をさらに小型化した35グラム瓶（189円）を発売しています。人気キャラクター「ぱちくりん」がデザインされた小瓶で、若い女性層にも好評です。

アサヒビール㈱は2012年、ペットボトル入り国産ワイン「サントネージュ　リラ」320ミリリットルサイズ(190円)を発売しました。フルボトルのワインでは量が多すぎるというユーザーのために、ペットボトル入りの国産ワインでは、初めて500ミリリットルを切った商品を出したのです。

サントリーワインインターナショナル㈱も、2013年、「酸化防止剤無添加のおいしいワイン。」の250ミリリットルサイズ(227円)を発売しています。

㈱J-オイルミルズも2013年、「AJINOMOTO　さらさらキャノーラ油」(230円前後)など3銘柄で、300グラムサイズの「ちょっとdeちょうどいい!」シリーズを発売しました。

食用油は、開封から1~2カ月以内で使い切らないと酸化が進んで風味が落ちます。しかし少人数世帯では、その期間内に1,000グラム入りを使い切るのが難しいため、小容量を売り出したのです。

㈱キユーピーも2013年、家庭向けの主力製品「キユーピーマヨネーズ」の容量を、従来の500グラムから450グラム(350円)に変えています。これもまた世帯縮小に対応して、「開封後３０日以内の使い切り」を意図したものです。

エバラ食品工業㈱は２０１３年に１人から家族まで、さまざまなシーンで手軽に鍋を楽しめる「プチッと鍋」シリーズを発売しています。

「炊き込みごはん」「キムチ炒飯」「とんこつ焼うどん」「海鮮ピラフ」「ちゃんぽん風うどん」の５品でしたが、２０１５年に「すき焼」「ちゃんこ鍋」を加えて全7品に拡充し、「プチッとステーキ」シリーズも発売しました。

㈱日清食品は２０１８年に「あっさり少なめカップヌードル」（１６８円）を発売しています。「容量少なめ」をコンセプトにした新提案のカップ麺で、「レギュラーサイズでは量が多いが、ミニでは物足りない」と感じる女性やシニア層に向けて、〝ちょうどいい〟サイズを実現しました。この商品の登場で、既存の「スープヌードル」は廃番となりました。

カルビー㈱は２０２１年から、若年層や女性向けに、朝食から間食へ食シーンを拡げようと、保存用簡便食品「フルグラ」をひとくちサイズに丸くした新商品『フルグラ・ビッツ』と『フルグラ・ビッツカカオ風味』を、全国のコンビニエンスストアで発売しています。

以上で紹介したように、加工食品メーカー各社では、競うように小ロット、小容量化を進めています。

②小規模家族向け住宅市場

家族が縮小すれば、食生活に続いて住生活にも影響が出てきます。住宅市場では1章で述べたように、すでにコンパクトマンションやコンパクト住宅が広がり始めています。

30~50平方メートル程度のコンパクトマンションは、2000年代の半ばから伸びてきましたが、2008年頃、一時停滞していました。2012年頃から再び売れ始め、2020年代には安定した伸び率となっています。

東京23区内では、2022年の供給量が1，911戸と、全体の17･7％を占めています。シェアは年々拡大してきており、供給されるマンションのうち、5~6戸に1戸に達しています。

購入層の中心は、30~40歳代のシングル女性層ですが、同年代のシングル男性やディンクスにも受け入れられているようです。この背景には幾つかのメリットが考えられます。

1つ目は、はじめから単身者やディンクス専用として企画されており、ファミリー世帯とは混住しなくても済むこと。

2つ目は、1棟当たりの総戸数が50世帯以下のものが多く、超高層や大型マンションに比べて煩わしさや騒々しさが少ないこと。

3つ目は、間取り、設備、インテリアなどの設計面、セキュリティやプライバシーなどの管理面で、職住近接を求める単身者や共働き世帯などのライフスタイルや価値観にきめ細かく対応していること、などです。

先例としては、日鉄興和不動産㈱の「リビオレゾン」シリーズ、東急リバブル㈱の「ルジェンテ」シリーズのほか、三洋ホームズ㈱の「サンマイン」シリーズ、NTT都市開発㈱の「アイズ」シリーズなどがあります。

一方、コンパクト住宅も伸びています。1章で取り上げた㈱スペースエージェンシー（熊本市）の「小さな家、PACO（パコ）」のほか、ミサワホーム㈱、㈱ヤマウラ（長野県駒ケ根市）、㈲ハウテックス（静岡県富士市）、但南建設㈱、㈱A・I・R（滋賀県野洲市）など、全国各地で展開されています。

以上のようなコンパクト志向は今後、不用品リサイクル産業、不要品用倉庫、不要品保管サービスなどへも広がり、新たな必需品市場を形成していくでしょう。

③小規模家族向け家電市場

住宅がコンパクトになれば、冷蔵庫や洗濯機などの家電製品もまた、コンパクト化を進めています。こうした動きは、２０１０年代から始まっていました。
パナソニック㈱は２０１３年、小型の洗濯乾燥機「プチドラム」（１１～１７万円）を発売しました。マンションサイズの防水パンに設置可能な、幅約６０センチメートル×奥行約６０センチメートルで、１～３人向けの洗濯容量６キログラムに、乾燥容量３キログラムを付けた小型機です。

体積を従来品の４分の３に縮め、低騒音設計にして、単身者やディンクスなど、昼間を留守にしている少人数世帯向けの商品です。２０２３年には、〝はやふわ〟乾燥機能を高めた新機種も発売しています。

シャープ㈱も２０１３年に「コンパクトドラム」（８６、０００～９０，０００円）を発売しています。幅約６０センチメートル×奥行約６０センチメートルのドラム式洗濯乾燥機で、マンションにも置きやすいサイズです。

ＤＤ（ダイレクトドライブ）インバーター搭載により、高性能の低騒音を実現しており、夜の帰宅後や早朝や深夜なども安心して使えます。２０２２年には、真下排水にも対応する新機種も発売しています。

卓上型食器洗い機も小型化しています。パナソニック㈱は２０１２年より、コンパクトサイズの卓上型食器洗い機「プチ食洗」（36，000～48，000円）を発売しています。設置面積を水切りかごサイズ（幅47センチメートル×奥行30センチメートル）、体積を従来機種より約40％カットしたコンパクトな食器洗い機で、スペースが限られたキッチンにも設置しやすくしました。

30～40代の単身者やディンクスなどの有職世帯、あるいは高齢の小規模世帯などにも受け入れられ、2015年には、スピーディコースや低音ソフトコースを付加したニューモデルも投入しました。2023年発売の新機種では、除菌しながら食器を洗浄できるストリーム除菌洗浄機能を搭載しています。

三菱電機㈱は2012年、同社の高級IH炊飯器「本炭釜」シリーズに、3.5合炊きの小釜タイプ「本炭釜」（39，000～40，000円）を投入しました。

純度99.9％の炭素材料を削り出した内釜「本炭釜」と、沸騰後も火力を落とさない「連続激沸騰」によって、茶碗1杯分からごはんをふっくらと炊き上げます。2022年には「本炭釜・備長炭 炭炊釜・小容量モデル」も発売しています。

これらの商品に共通するのは、単に形態をコンパクト化しただけでなく、機能やデザインもまた、目利きの高い単身者やディンクスなどに向けて、さらに高い水準に引き上げていることです。

④小規模家族向け新機能市場

小規模世帯の増加に対応して、それにふさわしい量や新たな機能を持った商品も幾つか登場しています。

ヤマサ醤油㈱は2009年8月、少量使用しても70日間は鮮度が保たれる「ヤマサ 鮮度の一滴 特選しょうゆ」500ミリリットルパウチ(235~260円)を発売しています。

醤油は2~3カ月の保存食品ですが、家族規模の縮小に加えて、食生活の多様化やつゆ・たれ類の増加などで、消費量は次第に減少しており、一般的な家庭向け1リットルパックを使い切るのに、平均1・5カ月程度がかかっています。

そこで、ヤマサ醤油では、注ぎ口に薄い特殊フィルムをつけて逆止弁とし、利用時にも空気が入らず、開封後もほぼ真空状態を維持できる袋状の新容器を開発し、常温で70日間は新鮮な味を保てるようにしました。

2015年からは、さらに小量の400ミリリットルサイズに変えて、開封後の鮮度保持期間を180日に延ばしました。2017年には、新開発の「ピタッと弁」を採用し、容器を押して出す方法に変更し、液切れや注ぐ量を調整しやすくしました。

ウィナーズ㈱(東京都渋谷区)は、同社の扱う家電ブランド「レコルト(récolte)」のひとつとして、2012年に「ポットデュオエスプリ」(6,600円)を発売しています。単身者やディンクス向けに、「煮る」「焼く」「蒸す」「揚げる」という機能が1台でできるという家電ですが、インテリアの代わりになるように、白、赤、オレンジの3色でデザインされています。

同社は2016年には卓上電気鍋「ポットデュオ」(7,920円)も発売しています。鍋料理はもとより、フライパンやホットプレートのように使って、揚げ物やチーズフォンデュなども作れる逸品です。

これらの新商品は単身者やディンクスなどのライフスタイルに適合した、ユニークな機能を付加することで、家族縮小化時代の新しい必需品を目指しています。

2, 超家族化の3大有望市場

ハイパーファミリー化が進行する

他方、質的には家族形態の変化が大きく影響します。数字の上では、単身者、夫婦のみ、単親が増え、核家族や多世代家族が減っていきます。

この背景には、晩婚化・非婚化による若年シングルの増加、長寿化による高齢シングルの増加、あるいはディンクス、単親世帯(シングルファーザー、シングルマザー)、ステップファミリー(子連れ再婚・再々婚世帯)の急増など、家族形態の多様化が潜んでいます。

さらに細かくみると、同棲、お試し婚、事実婚、別居婚なども増えてきますし、単身者がマンションの1室や1軒の家で共同生活する「ルームシェア」や「ハウスシェア」、高齢者が一緒に住む「グループホーム」、複数の家族や元気な高齢単身者が共同で暮らす「コレクティブハウス」のような、非血縁的な同居世帯も拡大していきます。

こうした現象は、従来の「家族」に代わる、「個族」「他族」「多族」ともいうべきものの登場であり、まさに家族を超えた家族、「超家族化(ハイパーファミリー化)」が進んでいるのです。

それがゆえに、これまでにはなかったような、新たな生活需要を発生させます。伝統的家族向けの従来からの生活需要に加え、新型家族が新たに生み出す、多様な生活需要が次々に生まれてきます。

とすれば、単身世帯の増加や家族多様化など、いわば「超家族化」による新生活需要の拡大は、質的にはプラス面の拡大ともいえるでしょう。

「超家族化」による新生活需要を的確にとらえるには、新型家族向けと共同生活者向けに大別し、それぞれの新生活需要に対応する、両面からの作戦が必要です。若年シングルや高齢シングルなどの単身者、ディンクス、単親世帯、ステップファミリーなどに対しては「若・中年家族市場」「高齢家族市場」への対応が、また共同生活者向けには「超家族向け住宅市場」への戦略がそれぞれ求められます。

新たに生まれてくる、さまざまな生活需要とそれらへの対応策を、具体例を挙げながら解説していきましょう。

①若・中年家族市場

若・中年シングルやディンクスなどに向けて、最近大きくヒットしている新機能商品に、お掃除ロボットやノンフライヤーがあります。

お掃除ロボットは2004年、アメリカ iRobot 社の「ルンバ」(29,000~52,000円)が初めて輸入され、当初は通信販売やテレビショッピングなどで売られていましたが、徐々に量販店にも広がって、販売数が増えてきました。

2012年夏にはシャープ㈱が、2014年夏以降には東芝㈱、パナソニック㈱、ダイソン㈱などが参入し、国内の累計販売台数は2019年に1,430万台を突破しました。

インターネットによるユーザー調査(2024年)によると、ロボット掃除機の所有率は全掃除機の1割強で、いっそう増加傾向が続いているようです。所有者の利用理由では「掃除が楽になりそう」が4割弱、「テレビや新聞・雑誌で見た」「効率よく掃除をしたい」などがそれぞれ2割強でした。

所有者のうち「従来型の掃除機をメイン、ロボット掃除機をサブ」「ロボット掃除機をメイン、従来型の掃除機をサブ」がそれぞれ3割弱、「留守中に使う」「何かしている間に別の部屋をロボット掃除機で掃除」がそれぞれ2割前後であり、利用頻度は「週2~3回」と「週1回」に集中していました。

「今後もロボット掃除機を使うか否か」の質問には、所有者が約76%、非所有者が20%

使用すると答えています（マイボイスコム㈱・ロボット掃除機に関するアンケート調査・第5回）。

こうした傾向が今後も続けば、お掃除ロボットの年間販売台数は２０２０年代に2,０００万台を超え、全電気掃除機に占める割合も約2割を超えるものと思われます。

もうひとつ、新型家庭に大ヒットしているのが、油を使わずに揚げ物を作る新調理家電「ノンフライヤー」です。

オランダの電気機器メーカー「フィリップス」の日本法人、㈱フィリップス エレクトロニクス ジャパンが、２０１３年4月に２８，４００円で発売した「ノンフライヤー」は、２年間で累計４５万台を売り上げました。

そこで、国内の通販会社や家庭用品メーカーでも、数多くの企業が同様の製品を投入しました。これらの製品では、食材がこびりつきやすいバスケットの網を外して洗えたり、付属品にピザ用の皿やケーキ用の型も用意するなど、後発ならではの利点を持たせており、大手家電量販店でも1～3万円で売られています。

人気の理由は、圧倒的な使いやすさと仕上がりの良さです。揚げ物を作る場合は、２００度前後の高温熱風で食材を加熱し、油を使わずに鶏のから揚げ、エビフライ、とんかつなどが仕上がります。

底が網状の専用バスケットに食材を入れて本体下部にセットし、付属のレシピ本などを参考に温度とタイマーを合わせれば、あとはでき上がりを待つだけです。調理中に油がはねる心配もなく、安全度も高いといえるでしょう。

さらには、各社の広告が「油に食材を浸す揚げ方に比べ、最大８０～９０％の脂肪分をカットできる」とアピールしているように、健康面でのメリットも大きな訴求要因となっています。

以上のような新機能商品のほかにも、新たな機能を持ったサービスとして、若・中年シングル向けには、日常生活を快適かつ手際よく展開していく衣料・家具・家電レンタルサービスや、単身者ゆえの楽しみを追求できる、お一人様専用カラオケや一人旅限定旅行・ホテル、あるいは新たな伴侶を紹介するオトナ婚紹介サービスや中年カップル向け結婚式などへの需要も広がっています。

またディンクス世帯では、可処分所得が比較的高いものの、家事や日用作業などへの時間が少ないことから、中食、半加工食材、宅配・清掃サービスなどへの需要が高まるとともに、幾分高価な価格帯の外食サービスや旅行・リゾートなどへの需要も伸びてきます。

他方、単親世帯やステップファミリー向けには、比較的に経済力が弱いため、外食を避ける「おうち外食」用食材、シングルマザー向けシェアハウス、ベビー用品レンタルサービスなどが求められており、子連れ婚活サービスや子連れ結婚式場などへの需要増加が予想されています。

拡大する「中食」市場

もうひとつ、新型家族を対象にして急速に拡大しているのが「中食」市場です。家庭内で調理する「内食」とファミレスなどで食べる「外食」の間にあって、調理済みのご飯やお惣菜を買ってくることを意味しています。

総菜や弁当類といった中食は、以前から惣菜屋やスーパーなどで売られていましたが、近年ではコンビニでも、PB（プライベートブランド）のチルド（冷蔵）惣菜が加わってきました。パウチパックのサラダや煮物などの惣菜ですが、ハンバーグや肉団子なども加わり、種類が豊富になってきています。

賞味期限が1～2カ月と長いうえ、個別包装や少量パックを電子レンジで温めるだけという簡便さが受け入れられて、単身者、共働き世帯、高齢者世帯などの間で、急速に売り上げを伸ばしています。

最大手の㈱セブンイレブン・ジャパンが、２００７年から発売している「セブンプレミアム」は、チルド総菜や冷凍食品など４９アイテムからスタートしています。１５年を経過した２０２２年には、５つのブランドで約３，５００アイテム、累計販売金額も１３兆円を超えています。

㈱ファミリーマートも、２０１２年から「ファミリーマートコレクション」としてチルド総菜を発売しています。

２０１７年には、総菜、日配品、冷凍食品を展開する「お母さん食堂」を立ち上げ、さらに２０２１年には、これらの商品に、弁当、おむすび、サンドイッチ、麺類などの中食商品も組み入れて、新たなプライベートブランド「ファミマル」を開始しています。取り扱い品目数は約８１０品目に増えているようです。

ミニストップ㈱もまた、２０１３年秋以降、既存店のテコ入れ策として「スーパーの代替機能の確立」を掲げ、チルド総菜の品揃えを強化しています。２０２１年からは、「やみつキッチン」の冠をつけた、「冷凍食品」の〝おつまみおかず〟シリーズを発売しています。

コンビニ各社はさらに、レジの脇などで扱う揚げ物やおでんなどの中食も強化しています。

従来は食品スーパーなどが得意としてきた分野ですが、働く女性やシニア層の需要を的確にとらえて、コンビニの新たな成長分野になっています。

こうしたコンビニの中食戦略に対抗して、スーパー各社もさまざまな形で巻き返しを図っています。

イオン㈱は、２０１８年から「食のＳＰＡ化」（製造小売り業化）を目指して、総菜加工部門を強化しています。働く女性や高齢者の増加に対応して、売り場面積の約４割を冷凍食品を含む惣菜売り場に転換し、イートインコーナーも拡大しています。

埼玉県が地盤の㈱ヤオコーも、２０１４年に東松山デリカ・生鮮センター（東松山市）を、２０２１年に総菜・生鮮加工センター（熊谷市）をそれぞれ稼働させ、総菜などの生産能力を数倍に増やしました。

また食品スーパー各社でも、店内で調理する総菜を強化しています。㈱マルエツは２０１４年の後半から、売上高の９割以上を占める食品のうち、生鮮と加工総菜の売上高が一貫して５０％以上を保っています。

㈱いなげやも、２０１６年から年間６０店のペースで総菜売り場を強化し、毎月３０種の新商品を出すなど、ユーザーに飽きられない売り場を目指しています。

㈱ライフコーポレーションは2014年、高級・高価格帯の生鮮品「ライフプレミアム」シリーズを総菜にも広げ、高価格帯の増強戦略で総菜全体の売り上げを3割ほど伸ばしています。

以上のようなトレンドに乗って、中食の市場規模は2010年代から拡大しており、コロナ禍による落ち込みを超えて、2022年には10兆5億円に達しました（一社・日本惣菜協会「2023年版惣菜白書」）。

②高齢小規模家族市場

高齢世代の単身者や夫婦のみ世帯に向けては、この世代特有の生活需要に応えて、見守り・安否確認や安心・安全確認などでも、斬新な新商品やサービスが生まれています。

1つ目は高齢者などの使う機器からの発信で、見守りを行なうものです。見守り用商品には、専用の見守り介護ロボットがありますが、ここで取り上げるのは、生活財やペット器具を利用した商品やサービスです。

象印マホービン㈱は2001年から「みまもりほっとライン」（初期費用5，500円、サービス利用料月3，300円）を発売しています。

２００８年に出した新機種「i-POT（アイポット）」は、本体内にＮＴＴドコモの通信機能を内蔵した電気ポットで、高齢者が使う度に、その情報がインターネットを通じて、離れて暮らす家族に伝わるという仕組みです。２０２３年には、電気ポットの空だき通知、ホームページサービスへの連絡通知など、新機能を加えてリニューアルしています。

ソニー㈱も、１９９９年より販売しているペットロボット「aibo（アイボ）」（本体：２１７，８００円）に、２０１９年夏よりプレミアムプラン（月額１，６２８円）として、あらかじめ顔認識した人物を家の中から探し出す機能「aibo のおまわりさん」を追加しています。指定した時間帯になると、ロボットが童謡「いぬのおまわりさん」のメロディーを流しながら動き回って見守り対象を探し、結果を通知してくれます。

２つ目は高齢者などの自宅に独自のセンサーなどを設置するものです。

㈱立山システム研究所（東京都千代田区）は２００１年より、「たてやまみまもり eye」を提供しています。

１人暮らしの高齢者宅にセンサーを設置し、離れて暮らす家族がパソコンや携帯電話で確認できるサービスです。またあらかじめ所在不明、長期滞在、帰宅なしなど、異常事態を判定する条件を設定すれば、指定されたメールアドレスに連絡してくれます。

初期登録料5，000円、機器購入料7万円、設置工事費17，500円〜、月間システムサービス利用料1，300円からです。

志幸技研工業㈱（東京都荒川区）も、2013年から見守り機器「ネットミル」で、「見守りサービス」（初期費用3，200円、機器本体3万円、月間利用料3，600円）を始めています。カメラ等を一切使わずに電気使用量を24時間計測し、正常な生活リズムが確認された場合には、あらかじめ登録しておいた家族やケアマネージャーなどへ、メールによって「お元気情報」が通知されます。

㈱ソルクシーズ（東京都港区）も、2013年からセンサーによる見守りシステム「いまイルモ」を発売しています。

独自開発の「みまもりセンサー」に搭載した人体検知、動作検知、温度測定、湿度測定、照度測定などの複合機能でさまざまな情報を収集し、ネットワーク経由で家族のスマートフォンへ伝えます。

導入費用が3，150円、機器費用が52，910円、月間利用料が2，980円などです。2015年5月には、見守り側と会話もできる「いまイルモ plus（プラス）」も発売しました。本体価格が47，500円、月間料金が2，800円です。

３つ目は高齢者などに緊急用のペンダントを持ってもらうサービスです。

綜合警備保障の㈱アルソックは２０１０年より、「シルバーパック」を展開しています。具合が悪くなった時に「非常ペンダント」を押すとガードマンが駆けつける「救急通報サービス」、かかりつけの病院や既往症などをあらかじめ登録できる「救急情報登録サービス」、「住宅用火災警報器」で火災による温度変化や煙の発生などを監視する「火災監視サービス」の３つを基本サービスとし、さらに必要機能を選んで追加することができます。駆けつけサービスありのレンタルプランの場合、月額費用は３，８５０円です。

東急セキュリティ㈱も２００８年１０月より、東急線沿線で「シニアセキュリティ」を始めています。

自宅内でペンダントを握ると警備員が駆けつける「緊急通報サービス」を基本に、宅内に一定時間動きがない時も警備員が駆けつける「安否確認サービス」、２４時間年中無休の無料電話健康相談や医師紹介を行なう「健康相談サービス」、そして日常のお困り事の相談窓口となる「生活支援サービス」をひとつにして、高齢者が自宅で安心して住み続けるための支援サービスとなっています。

初期費用が５，５００円、月額が１，９８０円、警備員駆けつけ料が１回５，５００円で、

2022年からは、UR賃貸住宅の居住者を対象とした見守りサービスも開始しています。

③超家族向け住宅市場

単身者、単親世帯、ディンクスなどが増えてくると、結婚や血縁とは関係なく、1軒の家やマンションに共住するという、新たな同居形態が生まれてきます。ルームシェア、シェアハウス、コレクティブハウスなどと呼ばれているものです。

このような共同生活から生まれてくる、新たな生活需要としては、「ルームシェア市場」「シェアハウス市場」「コレクティブハウス市場」のような分野が考えられます。それぞれの具体例を挙げてみましょう。

ルームシェアとは、一軒家やマンションの一室で血縁、親族、恋愛などの関係を持たない人が一緒に住む同居形態です。この形態が拡大した背景には、超家族化の進行に加えて、経済性と利便性という視点が考えられます。

経済性では、家賃や光熱費などの節約を基本として、比較的高額な賃貸マンションで暮らせることが、また機能性では1人暮らしの事故や危険を防ぐ安全性、他人との出会いを求める交流性、あるいは語学力向上や異文化交流を深める能力向上性、書籍やピアノがおける面積性などが考えられます。

ルームシェアの相手や物件探しには、主にインターネット上の掲示板が使われており、「ルームシェアジャパン」「ルームメイトカフェ」「ルームシェアルームメイト」など、10以上のサイトがあります。

もっとも、他人同士の同居では、ユーザー間の費用負担や生活上のトラブルも予想されますし、賃貸者の側にもどのように使用されるか、不安が付きまといます。そこで、実際の入居に際しては、代表責任者を決めること、特定の者だけを居住させること、居住者全員にそれぞれ連帯保証人を付けることなどが条件になっています。

不動産業界ではすでに各地に広がっていますが、公的な住宅供給機関でもルームシェアを始めています。

（独法）都市再生機構（UR都市機構）は、2004年秋から全国各地で、賃貸住宅に「ハウスシェアリング」という名称で、ルームシェアを導入しています。高齢の単身者などが、家賃負担の軽減や緊急時の助け合いなどを目的に、友人と共同で生活したいというニーズに対応したものです。

入居の条件は、①契約名義人は原則2名（同一の契約書に連名）、②資格確認時にすべての契約予定者が所得証明書、住民票等の書類を提出、③各契約予定者が当該申込住宅の基準月収額の2分の1以上の収入がある、などです。

大阪府住宅供給公社も2006年春から、府下の17団地で、親族以外の友人などと一緒に暮らせるハウスシェアリングを実施しています。また福岡県住宅供給公社や新潟県住宅供給公社なども、単身の高齢者同士のルームシェアを認めています。

東京都住宅供給公社でも、2020年から「ルームシェア制度」を導入し、入居条件を緩和して親族以外の成人2名で1つの住戸に入居ができるようにしました。

急増するシェアハウス

さらにマンションや一戸建住宅の、鍵のついた個室に住みながら、キッチン、トイレ、バスルーム、リビングなどを共用する同居形態、シェアハウスとかハウスシェアと呼ばれるスタイルも急増しています。

この形態では、住宅の管理運営を事業者が行なっているケースが多く、各ユーザーは個々に契約して入居するのが一般的です。3大都市圏を中心に急激に広がり、全国の物件数は2023年に5,808棟に達しています（一社・日本シェアハウス連盟・シェアハウス市場調査）。この背景には次の３つの利点が考えられます。

１つ目は居住コストの優位性です。シェアハウスの賃料は通常、一般的な１Ｋマンションの７～８割程度です。また初期費用も安いようです。

通常の賃貸契約では、敷金・礼金がそれぞれ家賃の２カ月分、仲介手数料１カ月分が必要ですが、シェアハウスになると、敷金・礼金がそれぞれ１カ月分程度で済みます。加えて家具や家電、調理器具などが備え付けられているケースが多く、引っ越し代も安く済みます。

２つ目は共用の備品や設備が充実していることです。一般的なシェアハウスでは、キッチンやリビングなどの設備がひと通り整っています。

さらに六本木、表参道、麻布などに立地する月額賃料１０万円を超えるような物件では、広いリビング、業務用キッチン、ジャグジーはもとより、トレーニングジム、フィットネスジム、屋上デッキ、バーラウンジ、シアタールーム、アトリエ、音響設備、ビリヤード、ダーツマシン、さらには菜園付きやカーシェアなども併設されています。

３つ目は新たな出会いが期待できることです。キッチンやリビングが共用ですから、同居者の間で新たな人間関係が広がります。さらに管理会社によっては、英会話、ヨガ、料理の無料講座、著名人との交流会などを定期的に開催しているところもあります。

入居者が「忘年会」や「寄せ鍋パーティー」といった交流イベントを企画するケースも多いようです。カフェやアパレルショップ、シェアオフィスなどを併設する物件も出てきましたので、ビジネスチャンスを広げられる可能性も生まれています。

このうち、最近、次第に評価が高まっているのが、3つ目の人間関係です。この利点を伸ばすため、最近では特定の目的を共有する同士向けのシェアハウスが登場しています。いわば「付加価値系シェアハウス」とでもいうべきものです。

主な先例を挙げれば、国際交流・外国語訓練、ミュージシャン・音楽プレイヤー向け、ペット愛好者向け、科学技術愛好家向け、スポーツ・体育会系、美容系、起業家やビジネストレーニング向け、就活支援系、育児支援系、農業体験者向けなど、趣味や志向、環境や境遇が似た人たちが集う物件です。

ここまでくると、シェアハウスは単なる住居ではなく、自己実現の場に変わってきました。「居住空間」としての機能を超えて、「生き方」や「趣味」「体験」といったソフト価値をシェアする形態へと変化し始めています。

シェアハウスが伸びた、もうひとつの要因に、貸し手と借り手をマッチングする専用ポータルサイトの増加があります。

オーナーから広告費を得て、物件情報を写真付きで紹介するもので、全国の物件を掲載する「ひつじ不動産」、女性目線のレポート形式で紹介する「シェアパレード」、付加価値系専用の「colish（コリッシュ）」などがあります。

もっとも、最近ではシェアハウスの急拡大に伴って、問題点も多発しているようです。そのひとつは居住者間のトラブルで、「夜中に音を立てる人がいる」「朝のシャワーの時間帯が重なる」「ゴミの出し方が悪い」「共用スペースを独占している」など、人間関係のトラブルです。

そこで幾つかの管理会社では、ルールの整備や入居者の選定などに注意を払う一方、住み込みのコーディネーターを配置するなど、改善策を実施し始めています。ひつじ不動産では、「シェア住宅管理士講座」も開催しています。

もうひとつは、違法ハウス問題です。2012年に国土交通省が実施した調査によると、東京都内でオフィスビルの1室を細かく仕切り、シェアハウスと宣伝して入居者を募るケースが見つかっています。

このため、同省では2013年9月、都道府県などに対して、いわゆるシェアハウスは建築基準法の「寄宿舎」に該当するため、間仕切り壁は耐火性を満たす必要があ

図表17　付加価値シェアハウスの事例

分　類	名　前	特　徴
国際交流・外国語訓練	クロスワールド大森	共有ラウンジでは基本英語、外国人マネージャー2名が日常的に会話をサポート、定期的に英会話レッスンなどを実施
	英会話シェアハウス Chateau Life Eze	2割以上の外国人との同居で、国際交流や英会話上達をめざす
ミュージシャン 音楽プレーヤー 漫画家志望向け	シェアリーフ 西船橋グレイスノート	本格的音楽スタジオが3部屋ある、85部屋の大型シェアハウス
	Companheira	カラオケ完備の女性専用・完全個室
	多摩トキワソウ団地	プロの漫画家志望者を支援する
ペット 愛好者	Amethyst上池袋	ペットと暮らせるシェアハウス
	シェアーラー キャット馬込	中庭にキャットタワー、ネコ専用の出入り口など、ネコと一緒に暮らせる
科学技術 愛好家向け	ギークハウス新宿	GeeK（パソコンやプログラミングに詳しい技術オタク）向け
	ナインステージ	常設の大きな鉄道模型で24時間、持ち寄った車両を走らせることができる
スポーツ・体育会系	TENTMENT高輪	アウトドア派が互いに技術を教えあえる
	凛omori	本格的フィットネススタジオでヨガ、ピラティス、ダンスなどが可能
美容・体感系	Beauty House 小岩	エステサロンが運営し、ビューティールームではプロ仕様の美容機器が使える
	しかくい空	アロマテラピー、メディカルハーブなど、自然・体感系の習い事ができる

分　類	名　前	特　徴
起業家やビジネストレーニング向け	X—garden桜台	起業家を目指すユーザーのためのシェアハウス
	めいマンマin京都	居住者で経営するカフェを常設
	THE SHARE	ショップ、オフィス、アパートメント機能が一体化した多角化ハウス
就活支援系	就活シェアハウス新中野	大型のシェアハウスで就活生同士の情報交換ができる
	就活シェアハウスCREWSO	就活という目的をもった仲間が集まり、良い出会いと良い機会をみつける
育児支援系	ペアレンティングホーム高津	シングルマザーを応援する子育て支援ハウス
	グレンデール自由が丘	施設内に多世代ホームがあり、頑張るシングルマザーを応援するハウス
農業体験者向け	831Gardens(ヤサイ・ガーデンズ)	都心で仕事をしながら就農準備をしたい人向けのシェアハウス
	東京シェア＋	女性専用で菜園があり、好きな野菜を育てることができる
DIY系	COURI009 CAMP!	DIYで個室や共用施設を自由に改装できる
	various artists	入居者が家具や家電を搬入したうえ、必要に応じて自由に改装できる
	DIY SHARE180℃藤が丘	専用アトリエに工作機や工具類、専門書などがそろっており、専門家の講習も開催される

り、違反する場合は是正指導をするよう通知しました。

業界側でも、日本シェアハウス連盟が2013年8月、これまで曖昧だった建物や運営についての基本的なガイドラインを設け、シェアハウスの質の向上と入居者の保護強化に努めています。

こうした方向が進めば、シェアハウスは今後ますます伸びていくでしょう。それにつれて、専用の住宅やマンション、高付加価値型シェアハウス、専用カーシェアリング、シェア世帯生活支援サービスなどが、新たな生活需要として浮上してきます。

コレクティブハウスも各地へ

さらに積極的に、家族ぐるみの共同居住を進めているのがコレクティブハウスです。1970年代に北欧で生まれた居住スタイルを日本に持ち込んだものですが、個人のプライベートな居室に加えて、共用の生活空間を設けた共同居住型の集合住宅です。入居者は高齢者や単身者のみならず、ディンクス、シングルマザーなどを含む年齢を超えた複数の家族であり、共同の台所や居間で家事や育児を互いに助け合いながら、世代を超えたコミュニティーを目指しています。

2002年にオープンした「芦屋17℃」(兵庫県芦屋市)は、阪神大震災で全壊したアパートの土地所有者と地元建築家が、参画者を募って共同建設組合を設立し、約2年間会合を重ねて建設した、多世代型のコレクティブハウスです。

5階建ての集合住宅で、2~5階に50~100平方メートルの分譲の個室が17戸あり、1階に共用空間、屋上に庭園を持っています。共用リビングには、集会室、事務室、キッチン、図書コーナー、リビング、それにゲストルームにも使える和室が設けられています。

「17℃」という名前は、17戸がお互いに1℃ずつそれぞれの体温を持ち寄って快適な温度の空間を作ろうという趣旨です。

幼児のいる若い世帯、成人した子どものいる世帯、初老の夫婦世帯、キャリアウーマンや70~80代の単身世帯などが入居しており、共用空間を使って、高齢者の生きがいを支援するため、住民有志が川柳やストレッチの教室を開いています。

2003年に東京の日暮里にオープンした「かんかん森」は、NPOのコレクティブハウジング社(東京都多摩市)が開設した施設で、24~63平方メートルの28戸と160平方メートルの共用空間があります。幼児から80歳代の老人まで、シングルやディンクス、大企業の役員や学生も入居しています。

全員がいずれかのグループに属する義務があり、共用空間を使って月に1度、定例会が開かれ、諸問題の相談や情報の交換が行なわれています。

毎日の生活でも、夕食の調理や食堂での食事、さまざまな共同作業、廊下や洗濯室での出会いなどで、日常的コミュニケーションを交わしながら、快適で刺激のあるコミュニティーの形成を目指しています。

さらに共助を重視しているのが、2003年に開設されたコレクティブハウス「しまんと荘」(大阪市港区)です。企画・運営する㈲すてっぷ企画室(大阪市)は、身障者ボランティアやゼロ歳児を預かる保育所の運営などを経て、身障者やシングルマザーが入居できる共同住宅を企画しました。

約16平方メートルの個室が8室あり、風呂、トイレ、台所、洗面所、リビングなどは共用です。

キッチンは1度に2人が利用でき、建物はすべてバリアフリー設計です。入居者6名のうち5名が身障者ですが、いずれもヘルパーの支援を得て、独りで暮らしています。掃除は担当を決めて順番に行ない、不可能な身障者についてはヘルパーが代行しています。

このようなコレクティブハウスは、各地に広がっています。東は釧路町型コレクティブハウジング（北海道釧路町、２００６年）、コレクティブハウス巣鴨・スガモフラット（東京都豊島区、２００７年）、コレクティブハウス聖蹟（東京都多摩市、２００９年）、コレクティブハウス大泉学園（東京都練馬区、２０１０年）、コレクティブハウス元総社コモンズ（前橋市、２０１３年）、コレクティブハウス本町田（東京都町田市、２０２０年）まで。西はコレクティブハウス「南風ん風」（熊本県天草市、２００８年）、ハイツ白鷺（京都市、２０１８年）、coco camo（京都市、２０２０年）、ラメール三条（京都市、２０２２年）、Posto & Co.（ポストアンドコー　福岡県北九州市、２０２３年）など、全国で開設されています。

こうなってくると、コレクティブ世帯用の住宅やマンション、あるいは専用のシェア家電や自動車、さらにコレクティブ住宅向けの専用生活支援サービスといった、新たな生活需要も拡大してくるでしょう。

新型家族市場へ向かって

さまざまな事例を眺めてきましたが、家族縮小に伴う生活市場縮小への対応策もまた、大きく2つに分かれます。ひとつは「家族縮小化」を覆すための、新たな必需品の開発であり、もうひとつは「超家族化」の流れをつかんだ、新たな選択品の創造です。

前者では、**家族の数や規模の縮小にかかわって、新たに発生してくる生活需要を的確に把握して、極小家族向け必需品市場を再構築**していきます。

また後者では、**多様な家族の拡大が生み出す、ユニークな生活需要に対応して、新しい選択品を次々に創造し、斬新な家族向け選択品市場**を創り上げていきます。

両方からの戦略によって、人口減少時代の家族向け市場もまた、量的な縮小を克服したうえで、質的にもさらに進歩した段階へと駆け上がっていくでしょう。

Ⅱ部　〝逆張り〟を実現する２大戦略体系

これまで半世紀のマーケティング戦略は、需給状況の変化に対応して、大きく変わってきました。１９６０～７０年代の高度成長期には、「差別化」戦略が、１９８０年代のバブル経済期には、「差異化」戦略が、１９９０年代のバブル崩壊期以降は、低額、定額などで差をつける「差額化」戦略が主流となってきました。

これらのトレンドを継承しつつ、２０００年以降のマーケティング戦略を見直すと、「３縮化」という量的変化に対しては、「差別化」を緻密にした「６別化」戦略が、また「３超化」という質的変化に対しては、「差異化」を拡張した「６差化」戦略が、それぞれ新たな体系として期待されます。

そこで、４章では「６別化」戦略を、５章では「６差化」戦略を、さまざまな先行事例を交えながら提案していきます。

4章　量的縮小を突破する「6別化」戦略

1，差別化戦略を分解する

6別化戦略と6差化戦略

前章までは、人口減少に伴って進む3つの変化（総人口減少、年齢構成上昇、家族構造激変）に対し、今後のマーケティング戦略の進むべき方向を、「3縮化」と「3超化」の両面から提案してきました。

個々の戦略の内容を細かく眺めてみると、従来のマーケティング戦略を超える、新たな方向が浮かんできます。人口減少時代の生活市場対応には、増加時代とはかなり異なる戦略が求められているようです。

マーケティング戦略の歴史を振り返ってみると、需給状況の変化に対応して、大きく変わってきています。

1960～70年代の高度成長期には、機能、性能、品質などで差をつける「差別化」戦略が中心でした。1980年代のバブル経済期には、カラー、デザイン、ネーミング、ストーリーなどで差をつける「差異化」戦略への移行がみられました。

しかし、1990年代のバブル崩壊期以降になると、低額、定額などで差をつける「差額化」戦略が主流となってきました。

これらのトレンドを継承しつつ、2000年以降のマーケティング戦略を展望してみると、「3縮化」と「3超化」に対応する、新たな〝戦略体系〟が浮上してきます。

「3縮化」という量的変化に対しては、「差別化」を緻密にした「6別化」戦略が浮かんできます。また「3超化」という質的変化に対しては、「差異化」を拡張した「6差化」戦略が、新たな体系として期待されます。

それでは、「差別化」戦略や「差異化」戦略は、どのように変わっていくのでしょうか。

「差別化」を緻密にした「6別化」戦略には、「3縮化」という量的変化に対して、差別化の中味をさらにきめ細かくし、多角的に対応することが求められています。一方、「差異化」を拡張した「6差化」戦略には、「3超化」という質的変化に対して、非日常＝選択品の需要をさまざまな方向へ展開させることが期待されています。

そこで、差別化戦略と差異化戦略を、次のように細かく分けたいと思います。

差別化戦略は「6別化」戦略（別能化、別額化、別数化、別層化、別接化、別業化）に多角化します。

差異化戦略は「６差化」戦略（差異化、差元化、差延化、差汎化、差真化、差戯化）に多面化します。

両者の違いをひとまず整理しておけば、６別化戦略は、既存商品の延長線上でさらなる差別化を行なう戦略グループであり、６差化戦略は、既存商品の周辺に従来とは異なるネウチを持った商品を創造する戦略グループ、とでも表現できます。

こうしたうえで、２つの戦略グループに属する、幾つかの手法を体系化していきます。本章ではまず6別化戦略の概要を述べたうえで、個々の戦略の内容を紹介します。

新必需品を創る6別化戦略

新たな必需品を生み出す、最も基本的な戦略は、いわゆる「差別化」戦略です。この戦略は、商品やサービスの機能・性能・品質などの面で、利便性や有用性の差を作り出し、新規の市場を形成するものです。

従来、差別化戦略とは商品やサービスの新機能や新性能など、主に物質的な優位性を高める戦略と見なされてきました。

しかし、他の商品やサービスと比較できるのは、それに留まるものではありません。価格、

図表18　6別化戦略の手法

戦略	具体的手法
別能化	新機能化、高性能化、高品質化
別額化	低額化、定額化、高額化
別数化	複数化、リピート化
別層化	エイジレス化、ユニセックス化 ユニバーサル化、ステートレス化
別接化	間接接触化、直接接触化
別業化	分野拡大化（業種拡大化） 本業深耕化（業態拡大化）

使用頻度、対象ユーザー、販売方法、顧客対応などの面でも、新たな優位性を発揮することが可能です。

そこで、差別化という概念を細かく見直し、**図表18**のように6つの要素に分解してみました。

そのうえで、最も基本である物質的な戦略を、新たな機能を創る「別能化」と呼び変え、他の5つの戦略もまた別額化、別数化、別層化、別接化、別業化と名づけます。

6つの差別ですから、「6別化戦略」です。それぞれの内容と具体的な方法をひとつずつ解説していきましょう。

①別能化戦略

別能化戦略とは、新たな機能・性能・品質を持った商品やサービスを創り出して、新規の需要を獲得する戦略です。

まったく新たな機能を持った商品を開発して新規市場を広げる「新機能化」を中心に、従来よりも高性能な機能を持った新商品の開発による「高性能化」、従来よりも高度な品質の新商品を提供する「高品質化」などの手法が考えられます。

新機能化手法では、少産化の影響が進むベビー、キッズ、ティーンズ市場などでも、1980年代からさまざまな形で別能化が展開されてきました。

例えば、和光堂㈱（現・アサヒグループ食品㈱）は、1984年に離乳食へフリーズドライ技術を導入し、超簡便な新商品で先発商品を圧倒しました。

プロクター・アンド・ギャンブル・ジャパン㈱は1985年に紙おむつへ高分子吸収体を導入し、吸水性の高い「パンパース」でシェアを拡大しました。

またカシオ計算機㈱は1983年に耐衝撃性の高い腕時計「Gショック」を発売し、新たなヤング市場の開拓に成功しています。

近年の新機能化といえば、新情報商品でしょう。2章で取り上げたように、トッドタブレットでは、幼児向けに㈱アガツマ（東京都台東区）の「アンパンマン　はじめてのキッズタブレット」、㈱学研ステイフル（東京都品川区）の「あそびながらよくわかる　あいうえおタブレット」などが発売されています。ティーンズ以上向けには、アップル社の「iPad（アイパッド）」シリーズ、マイクロソフト社の「Surface（サーフェス）」シリーズ、グーグル社の「Google pixel（グーグルピクセル）」シリーズなど、新型のタブレットが伸びています。

今後の成長が予想されるウェアラブル端末、つまり身体に着ける端末では、やはり2章で述べたように、腕時計型として韓国サムスン電子の「Galaxy Gear（ギャラクシーギア）」、アップルの端末「Apple Watch（アップルウォッチ）」、ソニー㈱の「SmartWatch（スマートウォッチ）」シリーズなど、眼鏡型としてグーグル社の「Google Glass（グーグルグラス）」、セイコーエプソン㈱の「MOVERIO（モベリオ）」シリーズ、テレパシー㈱の「Telepathy One（テレパシー・ワン）」などが登場しています。

長寿化に見合った新機能化の事例としては、トリンプ・インターナショナル・ジャパン㈱が２０１３年4月、肩こりや腰痛に悩む女性向けに、磁石を仕込んだブラジャー「マグネセレブ」を発売しています。

家電では2章で紹介した、タイガー魔法瓶㈱のご飯とおかずが一緒に作れる炊飯ジャー「おとなのタクック」、ダイキン工業㈱のリモコンの字が読みやすいエアコン「ラクエア（Wシリーズ）」などが挙げられます。

掃除機でも軽量で扱いやすい紙パック式スティック型が伸びています。㈱ツインバードが2022年に発売した、コードレススティック型クリーナー「TC－E264B」（28,800円）は、軽量1・4kgの自走式に独自のヘッド構造を備え、小回りが利くうえ、簡単に捨てられる紙パック式です。

シロカ㈱（東京都千代田区）が2024年に出した「らくらクリーナー」（24,860円）や、アイリスオーヤマ㈱が2024年に発売した「MagiCaleena（マジカリーナ）」（25,080円）もまた、軽くて扱いやすいうえ、紙パックを捨てるだけですから、衛生面にも配慮されています。

また高齢者向けの情報商品では、2章で紹介したように、㈱NTTドコモの「らくらくスマートフォン」、ソフトバンクモバイル㈱の「シンプルスマホ」、KDDI㈱（au）の「BASIO active（ベイシオ アクティブ）」といったラクラクスマホが発売されています。

性能と品質を高める

高性能化・高品質化手法では、少産化市場において、妊娠中の母親の負担を軽くし、快適性を維持できるマタニティドレスが、また出産後には授乳に便利なウェアやおむつ交換を簡易化するベビー服などが伸びています。

㈱良品企画の「授乳にも便利なマタニティウェア」や日本トイザらス㈱の「ベリーフィットパンツ」などが代表的な事例です。

青・中年向けにも、保温下着や消臭衣料などが好評です。近年、冬の定番となった保温下着では、㈱ユニクロの「ヒートテック」、㈱しまむらの「ファイバーヒート」、ベルメゾン㈱千趣会の「ホットコット」、㈱セブン&アイ・ホールディングスの「ボディヒーター」など、多様な商品が発売されています。

消臭機能でも、セーレン㈱（福井市）の下着「DEOEST（デオエスト）」は、布に織り込んだセラミックスが汗臭さや体臭を吸着したうえ金属イオンで分解し、30秒で約80％消し去ります。

㈱コナカ（横浜市）のワイシャツ「MUSHON Fabric（ムッシュオン　ファブリック）」は、宇宙船内服向けに開発された技術を応用して、アンモニアを中和する溶剤を繊維に染み込ませ、洗濯しても落ちない消臭機能を実現しました。

高齢者向けには、アンチエイジング衣料、機能性下着、ユニバーサル衣料などで高性能化が進んでいます。

アンチエイジング衣料では、㈱ワコールの下着「Graces（グレーシス）」が、加齢に伴う体型や肉質の変化を工学的な機能でカバーします。

グンゼ㈱の下着「KIREILABO（キレイラボ）」は、更年期の敏感肌に対応して、低刺激、低着圧、蒸れにくさ、動きやすさを徹底的に追求した、完全無縫製のインナーです。

誰でも自由に好きなファッションを楽しめるユニバーサル衣料では、㈱名美アパレル（愛知県東郷町）の着脱の楽な「Chiaretta（キアレッタ）」シリーズや、㈱ケアファッション（大阪市）の「脇全開ジャージパンツ」など、高機能製品がすでに発売されています。

家電でも、２章で挙げたタイガー魔法瓶㈱の炊飯ジャー「tacook（タクック）」や、日立アプライアンス㈱のサイクロン式クリーナー「２段ブーストサイクロン」、３章で挙げたiRobot社のお掃除ロボット「ルンバ」や、㈱フィリップス エレクトロニクス ジャパンの「ノンフライヤー」などのほか、パナソニック㈱の「マッサージチェア」や「マッサージソファ」などの発売が始まっています。

もちろん、これらの商品は機能や性能の差だけで売れたわけではありません。しかし、顧客減少時代においても、商品開発の基本はやはり別能化にあるといえるでしょう。

ニーズとシーズの重なる分野へ

別能化戦略は今後、どのような方向へ進むのでしょうか。需要面でいえば、総人口減少、年齢構成上昇、家族多様化から生まれてくる、さまざまな需要に、積極的に対応できる機能、性能、品質を持った商品が求められるはずです。

とすれば、ニーズとシーズの両面から、次のような方向が浮かんできます。

ニーズからみると、総人口減少には都心型新商店街システムや週末用郊外住宅、少産化には育児ロボット、幼児用知育パソコン、長寿化には高齢者能力維持ロボット、音声反応電話、中年能力維持薬・食品、そして家族多様化には単身者の共棲住宅、単親者向け生活支援サービスなどが、それぞれ別能化戦略として期待されます。

シーズからみると、濃縮型ハイテクを応用した新商品が期待できます。エレクトロニクス、バイオテクノロジー、ナノテクノロジー、ニューマテリアル、自然系エネルギーの5分野から生み出される、新しい技術を積極的に活用して、従来は存在しなかった機能、性能、品質を持った商品を創り出すことです。

一例を挙げると、エレクトロニクスには高齢者向け情報家電、バイオテクノロジーには機能性遺伝子組み替え食品、ナノテクノロジーには腕時計型情報端末、ニューマテリアルには折り畳み式壁掛けディスプレー、自然系エネルギーには太陽光発電搭載マンションなどが、別能化戦略の新たな目標になってくるでしょう。

こうしてみると、ニーズとシーズの重なり合う分野こそ、別能化戦略に最も期待されている領域といえます。

②別額化戦略

2つ目の別額化戦略は、減少していくユーザーに、従来とは異なる〝金額〟の商品やサービスを提示して、売り上げを維持、拡大していこうとする戦略です。

実際の手法としては、できるだけ高い商品を買ってもらう「高額化」、できるだけ低い価格の商品を提供し、その分多く買ってもらう「低額化」、一定価格で可能な限り多くの商品を購入してもらう「定額化」などの手法が考えられます。

高額化手法では、少産化世代に向けて一子豪華化商品が伸びています。少産化時代の父母は「少なく生んで大切に育てる」という傾向を強めていますが、その背景にはせっかく生んだ子どもには、できるだけ豊かな生活環境を与えたい、という両親の願望があります。

こうした傾向に後押しされて、最近の子どもたちは、幼時から高級離乳食を食べ、ブランドのベビー服を着て育ってきました。彼らは生まれた時から、それ以前の世代とは一線を画す〝超高額消費世代〟なのです。そこで、この世代に向けて、一子豪華的な商品やサービスが続々登場しています。

例えばベビーカーです。コンビ㈱(東京都台東区)は2012年12月に、イタリアの高級自動車ブランド、アルファロメオがデザインしたベビーカー「コンビ ホワイトレーベル ディアクラッセ アルファロメオ」(70,000円)を、また㈱GMPインターナショナル(東京都渋谷区)は2013年4月、日本生まれの3輪ベビーカー「エアバギーココブレーキ」シリーズ(55,000円)を、そしてニューウェルブランズ・ジャパン㈱(東京都港区)は、2023年6月、生後1カ月から使えるストレスフリーな最高級3輪モデルベビーカー「スムーヴ AB」(79,200円)をそれぞれ発売しています。

玩具や生活雑貨もまた高額化が進んでいます。幼児向け玩具では、㈱バンダイが2012年5月に「マウスでクリック★アンパンマンカラーパソコン」(9,142円)、2013年7

月に「あそんでまなべる！ アンパンマン カラーパッド」（13，800円）、2015年8月に「アンパンマンカラーパッドプラス」（13，800円）など、次々に高額パソコン型玩具を売り出しています。

㈱セガトイズも2010年から、スマートフォンのように、指タッチでたくさんの機能が遊べる「ジュエルポッド」シリーズ（2，800〜8，800円）や、遊びながら学べる「魔法のジュエル★カラーパソコン」（11，000円）などを発売しています。

高額生活雑貨では、㈱ベネッセコーポレーションが㈱日立製作所と協力し、学習内容に合わせて最適な光に調光できるライト「調光式学びライト LED」（18，300円）を売り出しています。

イケア・ジャパン㈱も10年ほど前から、伸びる身長に合わせる伸長式ベッドフレームとスノコを組み合わせた「MINNEN（ミンネン）」（16，990円）や、子どもの成長に合わせて形を変えられるベッド「GONATT（ゴーナット）」（35，000円）などを発売しています。

値下げするか定額で売るか

低額化手法では、値下げや据え置きでさまざまな事例を挙げることができます。ここ数年、コロナ禍、原材料高騰、円安などの影響で価格を上げる商品が続出していますが、にもかかわらず、逆に下げる企業も現れています。

例えば、大手流通グループのイオン㈱は２０２３年から、「イオン」「イオンスタイル」「マックスバリュ」など約1万の店舗で、プライベートブランド「トップバリュ」の値下げを実施しています。

第1弾の２０２３年9月には３１品目、第2弾の１２月には２９品目、そして２４年３月の第3弾では２８品目と、合計８８品目に達しています。この値下げは、配送形態の見直しやグループのスケールメリットを活用して可能になったようです。

同業の㈱イトーヨーカ堂も２０２４年4月から、飲料や小麦粉など購入頻度の高い７１品目を対象に平均で約１０％の値下げを決めました。グループ企業との統合によるオペレーション・販促・物流の効率化や、扱いアイテムの絞り込みによるものだ、と述べています。

値下げとまではいかないものの、価格据え置きを宣言する企業も現れています。まさに定額化手法です。

作業着やカジュアルファッションを販売する㈱ワークマンは、２０２２年9月にプライベートブランド商品の価格を据え置くことを発表しました。その後、営業利益や純利益も減少しましたが、価格据え置きを続けています。

ファミリーレストランチェーンのサイゼリヤ㈱も、２０２３年4月から「値上げはしない」方針を打ち出し、その後も続けています。原材料の高騰が利益を圧迫していますが、業務の効率化やメニューの見直しで乗り切る方針です。

それでも、客単価は２０２０年の６７９円から２０２３年には８１８円に上がっています。同業他社やその他チェーン店が値段を上げている中で、値段を上げない同店へのお得感が生まれ、来店回数の増加や複数メニューの注文増加などが進んだためです。

低額・高額・定額の留意点

以上のような動向を前提に、今後、別額化戦略を実施していくうえで、特に留意すべきポイントを整理しておきましょう。

高額化手法では、別額化の最も基本的な戦略として、価格が高くても納得して買ってもらえる商品の開発が急務です。それには、少産・長寿化を先取りして、必然的な機能・性能・品質を持った商品を新たに開発していくことが必要でしょう。

低額化手法では、低い価格でできるだけ多くのユーザーを獲得することが基本ですから、顧客数が停滞してきたら、たちまちその効力を失います。

とすれば、顧客数が落ち始めた場合を予想して、「直ちに縮小する」「いっそうの値引きで対抗する」「商品内容の改良で吸引力を上げる」などの対応を、事前に用意しておくことも大切ではないでしょうか。

定額化手法では、多様性と誘導性が鍵となりますから、一定価格で買える商品の多様性を広げるとともに、商品構成や棚割り面でも、次々に連想が広がっていくような、心理的な誘導手法の確立が必要になります。

以上のように、今後の価格作戦では、低額化、高額化、定額化といった既存手法に加え、さらに斬新な手法を編み出して、大胆に実施していくことが求められます。

③別数化戦略

3つ目の別数化戦略は、従来1回であった消費を2回、3回へと増やしてもらうようにしむけることで、1人当たりの売上額を増やそうという戦略です。

これには、TPO(Time ＝時間、Place ＝場所、Occasion ＝場合)に応じてさまざまな商品を使い分けてもらう「複数化」や、ひとつの出来事を繰り返して経験したくなるようなサービスを積極的に創造する「リピート化」といった手法が考えられます。

複数化手法では、カシオ計算機㈱の「Gショック」が好例です。主要購買層である中・高校生の数が減少しているにもかかわらず、なお売り上げを維持しているからです。「繊細な腕時計よりもジーンズのように丈夫な腕時計を」を基本コンセプトに、1983年に発売された腕時計ですが、1990年代に入ると、スケートボードやサーフィンにも耐えられる時計として、高校生の間で大ヒットしました。

2000年代に入ってブームは去りましたが、それでも毎年国内販売額を維持しています。最近では、Bluetooth 5.0を搭載して、スマートフォンと連動する高級シリーズも発売し、「1人のユーザーに複数を買わせる」という作戦に見事に成功しています。

この背景には、腕時計市場に大きな変化が起こったという事情があります。旧い世代にとって、腕時計とは時刻を知るための貴重な道具でした。しかし、昨今の若者は携帯電話やスマートフォンで時刻を確認しますから、腕時計はアクセサリー以外の何物でもありません。

それゆえ、彼らはデザインのよい時計を複数買って、学校に行く時、塾へ行く時、デートする時と、TPOで自在に使い分けています。TPOに応じて幾つかの商品を使い分ける、まさに「複数化」の時代なのです。

メガネ市場でも、視力矯正という機能性を超えて、〝新しい顔作り〟というファッション性が高まったために、ＴＰＯに見合った複数化が進んでいます。この市場では、定額化手法が功を奏していますが、もう一方では新たな機能の付加による別数化も進んでいます。

㈱ジンズホールディングス(JINS)は、２０１２年にはパソコン用メガネ「JINS PC」や花粉を９８％防止する「JINS PROTECT（プロテクト）」を、２０１４年には三点式眼電位センサーを搭載したセンシング・アイウェア「JINS MEME（ミーム）」を、２０１５年には用途に合わせてブルーライト軽減率の異なる「JINS SCREEN（スクリーン）」を、２０２１年にはレンズの下部分に色味を入れ、チーク(頬紅)を付けたように見える「チークカラー®レンズ」を発売するなど、新たな機能性メガネを次々と提案し、売り上げを伸ばしてきました。

またZoff（ゾフ：㈱インターメスティック）やowndays（オンデーズ：OWNDAYS㈱）などの店舗では、商品の企画から販売まで一気通貫で自社管理する「製造・小売り(ＳＰＡ)」業態を確立し、来店客のニーズをそのまま商品企画へ反映させ、ファッション性の高いメガネを店頭に並べるという、最先端の販売促進策がとられています。

こうした手法によって、若年層のユーザーの間には、一人で複数のメガネを持ち、その日の気分やコーディネートに合わせてメガネを掛け変える「メガネのＴＰＯ」スタイルが広がっています。今後は60~80歳代のユーザーが急増してきますから、老眼鏡もまた「一人一品の単なる道具」から「一人多数のファッション用品」へと変貌していくでしょう。

リピーターを増やす

一方、リピート化手法では、「特定の商品やサービスを繰り返し買ってもらう」、あるいは「一度捕まえた顧客は絶対に離さない」ことで、売り上げを確保していきます。

最大の成功例は、いうまでもなく東京ディズニーリゾート(TDL=㈱オリエンタルランド)でしょう。顧客の中心である日本人の人口が停滞しているにもかかわらず、この15年間、コロナ禍の3年を除いて、毎年2,800万人以上の入場者を維持しているのは、間違いなくリピーターを増やしているからです。

成功の要因は、テーマパークは進化を止めた時から老化が始まる、という発想のもとに、施設の拡充やスクラップ&ビルドを続けていること、運営面でS(Safety =安全、安心)、C(Courtesy =礼儀正しさ)、S(Show =ショー)、E(Efficiency =効率的運営)の、「SCSE」を厳守していること、の2つです。

これらの工夫や努力によって、同社のリピート率は、実に95%を超える高水準を保っています。

また中高年向け割安チケットの発売、パーク内のどこからでもレストランのメニューがオーダーできる「ディズニー・モバイルオーダー」、学校教育用のホスピタリティ体験学習プログラムの配布、さらにはＴＤＬのビジネス手法を伝授するビジネスマン向け「研修プログラム」の開催など、幅広い年齢層に向けてリピーターを維持する戦略を更新しています。

こうした戦略は、２章で挙げたゲームセンターのハイパーシニア対応などにも、充分応用できるものです。

複数化とリピート化を組み合わせる

以上のように、複数化やリピート化という戦略を的確に展開できれば、顧客減少による売り上げの低下を未然に防ぐことができるばかりか、維持や増加させることも不可能ではありません。

これらの事例を参考にすると、別数化戦略を実施するうえでの要点は、次のようにまとめられます。

複数化手法では、機能的には１つで充分なモノであっても、生活シーンや私用的に複数を使いたくなるようなモノの開発が急務です。

生活シーンでは、TPOに応じてカラーやデザインを変えたくなるような雰囲気作りが求められますし、私用性でいえば、愛着やコレクションの対象になるような商品作りが必要でしょう。

リピート化手法では、商品やサービスの変化に加えて、ユーザーに与える好感度や親密度の向上も大きな目標になります。これを実現していくには、ポイント制、永久保証制、新規紹介制など、制度的なバックアップシステムの設定や援用が求められるでしょう。

今後の数量戦略では、複数化とリピート化を巧みに組み合わせ、購買量を安定的に拡大していくような、さらに大胆な発想が求められます。

④別層化戦略

4つ目の別層化戦略は、従来からのユーザー層を大胆に見直し、新たなユーザー層を開拓することで、顧客層の拡大を狙う手法です。

具体的には、「若者から老人へ、中年から子どもへ」といった「エイジレス化」、「男性から女性へ、女性から男性へ」といった「ユニセックス化」、「健常者からハンディキャップ者へ、ハンディキャップ者から健常者へ」といった「ユニバーサル化」、そして「日本人から在日外国人へ」という「ステートレス化」などの手法が考えられます。

エイジレス化手法は、子ども、中年、老年など、従来の固定された年齢別市場を根本から見直す手法です。

2章で見てきたように、少産・長寿化の影響で、子ども時代は24歳まで、青年時代は44歳まで、老年に入るのも75歳へと、すでに繰り上がっています。このため、マーケティング戦略でも、従来の年齢対象を大胆に見直すことが求められます。

ジョンソン・エンド・ジョンソン㈱の「ベビーオイル」や「ベビーローション」は、もともとベビー向けに発売されたものですが、実際の購買層は女子中高生や女子大生から、OLや高齢者にまで広がっています。

成功の要因は、「ベビー」というネーミングによって安全というイメージを強めたことや、コンビニやドラッグストアで手軽に購入できるようにしたことです。

㈱バンダイが1999年から発売している「プリモプエル」は、反応センサーを内蔵したおしゃべりするぬいぐるみです。

音声認識機能、歌を歌う機能、従来の5倍の2000通り以上のおしゃべり機能など、次々に新モデルが発売され、シニア世代を中心に3世代共通で楽しめる玩具として、大ヒット商品となっています。

２０１６年には、変身アイテム「おしゃべり変身モフルン」を、２０２３年には「だっこもねんねも！　おしゃべりあーぷん」なども発売し、さらに新市場を広げています。

㈱タカラトミーアーツも２０１５年7月、自由に会話のできる「ヒミツのクマちゃん」を発売しています。これまで子どもをメインターゲットにしてきた玩具メーカーも、対象となる年齢層を変えれば、まだまだヒット商品が生まれるのです。

これらの手法は、1章で挙げたコンパクトカーや、2章で挙げた高齢者向けスマホやコダルト商品などにも充分応用できるものです。

ユニセックス化手法は、男だけ、女だけと思われていた性別市場の壁を突破することで、売り上げを伸ばす手法です。

代表例が女性用のステテコです。㈱ワコールは２０１２年から、若い女性向けのルームウェア「女子テコ」（3，０45～3，570円）を発売しています。「かわいいデザイン」や「楽なはきごこち」を求める女性の声が多数よせられたことから、女性の体型向けにゆったりしたシルエットを作り、浴衣などのインナーとしても使用できます。

㈱ユニクロも2013年3月に、女性向けのステテコ「RELACO（リラコ＝Relax & Comfort Pants）」（1，089円）を発売しています。男性向けのアイテムとして12年からバリエーションを増やしていましたが、女性用として初めて約100色柄を打ち出しました。2015年には、近所へ外出もできる「ワンマイルウェア」として拡販し、2020年にはコットン、レーヨン、エアリズムの3素材も登場させて、ユーザーが好みの素材を選べるようにしました。

サービス業界でも美容院と理髪店の乗り入れが始まっています。最近では美容院へ通う男性が増えていますから、客足の減ってきた理髪店では、女性客の獲得を狙う店舗が拡大しています。短髪を好む女性層には好評のようです。またエステサロン、ネイルサロン、リフレクソロジーサロンなどでは、男性客の拡大に努め、ユニセックス化を進めています。

こうした手法は、2章で紹介したフィットネスクラブや、3章で挙げた「お1人様向け遊戯サービス」などにも応用できるでしょう。

健常者や日本人を超える

ユニバーサル化手法は、健常者向けの商品をハンディキャップのある人や老年者にも広げていく、あるいはその逆を行なって、新たな市場を拡大する手法です。

代表的な商品が「ユニバーサルデザインフード」です。加齢に伴う咀嚼《そしゃく》・嚥下《えんげ》機能の低下や、歯や口やあごなどの疾患により、通常の食べ物が「食べにくい・飲み込みにくい」といったユーザーのための食品です。

日本介護食品協議会では、食品の固さについて、「容易にかめる」「歯ぐきでつぶせる」「舌でつぶせる」「かまなくてよい」という4つの区分を設け、ユーザーの状態によって選びやすく表示していますから、2022年の生産・販売額は507億円と、10年で3倍ほどに伸びています。

キユーピー㈱は1998年から、おいしさ、栄養、食べやすさに配慮した「やさしい献立」（170〜190円）を発売しており、レトルトを中心に積極的な品揃えを展開しています。

2000年代には「容易にかめる」シリーズ等50品目を、2010年代には電子レンジ対応の小容量カップ容器商品を、2020年代には嚥下《えんげ》困難者向けとろみ調整用食品などを発売してきました。

㈱ニチレイも2004年から、カロリーや塩分を調整して生活習慣病の予防効果を考えた冷凍総菜セット「気くばり御膳」（700〜800円）を、幅広いユーザー層に向けて販売しています。

森永乳業㈱も2013年4月から、介護食「やわらか亭」（350～380円）のブランドを発売し、「調理の手間を省きたい」といった高齢者などのニーズに応えています。

ステートレス化手法は、今後増加が予想される在留外国人向けの市場を、積極的に開発する手法です。在留外国人の数は、1章で述べたように、2020年の275万人（人口総数の2・2％）から2050年には729万人（同7％）へと急増します。

今後、ハイテク関係にはインドや欧米などから、介護・看護関係には東南アジア諸国から、単純労働には日系人や研修生などが、合法的に入国してきます。また農村部の独身男性の結婚促進対策として、アジア人妻も増えてきます。

こうした外国人は、仕事探し、部屋探し、国際結婚仲介、日常生活相談、日本語や生活作法はもとより、母国の食材、衣料、薬品探しまで、さまざまな生活需要を生み出しますから、全国各地で彼らを対象にした、新たなビジネスが広がってきます。

例えば㈱ひらがなタイムズ（東京都渋谷区）は、1986年から日本生活情報マガジン「ヒラガナタイムズ」や同名の外国人向け日本生活情報サイトを運営し、外国人市場調査業務サイトや国際交流パーティーなどの事業も行なっています。

㈱日本エイジェント（愛媛県松山市）は、2019年より外国人の部屋探しを支援する専門不動産ポータルサイト『wagaya Japan（ワガヤ・ジャパン）』を始めています。

外国人が入居可能な物件のみを掲載し、多言語で物件検索ができる不動産ポータルサイトで、2023年8月には物件掲載数が日本一となり、月間15万人以上が訪れるサイトに成長しています。

保証人のいない外国人向けの家賃保証サービスも始まっています。（一社）外国人生活サポート機構（東京都豊島区）では2010年1月から、外国人向け家賃保証サービスを行なっています。

借り主である外国人が家賃1カ月分の40〜60％を初回保証委託料として、さらに1年を超えるごとに1万円を追加委託料として同機構に支払います。これにより、借り主が万が一、家賃を滞納した場合には、積み立てた委託料の中から、同機構が1年分を限度に保証します。

企業でも1章で述べたように、㈱グローバルトラストネットワークス（東京）が2006年から外国人専門の賃貸住宅保証サービス「TRUST NET 21（トラストネット21）」を展開し、ニッポンインシュア㈱（福岡市）も2015年から同様のサービスを開始しています。

これらの手法は、３章で挙げたルームシェア専用マンションやシェアハウスなどにも、積極的に応用すべきものでしょう。

固定ユーザー観を棚上げに

ここまで述べてきた先行事例を参考にしながら、別層化戦略を実施する時に、特に留意すべきポイントを整理してみましょう。

エイジレス化手法では、年齢別市場という既存の常識を打破することが基本です。そこで、特定の年齢層を前提にした商品やサービスを他の年齢層に向けられないものか、を改めて検討したり、人生９０歳時代の新しいライフスタイルを目指して、斬新な視点から商品コンセプトを再構築していくことが求められます。

ユニセックス化手法では、男性向け、女性向けといった既存の商品区分を一旦棚上げにしたうえで、性別の区分や仕様を強引にクロスしてみたり、あるいはまったく性別にとらわれないモノセックス商品を、独自に開発していくことが有効でしょう。

ユニバーサル化手法では、健常者とハンディキャップ者の相互乗り入れが課題ですから、健常者向け商品をハンディのある人でも使えるようにしていくとともに、ハンディのある人向けに作られた商品の用途や利用法を健常者向け、とりわけ老年層向けに拡大していくことが求められます。

ステートレス化手法では、今後間違いなく増加していく在日外国人の間から、いっそう多様で高付加価値な商品やサービスを求める需要が拡大していきますから、彼らが日本の生活に適応できるように、商品やサービスの解説やマニュアルを提供することが必要です。同時に、出身国の商品やサービスを詳しく調べて、国内への導入可否を検討し、日本人向けに導入していくことも望まれます。

以上のように、別層化戦略では、固定したユーザー観を一旦棚上げしたうえで、改めて自社商品やサービスの顧客層をとらえなおし、販売の間口を広げていくことが必要になるでしょう。

⑤別接化戦略

５つ目の別接化戦略は、１人のユーザーに接触する方法を見直し、新たなルートの開発によって、売り上げを増やしていこうとするものです。

広告・宣伝や店頭での展示・即売などを通じて、顧客が自社の商品やサービスに接触する機会をできるだけ増やし、それによって購買動機を高め、売り上げを増加しようとする戦略ともいえるでしょう。

この戦略には、メディアやインターネットなどを通じて間接的にユーザーと接触する「メディア接触」と、商品やサービスをできるだけ直接的にユーザーと対面させる「店頭接触」の、2つの手法が考えられます。

メディア接触手法は、旧来からのマスメディア4媒体（テレビ、ラジオ、新聞、雑誌）、あるいは電車の中吊りやビルの垂れ幕などに広告を打って、生活者と商品やサービスとの間接的な接触機会を、できるだけ増やしていく手法であり、どちらかといえば中高年以上の年齢層向けです。

より若い年齢層向けには、インターネットやスマホの拡大で、WEBメディアを利用する広告手法が広がっています。

さまざまなサイトに帯状の広告を入れる「バナー広告」、メールマガジンの先頭に入れる「メール広告」、ターゲットの重なるユーザーを自社サイトへ誘導する「タイアップ広告」、アフィリエイターのサイト経由でユーザーを誘導する「アフィリエイト広告」、検索キーワードによりターゲティングされる「ターゲティング広告」、そして携帯電話やスマートフォン向けの「モバイル広告」などがあります。

アフィリエイト広告は、個人や企業のウェブサイト上で、あらかじめ提携(アフィリエイト)した特定の商品を紹介し、その情報で商品が売れたら、応分の報酬を授受するという仕組みです。

マスメディアの広告と違って、いわば素人の親密な感想や評価が、そのまま他の顧客にも浸透していくという点で、新しいクチコミ手法といえるでしょう。最近ではこの手法が、書籍、食品、ファッションなどにも広がっています。

モバイル広告は、携帯電話やスマートフォンのメール機能を利用して、商品やサービスの販促を行なうもので、メールに付帯した各種広告や、携帯電話に届く割引クーポンなどが基本になっています。

例えば大手家電量販店では、ポイントカードの登録時にメールアドレスも記録して、特価セールの案内や割引クーポンを携帯電話へ送っています。

またあるメーカーでは、中吊り広告でメールアドレスを告知し、そこへメールを送ると、詳細な商品内容を送付してきます。これらの手法は、従来のマスマーケティングに対して、個々のユーザー別に細かく実施できるという利点があります。

さらに最近では、ＳＮＳ（ソーシャル・ネットワーキング・サービス）を応用した接触が拡大しています。

Facebook（フェイスブック）などでは、従来通り特定のコンテンツを「テキスト＋画像」で紹介する手法も続いていますが、趣味や地域など特定のターゲット層に向けて広告を提示する「ターゲティング広告」も行なわれています。

店頭接触を増やす

一方、店頭接触手法は、店頭での集中展示や関連展示、あるいはサンプル品の大量配布やイベントでのタイアップ販売といった販売促進手法によって、ユーザーとの接触機会を直接的に増やそうとするものです。

こうした手法の中で、とりわけ注目を集めているのが、店員自身が作成する手作りのＰＯＰ広告です。

手作りＰＯＰ広告は、もともと出版不況に悩む本屋で始まったものです。ＢＯＯＫＳ昭和堂（千葉県習志野市）の店員が、１９９５年に出版されたテリー・ケイ著『白い犬とワルツを』を６年後に見つけ出し、手書きのＰＯＰ広告を立てたところ急に売れ始め、２００１年以降

150万部を超えるベストセラーとなりました。

その後、片山恭一著『世界の中心で、愛をさけぶ』も、未来屋書店イオン成田店(千葉県成田市)の手作り広告がきっかけでブームとなっています。

松久淳・田中渉著『天国の本屋』も、さわや書店(盛岡市)のPOP広告から火がつき、書店員仲間を通して全国でヒットしました。

またディスカウントショップの最大手、㈱ドン・キホーテでも、1980年の創業当時から手書きPOP広告を導入し、独特の文字を使った広告でユニークな店内イメージを演出しています。

このため、600を超える店舗のそれぞれに専属ライターを配置して、アミューズメント感あふれる売場づくりを目指しています。

店頭接触化でさらに成功したのが、㈱ヴィレッジヴァンガードコーポレーションの「連想ゲーム」店舗です。

1986年秋に名古屋で生まれた本屋ですが、書籍だけでなく、ポスター、ミニカー、家具、玩具、CDはもとより、輸入菓子や生活用品などをランダムに並べ、顧客の「ついで買い」を誘う「連想ゲーム」型の新業態です。

陳列方法はすべて店長や店員に任されており、手書きのコピーＰＯＰ広告も添えられていますから、一旦入店したユーザーは、本を買った際、その場に並ぶ雑貨やＣＤなどもついつい買ってしまいます。

この卓抜した仕組みで、同社は２０２３年5月現在、全国に直営店３０３店、ＦＣ店4店の合計３０７店舗を展開しています。

出版不況の続いている書籍市場であっても、販売の最前線に立つ書店自体が、商品とユーザーの接触機会を増やす、このような新手法を打ち出せば、まだまだ拡大の余地はあります。同時にこれらの事例は、生活者に最も近い販売第一線での新手法の開発が、極めて重要なことを示しています。

個々のユーザーへ接近する

幾つかの先例を参考にすると、別接化戦略のポイントは次のように整理できます。

メディア接触手法では、従来からの広報・広告手法を効果的に使って商品やサービスとの接触機会を増やすとともに、ホームページやＳＮＳ、スマートフォンやタブレット型デバイスなど、最新のＩＣＴ関連メディアやシステムを積極的に駆使して、ユーザーとの出会いの場を拡大することが求められます。

店頭接触手法では、従来からの店舗規範や伝統的な展示・陳列手法を脱皮して、店員や店長の自由闊達な創意工夫や販売方法を促し、来店客にいつも新鮮な驚きや好奇心を呼び起こさせるような、斬新な仕組み作りが必要になるでしょう。

こうしてみると、別接化戦略では、従来からのユーザー接触の範囲を大きく超えて、多角的、多面的なアプローチを展開するとともに、顔の見えないマスユーザーよりも個々のユーザーへの接近に、より力点を移していくことが求められます。

⑥別業化戦略

6つ目の別業化戦略は、1人のユーザーを徹底的にマークし、そこから生まれてくる、あらゆる需要に多面的、多角的に対応していこうとするものです。

従来扱ってきた商品やサービスの需要が停滞する以上、これまでに蓄積されている、さまざまな経営ノウハウを活用して、隣接分野や関連分野へ進出していく戦略です。

代表的な戦略を挙げれば、ベビーフード企業がベビー関連の衣料や教育サービスなどへ進出する「業種拡大化（業種見直し化）」や、結婚式場が葬祭場へ、大学が社会人教育へと拡大する「本業深耕化（業態見直し化）」といった手法が考えられます。

業種拡大手法は、本業に隣接した分野や関連した業種に進出していくことです。こうした事例は、ベビーの急減という新事態に対応して、すでに２０余年も前から乳・幼児用品市場などで進んできました。

例えばベビーパウダーが主力商品であった和光堂㈱（現・アサヒグループ食品㈱）は、１９８４年5月、インスタントコーヒーの技術を導入して、お湯を注ぐだけで簡単に調理できる、フリーズドライの離乳食を開発しました。

１食分２４０円で従来の約３倍の価格差がありましたが、それを跳ね返して大ヒットさせ、ベビー用品の総合メーカーに変身しています。

哺乳瓶メーカーのピジョン㈱もまた、離乳食からベビーシューズまでベビー用品全般に業種を拡大しています。

ベビー用品のコンビ㈱も、車載用チャイルドシートや公共スペース用ベビーチェアはもとより、中高年向け健康食品やフィットネスクラブなど、全世代を対象にした分野に進出しています。

ベビーウェアを専業としていたミキハウス（三起商行㈱）も、妊婦向けの衣料からベビー向けの雑誌やお母さん向け雑誌（1987年）、さらには幼児向けの外食産業や幼児教室（1998年）、育児支援のシンクタンクやポータルサイト（2000年）、男女カップル向けキャリア形成支援ワークショップ（2012年）や子ども用自転車（2014年）と、幅広い業種展開を進めています。

母親が妊娠した時から、子どもが4、5歳に育つまでのすべての期間を、総合的にサービスする母子支援企業に変身したことを示しています。

以上の事例は、本業の対象となる顧客層が減少していく中で、1人の顧客から発生する関連需要をできるだけ多く獲得する体制を目指して、新たな業種へ進出してきたことを意味しています。

こうした手法は、1章で挙げた、宅配業界の過疎地向けサービスや、コンビニ業界の食事宅配サービスなどにも、形を変えて応用することができそうです。

業態を拡大する

もうひとつの別業化戦略である本業深耕化手法は、本業の生産・販売方式を基盤にしつつ、周辺分野へ進出していく手法です。

業種拡大化が異なる分野へ進出していくのに対し、本業深耕化はひとつの商品やサービスの周辺にできるだけ深く浸透することで、売り上げを維持していきます。業種拡大化が横幅を広げるのに対し、本業深耕化は縦幅を深化させる手法だ、といってもよいでしょう。

先行事例として、結婚式場の葬祭場化やホテルの葬祭場化が進んでいます。結婚式の需要は、ベビーブーマージュニア世代の結婚が終わるとともに次第に減少し始めていますから、関連業界では冠婚葬祭サービス、とりわけ葬儀産業へ進出する会社が増えています。

例えば37年間続いてきた結婚式場「シャインプラザ平安閣秋田」(秋田市)は、2012年8月、葬儀場「秋田典礼会館セレモ」に転業しました。会館を運営する㈱へいあん秋田が、高齢化が進む地方では葬儀の需要が高まると見込んで、家族葬から社葬までさまざまな葬儀に対応できる会館へ移行したのです。

葬儀産業には、鉄道系企業も業態を広げています。1995年に阪急電鉄㈱が㈱阪急メディアックスを設立して参入したのを皮切りに、京浜急行電鉄㈱は1998年に㈱京急メモリアルを、東武鉄道㈱は1999年に㈱東武セレモニーを、京王電鉄㈱は2015年に北野駅前セレモニーホールを、それぞれ開業させています。

また大手流通グループのイオン㈱も2009年にイオンリテール㈱を設立し、㈱はせがわと業務提携して、「イオンのお葬式」事業を開始しています。

ホテルでの葬儀も増えています。遺体の安置と焼香ができませんから、密葬の後で社葬や偲ぶ会、「××さんを送る会」という、新形式の葬儀を積極的に拡販し始めています。

ホテルオークラや第一ホテル東京などの有名ホテルでも、この形式の葬儀を増やしています。この業界もまた、結婚式やパーティー需要の減少分を葬祭需要で補おうとしているのです。

老年者向けのサービス業も本業深耕化に積極的です。企業の福利厚生施設の管理・運営を代行する㈱リエイ（千葉県浦安市）は、2000年からケア付き老年者向け賃貸ホームを開業し、04年春には有料老人ホーム「シニア町内会まくはり館」をオープンしました。

さらに03年にはバンコクで、老年者向けのロングステイ事業も始め、2016年には日本スタイルの介護入居施設「Riei Nursing Home（リエイ・ナーシングホーム）」を開業しています。

㈱リログループ（東京都新宿区）は、転勤による留守宅管理や企業の福利厚生施設の運営代行などを行なう企業グループですが、1万社以上の契約企業に対して、大手企業並みの福利厚生サービスを提供しています。

サービスメニューでも、本業の保養所やスポーツクラブの運営に加えて、子育て支援、親の介護などのメニューまで用意しています。

1999年からはシニア顧客向けに会員制の「ふろむな倶楽部」を開設し、旅行やイベントなどへ特別料金での利用を提供しています。

2008年からは契約企業の独身者への婚活サービスとして、社外交流を促進する「リロキューピット」プログラムを、2010年からは千葉県君津市の農園「リロファーム」で、農作業を実体験できる会員向けイベントも開催しています。

さらに2010年には単身赴任者向け簡易型家事代行サービスや外国人留学生住居支援サービス、2013年には介護支援型「留守宅管理サービス」や、グローバル人材を創るシェアハウス「CROSS WORLD（クロスワールド）」なども開始しています。

このように、業種・業態を拡大する場合には、本業の周辺需要を詳細に確かめつつ、関連分野へ進出していくケースが多いようです。

経営資源を再構築する

これまで見てきたように、別業化戦略は業種や業態の拡大によって、1人のユーザーから発生する、さまざまな生活需要を、できるだけ多面的、多角的に獲得していこうとするものですが、そのポイントは次のとおりです。

業種拡大化手法は、一見、やみくもに間口を広げる手法のように思われますが、幾つかの事例が示すように、成功に結びつきやすいのは、企業本来のアイデンティティーに沿った展開をした場合です。

つまり、この手法を実施する時のポイントは、真の意味でのコーポレート・アイデンティティーを社会的かつ市場的に確認し、その延長線上で拡大を目指すことにあります。

本業深耕化手法は、端からみれば新規業態への進出にも見えますが、その本質は本業を深めることですから、あくまでも本業の延長線上に展開されなければなりません。その意味では、やはりコーポレート・アイデンティティーの徹底的な追求が必要になるでしょう。

以上のように、別業化戦略の基本は、それぞれの企業の持っている経営資源、例えば商品、サービス、生産設備、流通網、人材などを根本から見直して、社会や市場の変化に見合うように再構築していくことではないでしょうか。

2，6別化戦略を適用する

差別化を細分する

これまで述べてきたように6別化戦略は、最も伝統的なマーケティング戦略である「差別化」を細分化し、6つの側面から再構築したものです。

具体的にいえば、商品の機能・性能・品質を変える「別能化」、1人の顧客にさまざまな金額で商品やサービスを提示して選択幅を広げる「別額化」、顧客一人ひとりの消費回数を増やす「別数化」、顧客層を見直して新たなユーザーを開拓する「別層化」、1人の顧客と1つの商品の接触ルートを多様に増やす「別接化」、1人の顧客から従来とは異なる需要を探し出す「別業化」の、6つに分けることによって、それぞれの戦略をより詳細に展開していくことができるようになります。

このような6別化を人口減少市場に適用すれば、主に「3縮化」に代表されるマイナス現象への対応や、新しい必需品や機能型商品の開発を行なう上で、最も適した戦略になっていくでしょう。

ハイテクツールを応用する

以上のような6別化戦略をこれからの生活市場へ適用していく時、さらに配慮しなければならないのは、昨今急速に発展しているハイテクツールの応用です。

幾つかの事例で紹介してきましたが、未だ発展途上にあり、今後さまざまに進展していく可能性を秘めています。現在の時点において、どのように応用できるのかを想定してみると、次のような方向が浮かんできます。

ハイテクツールには多様な分野がありますが、大別してみると、ソフト系とハード系に分けられます。ソフト系とは情報や通信に向けられたもの、ハード系とは物量や動力に向けられたもの、ということです。主なものを紹介しておきましょう。

ソフト系は主に情報交換を行なうもので、対話型ＡＩ、クロス・リアリティー（ＸＲ）、メタバース、デジタルツインなどが先行しています。一方、ハード系では、産業用ロボット、ヒューマノイド（人型ロボット）、家事用ロボット、ドローン、飛行車などへ期待が集まっています。

これらのツールは、6別化戦略にどのように応用できるのでしょうか。

ソフト系では、サービス関係の労働力の減少を補う可能性が高まってきます。対話型ＡＩ

は、ユーザーがスマホやパソコンなどの情報機器を使って、テキスト・音声・画像などを入力すると、短時間で応答してくれるツールです。

サービス関係業務や地方自治体の労働力不足を代替(別能化)し、教育現場での利用(別接化・別業化)や外国人への語学対応(別接化)などに効果を上げるでしょう。また高齢者や単身者との対話機会を増加させてくれるという役割(別接化)も期待されています。

クロス・リアリティーは、VR(Virtual Reality：仮想現実)、AR(Augmented Reality：拡張現実)、MR(Mixed Reality：複合現実)、SR(Substitutional Reality：代替現実)など、仮想世界と現実世界を融合して、新たな体験を作り出すツールです。

これらを使えば、建築業や不動産流通の効率(別能化・別接化)を上げ、医療、教育、防災などへの応用(別能化)が進むと思われます。高齢者や単身者に対しては、よりリアルな対話機会(別接化)を作り出していきます。

メタバースは、クロス・リアリティーがコンピューターの中に構築した仮想空間の中を、ゴーグルやパソコンなどを使って、ユーザーがアバター(分身)となり、自由に活動できるサービスです。購買行動や金融行動の変革(別能化・別接化)などを進めるでしょう。

デジタルツインは、デジタルな空間の中へリアルな空間から収集したデータを導入し、現実と仮想をまるで双子（Twin）のように再現するツールです。

ＩＣＴ装備の高いスマート住宅の制御や家族の健康チェック（別能化）、自動車の運転能力向上（別業化）などを高める可能性が生まれてきます。

これらのツールが進展すれば、1～3章で紹介してきたような、パソコン、ウェアラブル端末、スマートフォン、トッドタブレットなど、ソフトツールの6別化を一層進めることになるでしょう。

ハード系ハイテクの6別化

一方、ハード系では、次のような分野への進展が予想され、6別化への加担が期待されています。

産業用ロボットは、垂直多関節ロボット、水平多関節ロボット、直交ロボット、協働ロボットなど、人間の労働を代替する機械装置です。減少していく労働力を補完する一方、人力に頼らない、新たな生産構造を創り上げていくものとして、大きな期待を集めています。

未だ開発途上ですが、すでに工場や倉庫では物流や組み立て作業、農業現場での生育や収穫作業、福祉現場での移動支援や日常生活のサポートなど、主に別能化として使われていますが、今後の産業界では、あらゆる分野に拡大していくでしょう。

ヒューマノイドは、機械仕掛けの人間型ロボットのうち、外観が人間の姿に似ているものです。これもまた開発途上にありますが、先行している応用分野としては、自治体や企業などの受付業務、説明業務、介護補助業務など、主に会話交流手段の代替(別能化・別接化)として使われ始めています。

これからは、サービス業の接客代行や、高齢者や単身者の生活サポート(別接化)などにも役立つでしょう。

家事用ロボットは、ユーザーの家事行動を支援する自動装置であり、掃除用、料理用、買い物用、介護用などが主要機能です。縮小家族に対する家事支援(別能化)はもとより、高齢者の介護(別能化・別接化)などに大きく貢献するでしょう。

ドローンは、無人飛行機の総称で、飛行機型、ヘリコプター型、マルチコプター型(複数プロペラ搭載)などがありますが、操作性や安定性の面から、現在ではマルチコプター型が主流となっています。

センサーやカメラが搭載でき、荷物運搬も可能なため、撮影・測量、監視・観察、農薬・肥料散布、物流・配送などは期待されています。

とりわけ1章で述べたように、過疎地の物流(別接化)や老朽化するインフラの点検(別能化)、さらには農業支援(別業化)などに応用されるでしょう。

飛行車、つまり「空飛ぶクルマ」については、明確な定義は定まっていませんが、関連業界では、ドローンの延長型で人間が乗車可能になったものや、飛行機の縮小型でエンジンを搭載し、翼が拡縮できるものを想定しています。

実用化が広がれば、都会の交通混雑緩和や過疎地域の交通支援(別能化・別接化・別業化)、あるいは災害対策(別業化)などへの利用が高まるでしょう。

以上のようなハード系ツールの発展に刺激されて、各種ロボットや飛行ツールなどの6別化戦略もさらなる進展を遂げていきます。

量的縮小の進む3縮化社会に向けて、6差化戦略が的確に行なわれれば、生活市場の規模を維持し、関連産業の存続を図ることも決して不可能ではありません。

5章　質的変化に対応する「6差化」戦略

1, 生活願望の仕組みを探る

量的対策から質的対策へ

4章では、新たな必需品を生み出す、最も基本的な戦略として、いわゆる「差別化」戦略を解体し、人口減少に対応するための「6別化」戦略を提案してきました。

これらの戦略は、「必需縮小化」「若年縮小化」「家族縮小化」、つまり〝3縮化〟の進行に対応するため、商品やサービスの機能・性能・品質などの改善はもとより、価格、使用頻度、対象ユーザー、販売方法、顧客対応などの面でも、新たな優位性を発揮しようとするものでした。

しかし、人口減少はもう一方で、「超日常化」「超年齢化」「超家族化」という〝3超化〟も進ませていきます。

こうした質的変化に対応するには、新たな選択品を供給する、「6差化」戦略が必要です。例えば自作、体感、学習、遊戯など、非日常的な選択品需要の生まれてくる根源をつかみ、それに対応する方策を考えなければなりません。

どうすればいいのでしょうか。それにはまず、さまざまな「生活願望」の発生してくる「生活構造」の仕組みを、的確に理解することが必要です…というと、かなり専門的な論議のようで、読者の皆さまには馴染みのない話かもしれません。

けれども、モノやサービスが売れるのは、生活者の心の中で起こる、さまざまな「のぞみ」の変化、そこに原点があります。この仕組みを理解していただくため、この章の論述をまずはざっくりとお読みいただければ、と思います。

また、これまでのマーケティング理論では「欲求段階説」や「ライフスタイル論」などが主流でしたので、以下の文章にはかなり違和感を持たれるかもしれません。

しかし、従来の理論は、基本的に成長・拡大型社会の生活者心理をとらえようとするものでしたから、これからの飽和・濃縮型社会に見合うものではありません。

そこで、この章では、今進みつつある飽和・濃縮型社会の生活者の生活願望をつかむため、従来の心理学やマーケティング理論を大きく超えた、多面的な諸学の視点に立って、生活者の心に潜む、6つの非日常的な願望を確かめたうえで、それぞれをキャッチする方策を「6差化」戦略として取りまとめていきます。

第１の軸「欲望・欲求・欲動」

人口が減り、少産・長寿化の進む時代に、多くのユーザーが飛びつくような、斬新な選択品を創り出すには、どうすればいいのでしょうか。

私たちの暮らしている生活空間のことを、哲学の一派である現象学では「生活世界」と呼んでいます。この生活世界は、基本的に３つの軸で表現することができます。

第１の軸は「体感でつかんだものを言葉に置きかえる」という**記号↔体感の軸**です**（図表19）**。大地に降り立ったヒトが、目や耳や肌でとらえたモノを、言葉によって頭脳の中に再構成していくプロセスですから、垂直の軸ともいえるでしょう。

この軸を生活願望としてみると、欲望、欲求、欲動の３つが浮かんできます。

「欲動（drive）」とは、「肌ざわりのよい風に吹かれたい」とか「夢に見たあいつに会いたい」など、生死の区別や善悪の分別など、日常的な評価基準をはるかに超えた、動物的、衝動的な願望です。

意識下のとろとろした気分が、夢や幻、昔話や神話といった〝象徴〟的なイメージの形をとって、しばしば私たちの前に現れてきます。

「欲求（want）」とは、「のどが乾いたから水が飲みたい」、「腹が空いたからパンを食べたい」、

図表19　生活願望の第1軸「記号←→体感の軸」

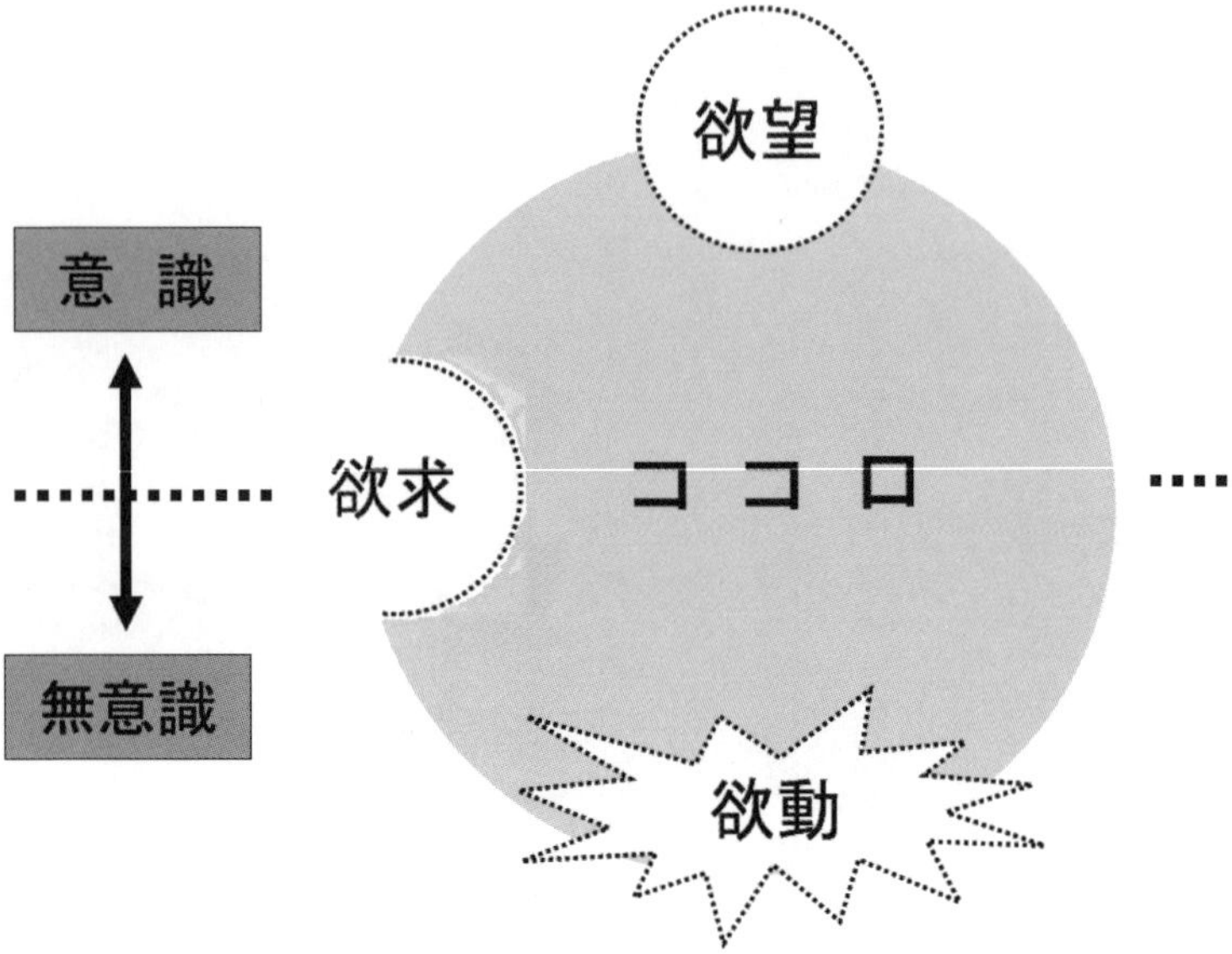

「寒くなったからコートが着たい」など、生理的、生物的な不足状態を意識がキャッチしたもので、英語のwantが示しているように、一人ひとりの身体の中で「欠如」している何かを求める願望です。

「欲望(desire)」とは、「テレビで紹介された料理が食べたい」「流行の服が着たい」「友人なみのマンションに住みたい」など、生理的、生物的な必要性がなくとも、言葉や記号などの刺激を受けて私たち一人ひとりの内部に発生するもので、物質への願望を超えて、言語的、文化的な願望です。

3つの願望の特徴を**図表19**で説明

してみましょう。

丸い円が通常の「心」の状態を示すとすれば、「欲求」は心の一部が欠けたところを取り戻したいという凹型の願望、「欲望」は心の外側に張りついたものを追い求める凸型の願望、そして「欲動」は心の底でマグマのようにドロドロとうごめく、不定型の願望ということになるでしょう。

つまり、第1軸とは、一方には言語、意識、欲望、理性、観念、記号、物語などを、他方には体感、無意識、欲動、感度、体感、象徴、神話などを、それぞれ対極とする上下の縦軸ということになります。

第2の軸「世欲・実欲・私欲」

第2の軸は「言葉という人工物が持っている、本質的な構造」によって新たに生み出された、**外交↑↓内交の軸**です**（図表20）**。

現代言語学の理論によると、言葉の機能には、「ラング」「パロールⅠ」「パロールⅡ」の、3つの次元があります。

ラングとは、日本語、英語、中国語など、人々が社会的に共有している言語体系です。

図表 20　生活願望の第２軸「外交←→内交の軸」

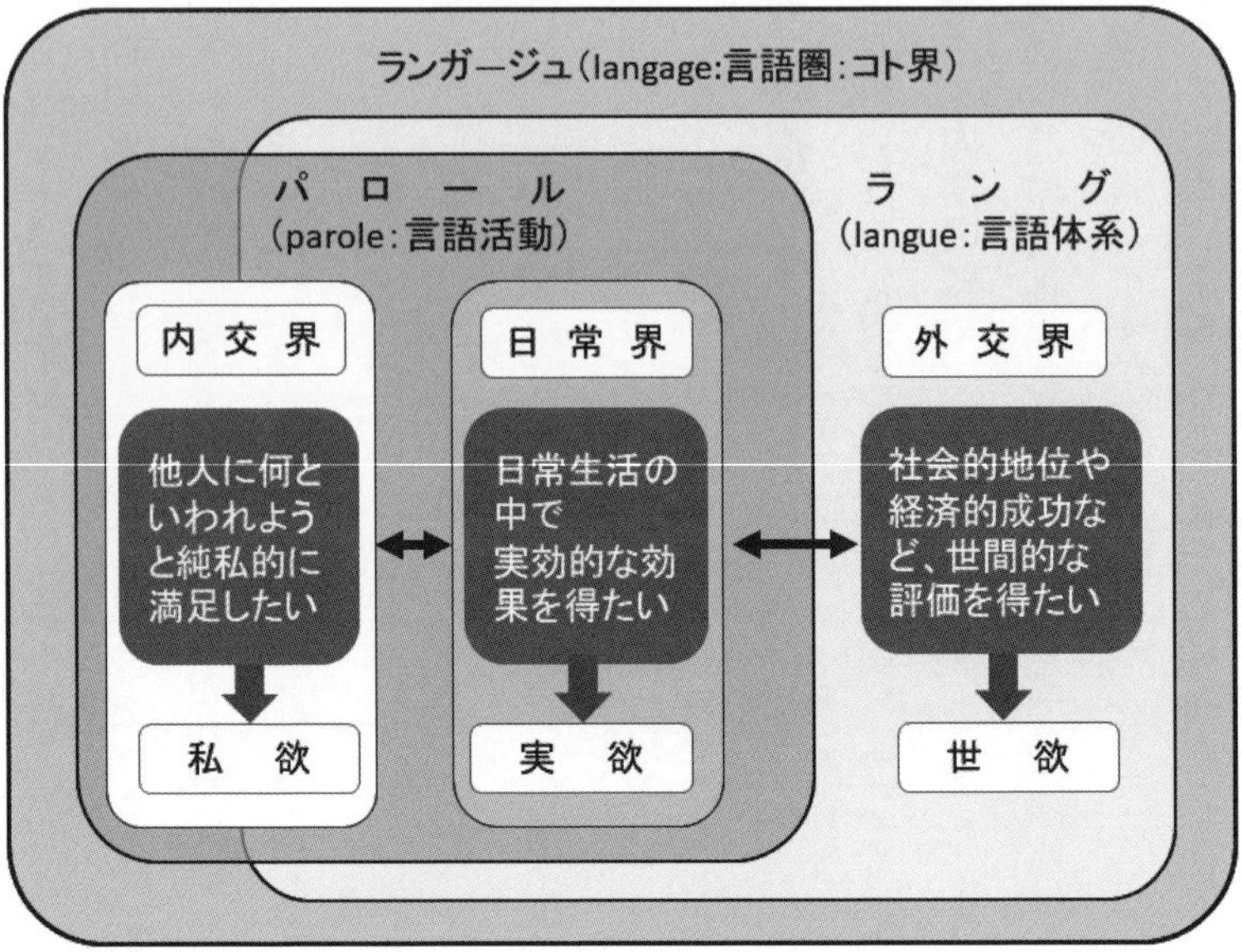

パロールⅠは、ラングを使用して個人が他人との会話や文通などを行なう、実際の言葉です。

そしてパロールⅡは、ラングを使用して個人が己の頭の中で、あれこれ自分自身と会話する、内輪の言葉です。

この関係を、私たちの実際の言語・情報空間に当てはめると、外側と交流する外交行動（外交界）、日常的な交換を行なう日常行動（日常界）、自己の内側と交流する内交行動（内交界）の、３つの次元に整理できます。

外交行動とは、家庭教育、近隣教育、学校教育、社会教育、企業内教育などでの学習や、マスコミやミニコミなどからの情報聴取といった〝受信〟行動、さらにその延長線上での政治活動や示威活動など、社会に向けての〝発信〟行動です。

日常行動とは、個人が家庭や学校や企業などで行なう、さまざまな交流活動をはじめ、個人として行なう売買、経営、指揮命令活動なども含まれます。

内交行動とは、自省、内省、日記の記述といった純個人的な言語活動や、かつてなかったような形態やスタイルで、自らの生活を再構成したり、新たな生活行動を創造していくことなどを意味しています。

このような3つの行動から、3つの生活願望が生まれてきます。社会的地位や経済的成功など、世間的な評価を得たいという**「世欲」**、日常生活の中で実効的な効果を得たいという**「実欲」**、他人に何といわれようと純私的に満足したいという**「私欲」**の3つです。

3つのネウチ「価値・効用・効能」

さらに3つの願望の求める対象として、3つのネウチが生まれてきます。

一般的にモノのネウチは「価値」と呼ばれています。漢字の「価値」が「価」と「値」で作られているように、この言葉には「価（アタイ）」と「値（ネウチ）」の両方の意味が含まれています。

ネウチとは、モノが人間に与える効果、つまり「有用性」であり、アタイとは、モノとモノの効果を比べる基準、つまり「相当性」を意味しています。

こうした関係をラング、パロールⅠ、パロールⅡの3次元に置きかえてみると、ネウチもまた次のように3つに分かれてきます。

ラング次元では、社会的共同体が認める共用性が「価(アタイ)」と「値(ネウチ)」の両方が含まれる「価値」となります。パロールⅠ次元では、社会的な「アタイ」や「ネウチ」を個人が認め、そのまま使用するネウチが「効用」となります。

パロールⅡ次元では、社会的な「アタイ」や「ネウチ」にとらわれず、個人が自分だけ見つけて私用するネウチが「効能」となります。

とすれば、3つの生活願望と3つのネウチの間には、次のような関係が生まれてきます。

世欲…社会的共用性＝価値(Value)
実欲…個人的使用性＝効用(Utility)
私欲…純私的私用性＝効能(Effect)

第2の軸が生み出す3つの生活願望(世欲・実欲・私欲)からは、生活市場を構成する3つのネウチ(価値・効用・効能)もまた生まれてくるのです。

図表21　生活願望の第3軸「真実←→虚構の軸」

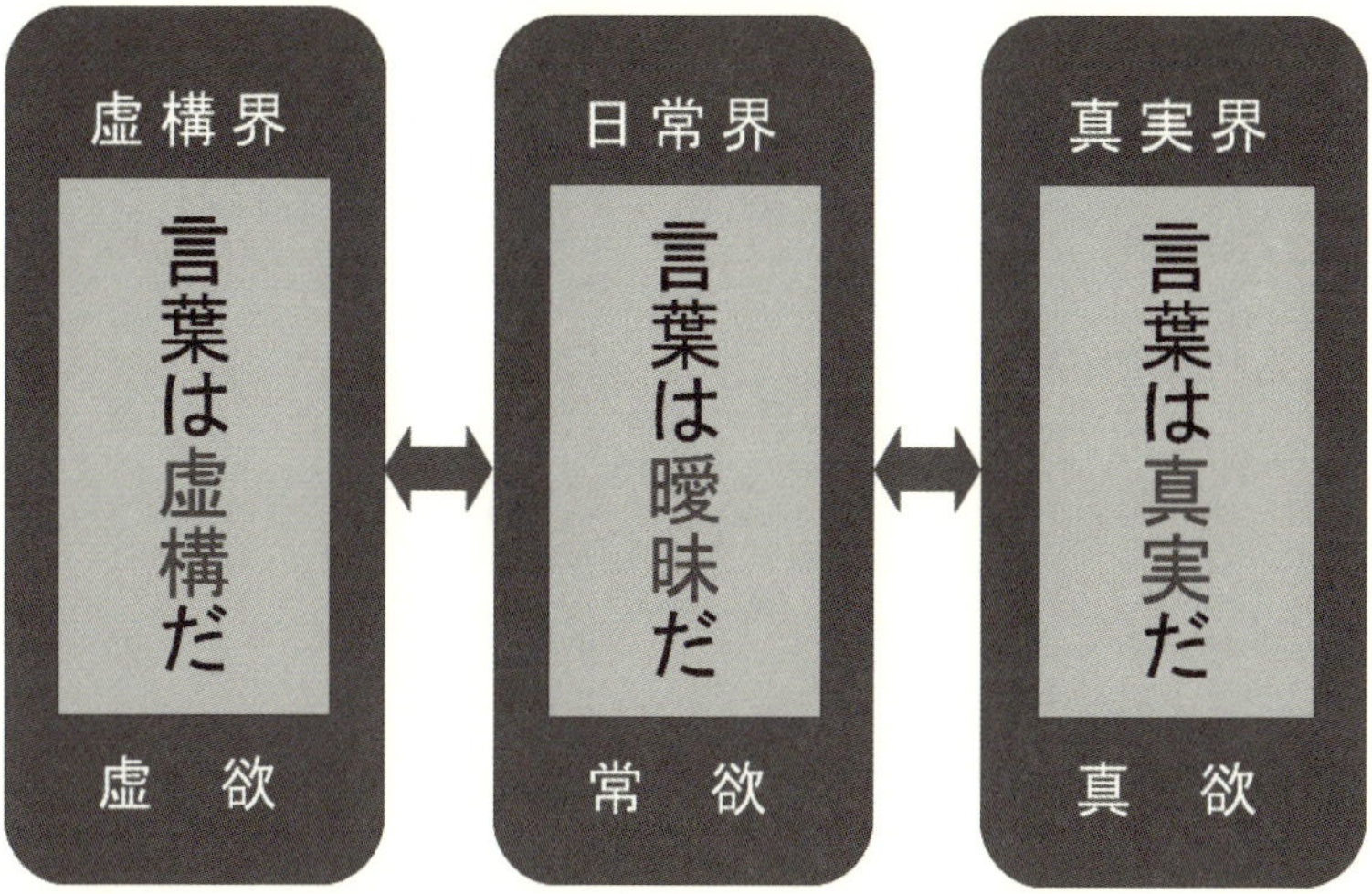

第3の軸「真欲・常欲・虚欲」

第3の軸は「虚実をともに表現する」という、言葉自体のもうひとつの特性に基づいた、**真実←→虚構の軸**です(**図表21**)。

いうまでもなく、言葉は真実を示すこともありますが、真っ赤な嘘を示すこともあります。こうした言葉の機能を、文化人類学の専門用語では「メタ・メッセージ」と名づけています。メタ・メッセージとは、一つひとつの言葉がさまざまなモノやイメージを示す「基本的なメッセージ」を超えて、幾つかの言葉がまとまって一定の約束事を示す「超越的なメッセージ」を意味している、と文化人類学者の青木保《あおきたもつ》氏も述べています(『儀礼の象徴性』)。

イスラエルの文化人類学者D・ハンデルマンは、こうした理論を応用して、言葉の示すことをまったく疑わないですべて真実とみなす場を「儀礼空間」、逆に言葉の示すことはすべて虚構とみなす場を「遊び空間」、これら2つの空間の狭間にあって真偽が曖昧《あいまい》なままの場を「日常空間」というように、私たちの生きている言語空間を3つに分けることを提案しています(Play and Ritual)。

つまり、私たちの言語空間は、真実↔日常↔虚構、あるいは儀礼↔日常↔遊戯という、3つの空間に分かれています。

このうち、儀礼や儀式の空間では、その中で使われている言葉がすべて真実とみなされ、逆に遊戯や競技の空間では、使われている言葉がすべて虚構と理解されます。

そして両者の間にある日常空間では、使われている言葉が虚実双方を示している、ということになります。

いいかえれば、言葉の作り出す世界には、一方には完全に真実の世界があり、他方にはまったく虚構の世界がある。2つの世界の間では、真実と虚構が飛び交っていますが、それこそが私たちの日常世界ということです。

そこで、私たちはこの不安定さを克服するため、あらかじめ言葉が真実を保証する場と、言葉が虚構であることを示す場を用意して、それぞれの中で言葉を使い分けています。この仕分けによって、言葉の作り出す世界は、真実界、日常界、虚構界の3つに分かれてきます。

真実界とは、言葉の示すことをまったく疑わないで、すべてを真実とみなす場であり、その代表が儀礼や儀式に代表される空間です。その延長線上に緊張、勤勉、学習、訓練、節約、貯蓄などの行動が生まれてきます。

日常界とは、真実と虚構の2つの空間の狭間にあって、虚実の入り混じった場であり、私たちが毎日暮らしている日常の空間そのものです。融通、曖昧、平生《へいぜい》などの行動を行なっています。

虚構界とは、言葉の示すことはすべて虚構とみなしたうえで、その嘘を楽しむ場であり、遊戯やスポーツに代表される空間です。この延長線上に弛緩、怠惰、遊興、放蕩、浪費、蕩尽《とうじん》などの行動も生まれてきます。

このような構造を拡大すると、3つの空間からは、3つの願望が生まれてきます。つまり、儀礼、緊張、勤勉、学習などを求める「**真欲**」、融通、曖昧、平生《へいぜい》などを求める「**常欲**」、遊戯、放蕩、蕩尽《とうじん》などを求める「**虚欲**」の3つです。

2，3つの軸が生活構造を作る

生活世界の球体構造

私たちの生きている生活世界は、以上で述べたような、記号↑↓体感の軸、外交↑↓内交の軸、真実↑↓虚構の軸の3つの軸で成り立っています。この3軸をそれぞれの中ほどで交差させてみると、立体的な〝球〟が浮かんできます（図表22）。

この球全体が生活世界といってもいいでしょう。さらに生活世界の内部は、幾つかの小世界に分けることができます。生活世界の内部空間は、各軸の性格によって特定の要素が強まってきますから、小さな球の集まりとみなすことができるからです。

一番真ん中の〝核〟の部分は、私たちの毎日の日常空間ですから、「日常界」と呼べるでしょう。この小世界では、垂直的には記号と体感（意識と無意識）の間、水平的には外交と内交（社会と個人）の間、また前後では真実と虚構（儀礼と遊戯）の間という、3つの軸の真ん中にあって、それぞれのバランスを巧みにとりながら、日常的な生活行動が展開されています。

日常界の上側は、言語、意識、欲望、理性、観念、記号、物語などが生まれてくる空間で

図表22　生活世界の球体構造

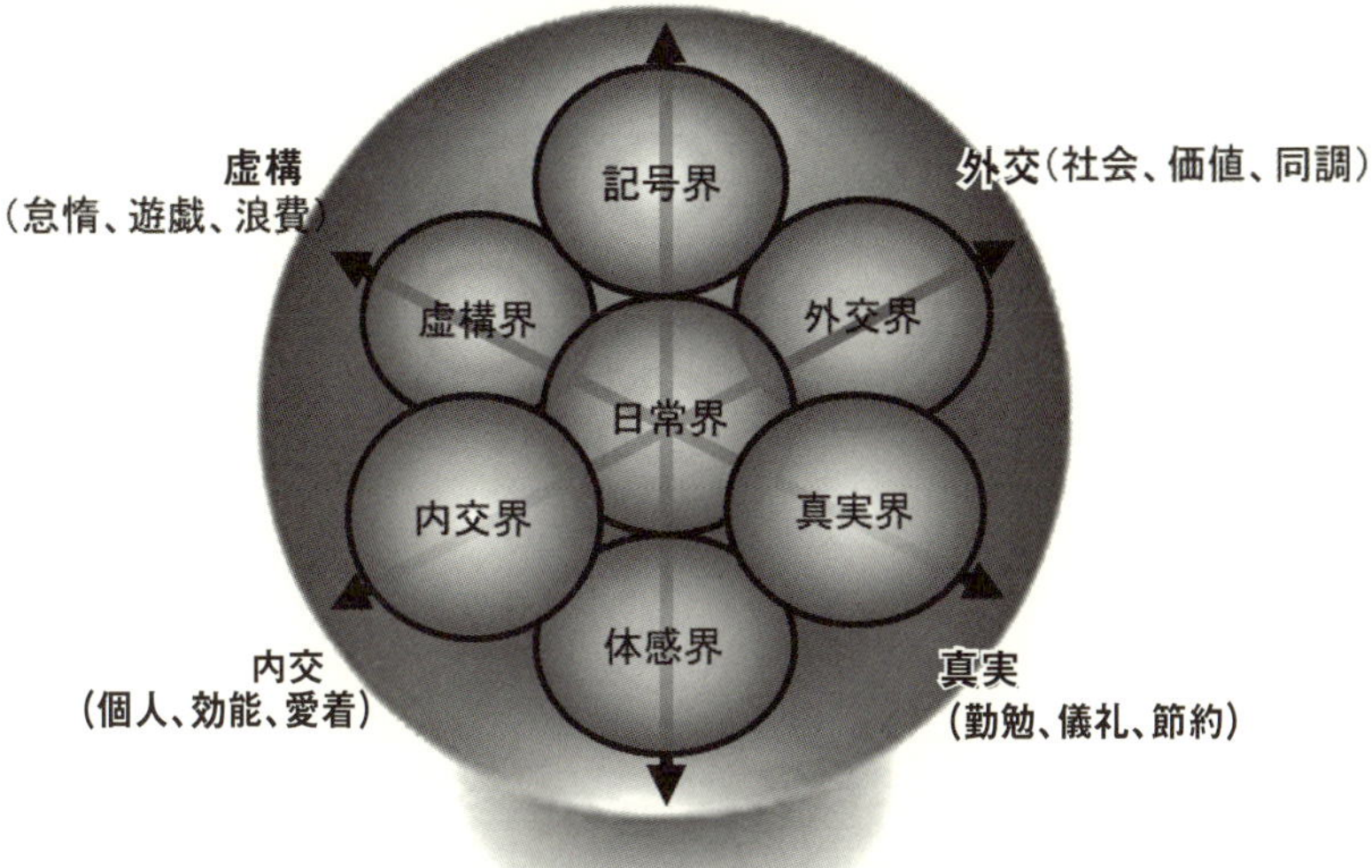

すから「記号界」、また下側は、体感、無意識、欲動、感度、体感、象徴、神話などが生まれてくる空間ですから「体感界」と、それぞれ呼ぶことができます。

また日常界の右の後方は、社会、言語、文化、伝統、歴史、慣習、規範、法律、価値、同調などと交流する空間ですから「外交界」、また左の前方は個人、自省、内省、日記、効能、愛着などと交わる空間ですから「内交界」と、おのおの名づけられます。

そして日常界の右の前方は、真実、儀礼、緊張、勤勉、学習、訓練、節約、貯蓄などが通用している空間です

図表23　生活世界が生み出す生活願望源

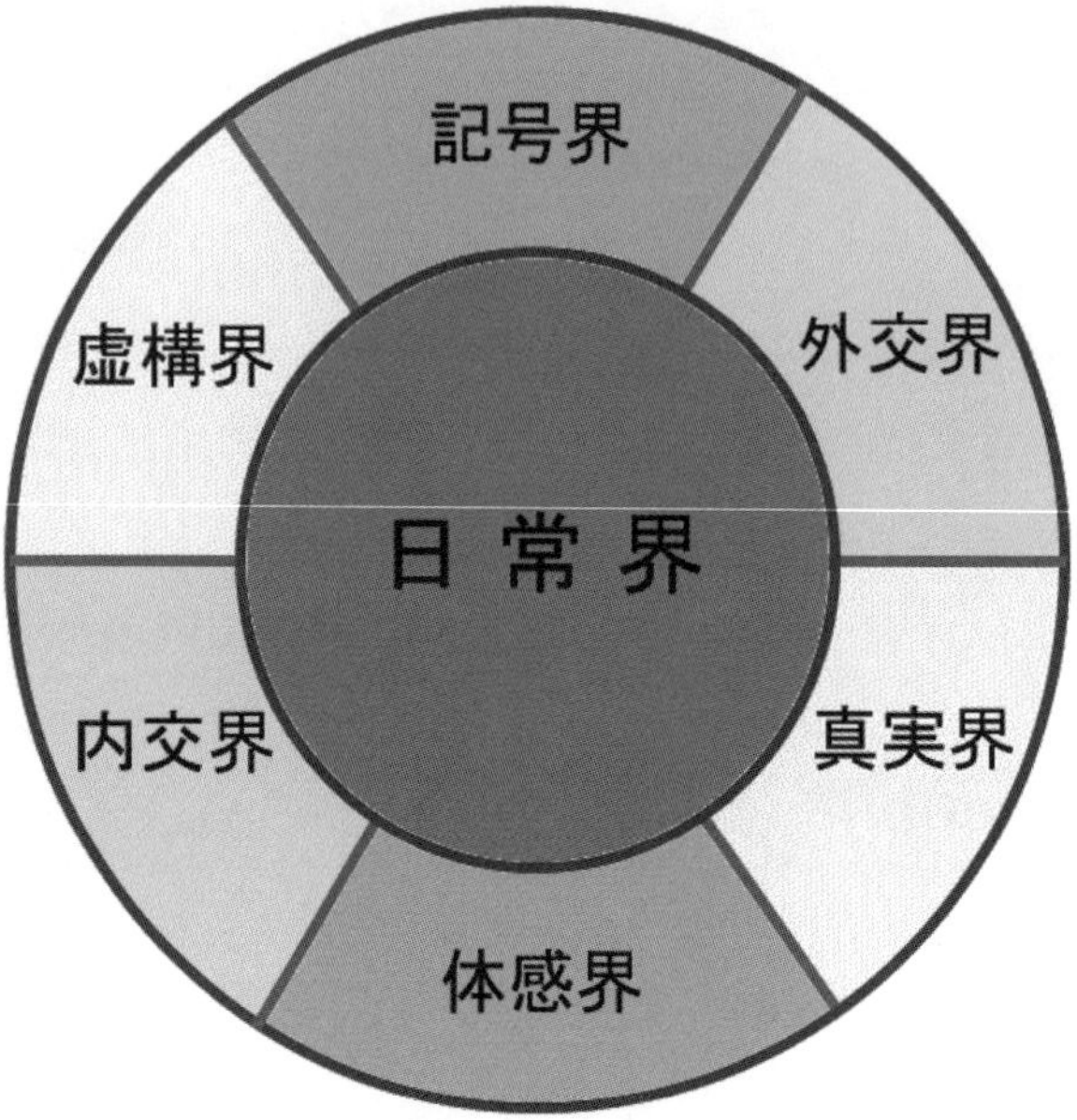

から「真実界」、左の後方は虚構、遊戯、弛緩、怠惰、遊興、放蕩、浪費、蕩尽《とうじん》などが行き交っている空間ですから「虚構界」と、それぞれ位置づけることができるでしょう。

要約すると、私たちの生活世界は、真ん中の日常界を中心に、その周りの記号界、体感界、外交界、内交界、真実界、虚構界の、合計7つの小世界で構成されているのです。

6差化戦略のすすめ

立体的な生活世界を平面的に描き直してみると、中央の日常界が必需品の需要源であり、周りの6つの小

図表 24　６差化戦略

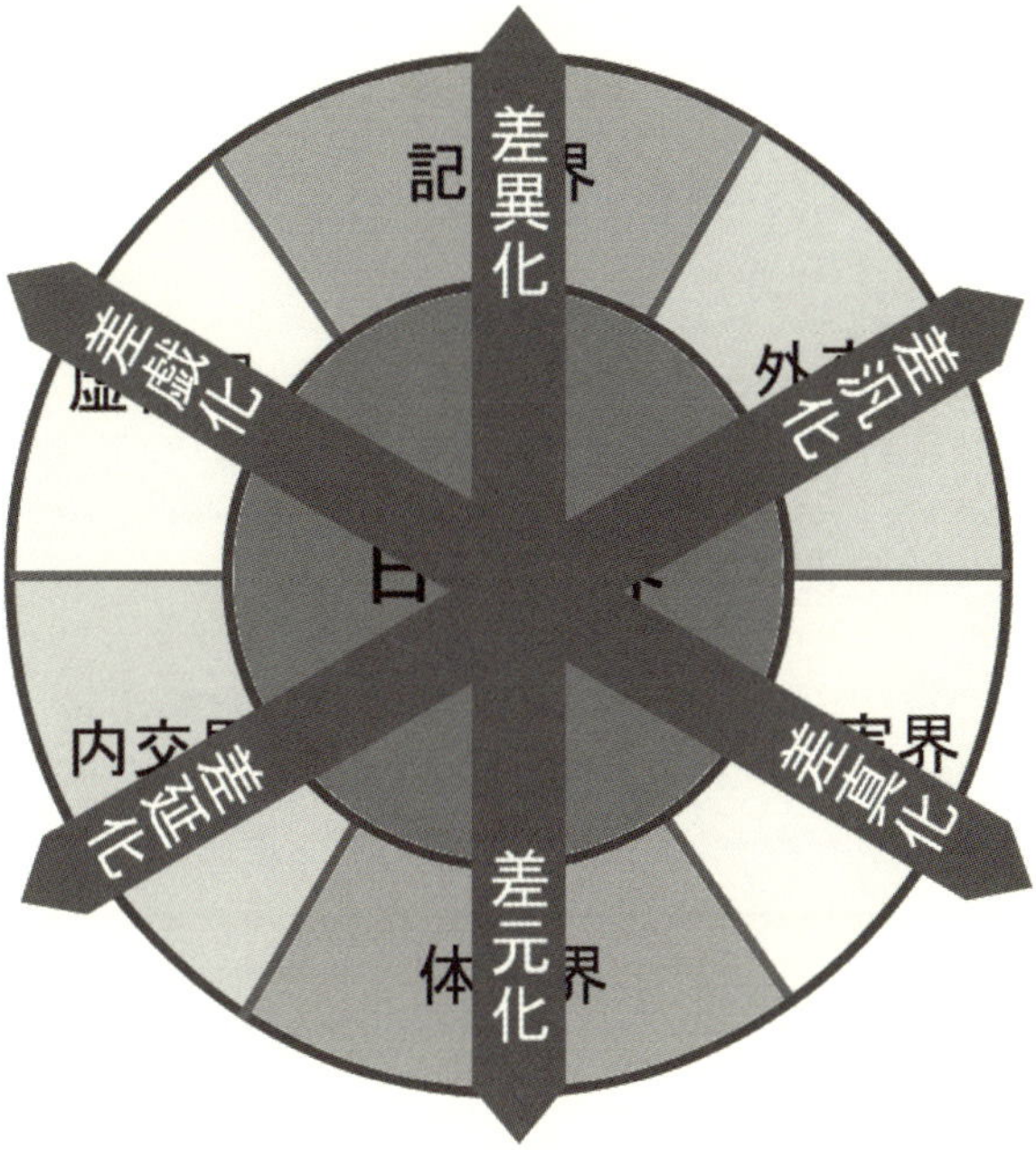

世界が非日常的な選択品の需要源ということになります（**図表23**）。

マーケティング戦略でいえば、4章で述べた6別化戦略は中央の円に向けて、さまざまな対応を展開するものであり、周辺の円に対しては、まったく新たな対応が必要になることを意味しています。

となると、周りの6世界から生まれてくる、さまざまな生活願望に向けて、最もふさわしいマーケティング戦略を採用していかなければなりません（**図表24**）。

具体的にいえば、非日常の6分野に向けて、**図表25**に掲げたよう

図表25　6差化戦略の手法

戦　略	具体的手法
差異化	カラー化、デザイン化、ネーミング化、ストーリー化
差元化	体感化、象徴化、神話化
差延化	私仕様化、参加化、手作り化、編集化、変換化
差汎化	新規化、流行化、権威化
差真化	自学・自習化、自強・修行化、作法・儀式化
差戯化	競争・ゲーム化、模擬・戯作化、混乱・めまい化

な、6つの戦略を適切に採用することが求められます。

1つ目の「**差異化**」は、商品の機能や品質の上に、カラー、デザイン、ネーミング、ストーリーなど言語的、社会的な意味づけを行なう戦略です。

飽和・濃縮時代には、上昇志向よりも濃縮志向の意味づけが求められます（詳細は次節）。

2つ目の「**差元化**」は、言葉やデザインの対極で、体感、象徴（無意識次元のイメージ）、神話など、伝統的、根源的なイメージを商品に付加する戦略です。

人口減少・下降社会では、どろどろとした無意識や懐かしさなどを強調する手法が望ましいでしょう（詳細は7章）。

3つ目の「**差延化**」は、流行やトレンドの対極で、他人がどう思おうと自分だけの満足を強く求める、こだわり派の生活者に対し、きめ細かく対応する戦略です。供給過剰・需要主導時代には、私仕様、参加、手作り、編集、変換などの手法が中心となります（詳細は6章、7章）。

4つ目の「**差汎化**」は、社会構造や生活態様の変化に応えて、従来からの商品やサービスを見直し、新しいネウチとして再提案していく戦略です。人口減少時代に見合ったライフスタイルや流行の提供が求められています（詳細は次々節）。

5つ目の「**差真化**」は、自らが定めた目的を目指して、厳しく自己を統制しようとする〝きまじめ〟派の生活者に対し、学習、訓練、儀式性などを付加する手法です。少産・長寿化時代には、必需品の上に勉強や鍛錬要素を付加したり、新たな学習・トレーニング方法を提案していきます（詳細は8章）。

6つ目の「**差戯化**」は、日常生活を一時緩め、非日常的な世界に戯れようとする、〝たわむれ〟派の生活者に対し、ゲーム、遊び、模擬体験などを提供する手法です。ゆとり拡大社会では、遊び要素を必需品に付加したり、ユニークな遊びを創造します（詳細は9章）。

以上のように、さまざまな生活願望の湧き出る、生活構造の原点に立ち戻って、新しい商品やサービスを独創的に創出できれば、産業社会や生活市場はまだまだ充実化が可能です。こうした原点回帰を再確認すること、それこそが人口減少というマイナス現象をプラスに変える、最大のメリットなのです。

差異化戦略とは

6つの戦略のうち中核となる「差元化」「差延化」「差真化」「差戯化」の4戦略については、6〜9章で詳述しますので、先に「差異化」と「差汎化」の2戦略について概略を説明します。

差異化戦略は、前節で述べたように、商品の機能や品質の上に、カラー、デザイン、ネーミング、ストーリーなど、言語的、社会的な意味づけを行なう戦略です。

差異化が対象とするのは、記号界から生まれてくる願望、つまり感覚よりも言語を重視する「欲望」です。この欲望に対応するのが「差異化」という戦略です。そこで、差異化戦略は商品やサービスの上に、言語やイメージなど、さまざまな「記号」を載せて、新規性や異質性を訴求していきます。

「モノ」の上に「コト」、つまり「記号」を載せることで、それによって掻《か》き立てられる「欲望」

を巧みにキャッチしようとする戦略、ともいえるでしょう。

差別化戦略が日常界の機能や品質という、モノ次元の〝差〟を強調する手法であったのに対し、差異化戦略はモノの性質を離れて、モノの上に載せたコトの〝差〟、情報や感性を訴えかける手法なのです。

それゆえ、差異化戦略では、モノの性質とは関係の薄い次元で、カラー、デザイン、ネーミング、ストーリー、ブランドなど、いいかえれば色彩、形態、名称、物語、商標などの差異を作り出し、そこで生まれた、新たなネウチをユーザーに訴求していきます。

この戦略が注目されたのは、1980年代でした。工業製品の普及が広く行き渡るにつれて、従来の差別化を中心とするマーケティングには限界が見えてきたからです。

このため、マーケティング戦略では、品質や機能などを訴求するだけでは足りず、多様な言語やイメージなどを付加して、商品のコトづくり化に転換してきました。

90年代まではカラー、デザイン、ネーミングなどの改良が中心でしたが、2000年代に入って経済が停滞すると、斬新なネーミングや奇抜なデザインはもとより、「曰く因縁、由緒来歴」というストーリーから「ロハス(LOHAS)」「サステナブル(sustainable)」「ギルトフリー（Guilt-free consumption)」などのライフスタイルに至るまで、次々に新たなコトを創り出し、既存商品との〝差異〟を強調することで、新規の消費を喚起しようとしました。

これらの手法は極めて巧みであり、新聞や雑誌などの印刷メディア、テレビやラジオなどの電波メディアはもとより、最近ではインターネットやスマホなどを利用したSNS（ソーシャルネットワーキングサービス）まで、あらゆるメディアを駆使して、消費者への接近を図ってきました。

もっとも、これまでの差異化戦略は、成長・拡大型社会を増幅する中心戦略として展開されてきましたから、2000年代、とりわけ2010年代以降になると、その役割も徐々に変わってきました。高額ファッション産業の低迷やデパートの衰退など、上昇志向の記号比重が落ちてきたからです。

今後、人口減少で飽和・濃縮ムードが高まるにつれて、差異化戦略にも根本的な転換が求められるでしょう。上昇型の記号よりも濃縮型の記号を重視する方向へ、あるいは対立的な位置にある差元化戦略との、統合的な調整もまた必要になるでしょう。

差汎化戦略とは

もうひとつ、差汎化戦略についても説明しておきましょう。この戦略は、先に述べたように、社会構造や生活態様の変化に応えて、従来からの商品やサービスを見直し、新しいネウチとして再提案していく戦略です。

これと対応するのが差延化戦略で、純私的な満足や愛着などを求める私欲に応えて、私的なネウチや純個人的な需要を創り出す手法です。

両者の関係は、先ほど述べた「価値」と「効能」の対応にあります。モノやコトのネウチには、世欲に対する「価値」、実欲に対する「効用」、私欲に対する「効能」の3つがありますが、差汎化は差延化の提案する「効能」を、新たな「価値」に仕上げていく手法ともいえるでしょう。

現在の市場社会において、供給者である企業は、できるだけ多くの顧客の求めに共通する「効用」を抽出して、商品の「価値」を作り出しています。これに対し、個性的なユーザーの方は、できるだけ自分だけの有用性を求めて、商品の「効能」を獲得しようとしています。

両者は当然重なっていますが、共通的なネウチと私的なネウチがぴったり一致するのはごく稀なことです。

そこで、企業は少数需要者の「効能」の一部を切り捨てることで、大量生産を可能にし、またユーザーは自分なりの「効能」をある程度犠牲にすることで、その生活願望を実現していきます。

この落差を埋めることは、市場社会の本質にかかわる課題ですが、差汎化戦略の目的のひとつともいえるものです。具体的な事例として、不動産市場で近年注目を集めているウェブサイト「さかさま不動産」があります。

㈱On-Co（三重県桑名市）が2020年から始めた空き家マッチングサービスで、借りたい人が夢や希望条件を掲載し、それに共感した大家さんがアプローチしてくるという、一般的な家探しとはまったく〝さかさま〟の事業です。

通常、家を借りたいユーザーは、賃貸物件の並んでいる不動産サイトで交渉を始めますが、「さかさま」サイトでは、ユーザー自身が自らの希望を載せて、家主からのアプローチを求めます。需要者と供給者が入れ替わる、まさに逆転のサービスです。

独創的なユーザーの中には、自らの「効能」を実現するため、既存の不動産市場を超えて、新たな貸し手を探すという差延化行動へ走る人々も生まれています。こうした動きを世欲化し、新たな「情報価値」として提案した点で、差汎化戦略の典型といえるでしょう。

この事例を参考にすると、今後の差汎化戦略には、次のような方向が求められます。

1つ目は、生活者自身が試みる用途転用や用途変換に常に注意を払って、既存商品のネウチを再点検することが必要です。

2つ目は、社会変化や生活変動に対応して、既存商品のネウチを一旦解体し、そのうえで変化に見合うように再構築していくことです。

3つ目は、より積極的に、今後の日本が向かうべき人口減少社会の方向を、商品やサービスの新たなネウチとして提案していくことです。

以上のような対応で、差汎化戦略が展開されていけば、これからのマーケティング戦略の中で、その比重は徐々に増していくことになるでしょう。


ハイテクツールは期待できるか？


ところで、6差化戦略を生活市場へ適用していく時にも、6別化戦略で考察したような、ハイテクツールの応用も忘れてはなりません。急進するハイテクは、4章で述べた量的縮小社会への対応に留まらず、質的変化、つまり3超化社会に対しても、さらにさまざまな応用が期待されるからです。

ソフト系では、デジタル情報や映像との接触機会の拡大で、次のような応用が期待できます。

対話型ＡＩは、デジタル環境におけるユーザーの個人的な使用方法を拡大(差延化)し、その普遍化によって、デジタルツールそのものの社会的拡大（差汎化）を推進していきます。これにより、学習や研究などの深化（差真化）や、音声・映像などとの戯《たわむ》れ（差戯化）などの機会が拡大することになるでしょう。

クロス・リアリティー、メタバース、デジタルツインは、五感への刺激や対応などを拡大（差元化）し、デジタルツールの社会的拡大（差汎化）を進展させます。それゆえ、教育やトレーニングなど（差真化）、あるいはゲーム、エンターテインメント、観光などへの応用（差戯化）が広がっていくでしょう。

またハード系では、まったく新しいツールの出現によって、3超化への本格的な対応が期待されます。

産業用ロボットは、人力に頼らない、斬新な生産構造を創り上げていきますから、ユーザー自身にも新たな使用法（差延化）を考えさせたり、その成果を普遍化（差汎化）させていく可能性を秘めています。

ヒューマノイド（人型ロボット）は、高齢者や単身者などに向けて交情や親交など（差元化）を高め、実体的な調査・研究活動やトレーニング（差真化）、ゲーム、エンターテインメント、観光などへの応用（差戯化）を広めていきます。

家事用ロボットは、調理、掃除、洗濯など家事の自律化を促進（差延化）したり、高齢者の介護などへの応用（差汎化）を広げます。

ドローンは、運搬や撮影など新たな空中活用法を創造（差延化）したり、その用途の社会化（差汎化）を促します。また調査・研究・教育などへの応用（差真化）や、新たな遊びや観光手法などへの拡大（差戯化）も予想されます。

飛行車には、個人的な用途の拡大（差延化・差汎化）や調査・研究などへの利用（差真化）、ゲームや観光などへの応用（差戯化）が予想されます。

以上のように、人口減少の引き起こす質的な〝3超化〟に対しては、非日常的な対応を促す6差化戦略が強く求められます。また、これらの戦略を有効に実現していくうえでも、ハイテクツールの応用がいっそう期待されるでしょう。

Ⅲ部　濃縮ニーズの掘り起こし方

一般家庭で標準的な消費対象である豆腐類の出荷額は、人口の停滞とともに減少し始め、２０１１年には２０００年の約８割に落ちましたが、２０１９年には約９割の３，３００億円台まで回復しました。１事業所あたりの出荷額も、２０００年の５８百万円から２０１９年には１３０百万円へと２・２４倍に増加し、急速に大規模化が進んでいます（経済産業省・工業統計）。

何があったのでしょうか。この間に豆腐業界では、消費志向の質的変化に対応して、実に果敢な挑戦が行なわれました。詳しくは１０章で述べますが、ここには「６差化」の進行という、マーケティング戦略の根本的な変革が読み取れます。

そこで、Ⅲ部では、「６差化」戦略の実態をつかむため、中核となる４つの戦略、差延化、差元化、差真化、差戯化について、順番に紹介していきます。

6章　〝こだわり〟需要への「差延化」戦略

1，3つの願望と3つのネウチ

独自のネウチに応える

人口が減る時代のマーケティング戦略では、新たな必需品への対応に加えて、新たな選択品への対策が強く求められます。6つの戦略が考えられますが、その中で最も期待できるのは、差延化と差元化です。さらに2つの戦略を組み合わせると、より効果的な戦略も生まれてきます。

そこで、まず差延化戦略の詳細を説明し、次に差元化戦略を述べたうえで、両者を重ね合わせる方策を提起していきましょう。

なぜ差延化戦略が有力なのでしょうか。人口が減り、生活市場が動揺してくると、他人がどう思おうと自分だけの満足を強く求める〝こだわり〟派の生活者が増えてくるからです。既製品やヒット商品などにはさほど関心を払わず、自分だけに見合ったモノやサービスを求める人々が生まれてくるのです。

これに対応するマーケティング戦略が差延化です。「差延化」という言葉は、フランスの哲学者J・デリダの哲学的キーワード「差延」にならって筆者が創った造語です（日本経済新聞・経済教室・1994年4月29日）。

デリダは「差延」という用語に、手紙や書籍などの「書き言葉」は、「話し言葉」とは違って、読み手としての独自の解釈が可能だ、という意味を込めました。

なぜなら、「話し言葉」は語り手の身振りや手振りとともに語られるため、その意味がほぼ一義的に伝わるのに対し、「書き言葉」はひと筋の文章しかないため、読み手がさまざまな解釈を加える可能性があるからです。

つまり、ひとつの言葉は書き手と読み手の間で新たな意味を持ちます。こうした言葉の開かれた機能が「差延」である、と述べています。要するに、差延とは「あらかじめ作られた差異ではなく、送り手と受け手の間で作られていく差異」と定義したのです。

この考え方を生活市場に置きかえてみると、モノやコトにおける差延とは、あらかじめ作られたモノやコトの「価値」や「効用」ではなく、売り手と買い手の間で作られていく「効能」ということになります。

となると、従来のマーケティング戦略を超える、新たなマーケティング戦略が浮上してきます。**メーカーや流通業など供給側が差し出す商品の価値や効用を超えて、生活者一人ひと**

りに独自の効能を積極的に創り出させる、という戦略です。

3つの手法

差延化戦略を実際に実現するには、どのような手法があるのでしょうか。

5章で述べた生活願望の第1軸、「体感でつかんだものを言葉に置きかえる」という記号↔体感の軸からは、欲望・欲求・欲動の3つの生活願望が浮かんできます。

また第2の軸、「言葉という人工物が持っている、本質的な構造」から生み出された、外交↔内交の軸からは、世欲・実欲・私欲の3つの願望が浮上してきます。

第1軸と第2軸をクロスさせると、9つの生活願望を仕分けることができます（**図表26**）。

この9つの願望のうち、あくまでも私欲を追求するのが差延化であるとすれば、左側の3つの願望、つまり執着欲望、私用欲求、私神欲動が訴求の対象となってきます。またこの願望図を基に、私たちがモノやサービスに感じるネウチの構造を描いてみると、9つのネウチが仕分けられます（**図表27**）。

これらのうち、私欲に対応する3つのネウチ、つまり執着効能、私用効能、私神効能が差延化の対象となります。

図表26　差延化の願望目標

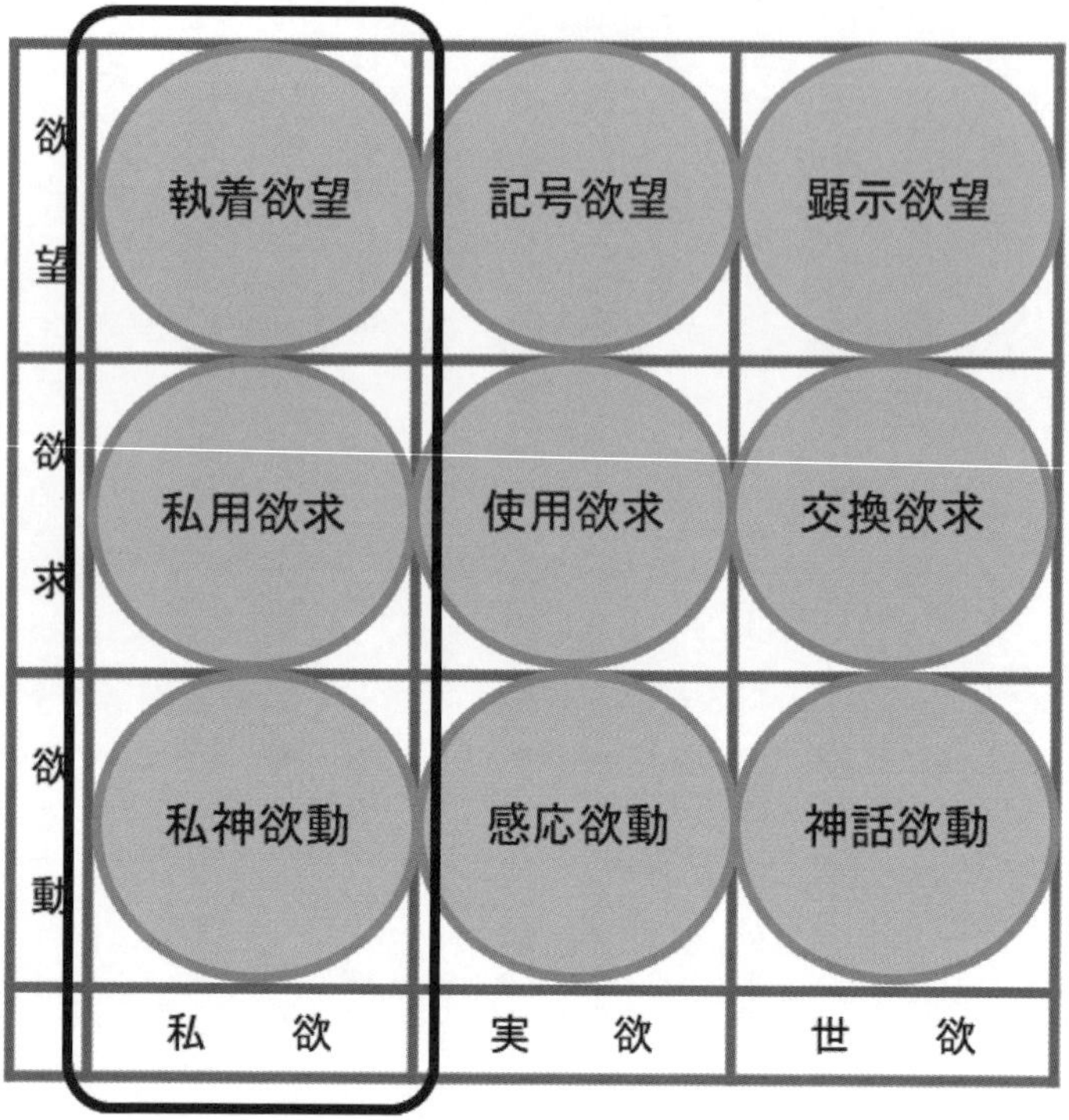

とすれば、私欲次元の３つの生活願望、ネウチ次元の３つのネウチ、これらを対象とするマーケティング戦略こそ〝差延化〟戦略ということになります。

以下では、３つの生活願望と３つのネウチへいかに接近していくのか、幾つかのアプローチを考察していきます。

図表27　差延化のネウチ目標

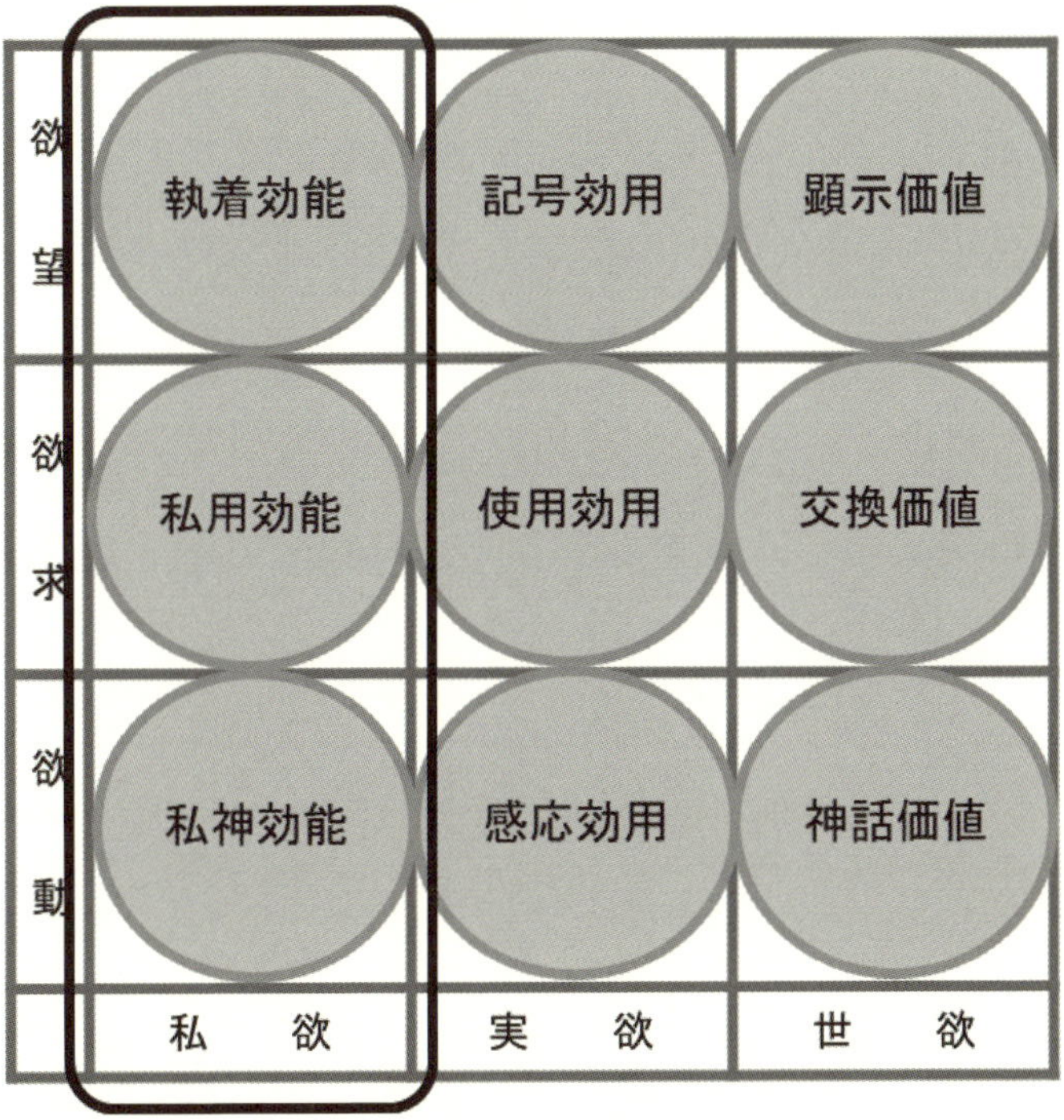

2,「私用効能」への戦略

5つのアプローチ

差延化戦略の1番目として、「私用効能」への対応を考えてみます。

生活市場で提供される商品やサービスは、一定の「交換価値」を持つ前提として、大多数のユーザーに共通して受け入れられる「使用効用」を持っています。

このため、一人ひとりのユー

ザーは、この使用効用に従ってそれらを自らの生活に取り入れ、一定の「効用」を享受しています。

しかし、この効用は〝最大共通項〟的なものであり、あるユーザーにとってはそのまま受け入れられますが、別のユーザーにとっては、必ずしも受け入れられない場合もあります。

そのとき、不満を抱いたユーザーは自らの願望を満たすため、それに見合った商品を求めて生活市場に働きかけたり、既存の商品やサービスに手を加えて、「使用効用」を「私用効能」に作り変え、〝私だけのモノ〟つまり私具や私物を創り出そうとします。

それゆえ、私用効能とは、さまざまなモノに対する純個人的な使いやすさや満足感といった、私的なネウチを意味することになります。

このネウチは、社会的な評価がどうであろうと、自分が一番使いやすいような機能性や利便性を意味しています。いいかえれば、これらの利便性や効率性は必ずしも一定の人間集団に認められる必要はなく、特定の個人が認めるだけで充分ということです。

マーケティングにおける差延化戦略のひとつは、こうした効能に積極的に対応できる商品を創り出すことです。

具体的な方法としては、「使用効用」を「私用効能」に差延化するために、オーダーやセミオー

図表28 私用効能の差延化・5つの手法

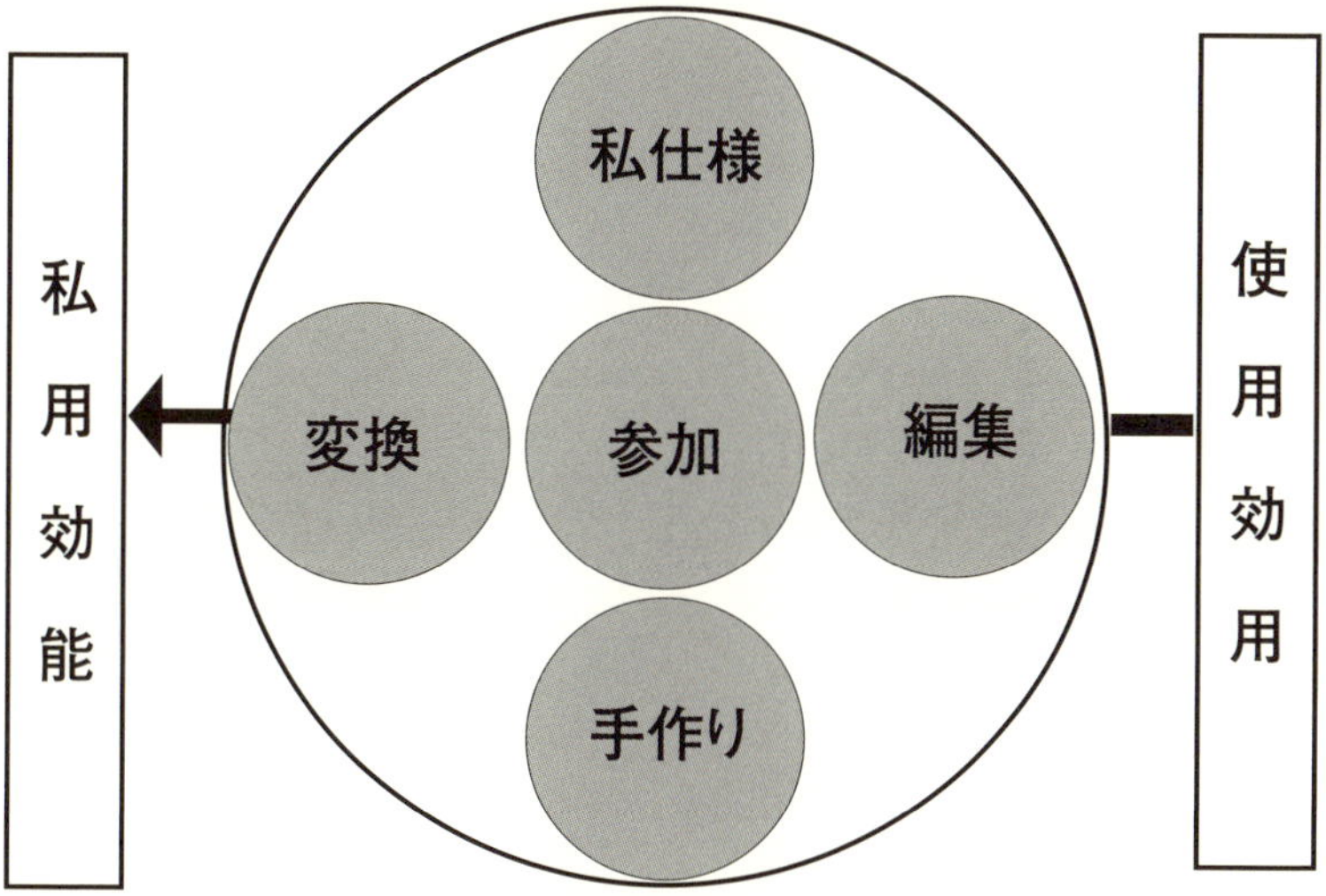

ダーで個人だけの効能を求める「私仕様」を基礎に、「手作り」「参加」「編集」「変換」といった手法が考えられます(図表28)。

まずは市場一般ではなく自分だけのネウチをオーダーで実現する「私仕様」、次には、買い求めた部品を何とか組み合わせて自分流にする「参加」、さらには、購入した素材を元に自分の手で作る「手作り」などが基本となります。

しかし、それが困難な場合には、既製品を組み合わせる「編集」や、用途を転用する「変換」へと向かうこともあります。

こうした事例はすでにさまざまなカタチで広がっていますので、それぞれの効能を順番に解説していきます(図表29)。

図表29 「私用効能」型商品の具体例

消費形態	特　徴	商品・サービス
私仕様	◆自分でオーダー (完全／簡易オーダー) ◆私にぴったりの商品 ◆世界に一つだけ ◆自分・自己性 ◆自己発注性	オーダー食品・酒類、オーダー化粧品、オーダー／パターンオーダー紳士服、オーダー／パターンオーダー婦人服・子供服、オーダージーンズ、オーダー／パターンオーダー水着・下着、オーダー靴、オーダー／チョイスオーダー眼鏡、オーダー家具・家電、オーダーパソコン、カスタムカー、ネット商品開発
参　加	◆部品を買って組み合わせ ◆２割自作・アイデア参加 ◆個性・独自性 ◆自己参加性	ユーザー参加型商品製造、参加型調理食品、参加型外食、デザイン参加型ファッション、デザイン参加型商品、カラー組み合わせ型商品、マイグッズ促進商品、自作パソコン、自作・改造自動車、改造二輪車、自作プラモデルカー、自作オルゴール、自由設計プレハブ住宅、DIY、ガーデニング
手作り	◆素材を買って手作り ◆８割が自作 ◆作る楽しみ ◆個性・独自性 ◆自己表現性	手作りパン、手作り味噌、手作り豆腐、手作り燻製、手作りビール／ワイン、手作り日本酒、手作り焙煎コーヒー、手作りヨーグルト、手作りハーブ、手作り化粧品、手作りファッション、手作りアクセサリー、手作りかばん、手作り時計、ニュー手芸、手作り食器、手作り家具、セルフビルド住宅、手作り結婚式、個人海外旅行、自費出版、デジタルクリエーター
編　集	◆既製品の組み合わせ ◆組み合わせる楽しみ ◆構成・統合性	マイブレンド酒、ヴァイキング弁当・総菜、自由編集アクセサリー、多様組み合わせスーツ、高級コンプステレオ
変　換	◆既製品を転用 ◆自己規範性 ◆独創・独自性 ◆秘密性	風呂敷、サービスバッグの変換、菓子の変換、変換ファッション、変換インテリア、冷蔵庫の多面便用、ポケットベルの用途変換、パソコンゲームの変換化、コミックキャラクターの変換

「私仕様」という効能

生活市場において供給者が提供する商品やサービスは、一定の「使用効用」をもつ「道具」や「用品」です。

これらの効用は〝最大共通項〟的なものである以上、特定のユーザーにとっては必ずしもその願望を満たさない場合もあります。

そこでユーザーはもっと願望を満たそうと、オーダーやセミオーダーでモノを発注します。これらの商品の持つ効能が、いわゆる「私仕様（カスタマイズ）」です。

食品では、伊藤ハム㈱（大阪市）のオーダーメイドハム、山川醸造㈱（岐阜市）のオーダーメイド醤油、㈲穀平味噌醸造場（長野県小布施町）のオーダー味噌などが先例です。

化粧品は、ユーザーの肌や髪質などの違いから、もともと特注が望ましい商品分野であり、最近ではポーラ化粧品㈱ポーラ）の「APEX（アペックス）」やトリコ㈱（東京都新宿区）の「FUJIMI（フジミ）」などが伸びています。

眼鏡でも、さばえめがね館・東京都店（一社・福井県眼鏡協会）、Continuer・恵比寿店㈱コンティニュエ）、JUN GINZA㈱ジュン）などがフルオーダーに対応しています。

衣料分野を見ると、紳士服では以前から一般的だったオーダーやパターンオーダーが、最近では伊勢丹・新宿店、高島屋・日本橋店などで、婦人服や子ども服にも広がっています。紳士服でもインターネットを利用したネットオーダーが、㈱Suit ya（スーツ・ヤ）やKASHIYAMA（カシヤマ：㈱オンワードパーソナルスタイル）などへ広がっています。

また婦人服メーカーの中には、イッセイミヤケの「A・POC」のように、店頭で簡易にオーダーできる商品を積極的に展開する企業も現れています（エイポック・エイブル・イッセイ・ミヤケ：青山）。

カジュアル衣料でも、生地から縫製までのオーダーで約1カ月後に届くオリジナルTシャツ（セーレン㈱：福井市）、カスタムオーダー水着（美津濃㈱）、デザインやカラーを選べる矯正用下着（マルコ㈱：大阪市）などが先行しています。

さらにシューズでも、色やデザインを自由に選べるスポーツシューズ「Nike By You（ナイキバイユー）」（㈱ナイキジャパン）、特注で作る紳士靴（ギルド・オブ・クラフツ：東京都・銀座、スピーゴラ：神戸市）や婦人靴（神戸靴工房Poco・ä・Poco：ポコ・ア・ポコ：神戸市）などが、店頭やネットに登場しています。

カバンでは、フルオーダー（Fugee：フジイ：東京都渋谷区）、ネットオーダー（オーソドキシー：東京都世田谷区）などが伸びています。

衣料と共にやはり古くから特注が多かった家具分野では、居室にぴったり合った作り付けの家具や、こだわりの強いユーザーに見合った材質やデザインの特注家具を提供する店舗が、㈱工房スタンリーズ（東京都目黒区）やＡＭＡＴ（アマット：㈱伸晃：静岡市）など、あちこちに増えています。インターネットを利用したオンデマンド・サービスでも、ドゥーマンズ㈱（東京都渋谷区）がオーダー家具を受け付けています。

自動車分野では、既製の乗用車を自分の好みに改造するカスタムカーサービス（スズキワークステクノ㈱）や、ユニークなデザインカーをオーダーできる小規模メーカー（㈱光岡自動車：富山市、㈲タケオカ自動車工芸：同上）も登場しています。

大手メーカーでも、トヨタモデリスタ㈱トヨタカスタマイジング＆ディベロップメント）、㈱ホンダアクセス、日産モータースポーツ＆カスタマイズ㈱などの系列企業で対応し始めています。

またバイクではブルドック㈱アルティメット：栃木県足利市）が、自転車では㈱コッチ（神奈川県秦野市）などが参入しています。

さらにオーダー、セミオーダー需要の高まりに対応して、インターネット上でユーザーの意見を商品開発に直接活かす「ネット商品開発」が、家電、腕時計、照明器具といった機能的商品から、バッグ、下着、エプロンなどファッション関連商品にまで、急速に広がっています。

「私仕様」は、オーダーやセミオーダーなどでユーザー個人だけの「私用効能」を実現させる戦略です。

私仕様の3つのポイント

私たち生活者は、眼鏡、靴、下着、衣服、食事、移動、情報などすべての生活分野において、究極的には自分の身体や気分にぴったり合ったモノやサービスを求めています。それゆえ、あらゆる生活産業は、差延化戦略の基本である「私仕様」をまず検討しなければなりません。

今後、有力になると思われる「私仕様」手法は次の3つです。

1つ目は、**店頭対応化**です。眼鏡、補聴器、入れ歯など体力を補う商品は、基本的に特注です。とすれば、靴、補正下着、衣服などでも、店頭で詳しく対話を交わしたうえで、ユーザー一人ひとりに的確に対応した商品を提供できるオーダー、セミオーダー方式が必要です。

2つ目は、**インターネット通販化**です。「私仕様」需要へ対応したインターネット通販の拡大は、単に売買の簡便性を上げるだけでなく、ユーザー一人ひとりの要求に個別に対応できる、新たなオーダー方式の可能性を増します。

今後は、ユーザーの意見を商品開発に直接活かす「ネット商品開発」手法と、ネットを利用した「オンデマンドオーダー」手法の両方が、衣食住から移動や情報に至る諸分野に広がっていくでしょう。

3つ目は、**口コミ活用化**です。インターネットの拡大は、生活者に広くデジタル情報を普及させますが、同時にネット以外のナマ情報や口コミ情報の比重を増加させていきます。

とりわけ、「私仕様」願望には、反・量産的な気分がかなり残っていますから、ネットに頼らないで、口コミだけによるオーダー方式への期待が今以上に高まってきます。

そこで、友人や知人だけの紹介によるオーダー、セミオーダー方式の開発や組織化が有力な手法として必要となります。

以上、3つの手法が重なれば、オーダーやセミオーダーはますます広がり、「私仕様」は拡大していきます。

「参加」という効能

オーダーやセミオーダーは、ユーザー個人に見合った商品やサービスを、メーカーや流通業に求めるものですが、この願望がもう一歩進むと、ユーザー自身が商品づくりに実際に参加しようとする意欲が現れます。

こうした願望に対応した商品やサービスをつくり出す手法のひとつとして、生活市場から8割ほど部品を買ってきて、残りの2割を自分で作るという、「参加」効能型商品が考えられます。代表的な事例を挙げてみましょう。

お酒市場では、日本酒やウィスキーの醸造への参加があります。日本酒メーカーでは、美和桜酒造㈲（広島県三次市）が、原料となる稲の田植えや刈り取り、酒の仕込みや試飲などにもユーザーに数回参加してもらい、できあがった酒はマイボトルに入れて手渡すという、ユニークなサービスを展開しています。

ウィスキーでも、ニッカウヰスキー㈱の余市蒸溜所では、2日間の醸造作業を通じて、マイウィスキーを作りあげる体験教室を開催しています。

衣料では、「こんなふうに作ってほしい」というユーザーの希望を、コンピューター・グラフィックスで確認してオーダーする、デザイン参加型のファッションが、アパレルショップやデパートなどに広がっています。

家電や単車でも、メーカーがあらかじめ製造したカラー部品を、ユーザー自身がいろいろ考えて商品と組み合わせ、多様なカラーバリエーションを楽しむ商品が、温水洗浄便座㈱

ＬＩＸＩＬ)、エアコン(ダイキン工業㈱)、オートバイ(スズキ㈱のカラーオーダープラン)などに広がっています。

ハイテクツールでも、さまざまな部品を買ってきて、自分で組み立てる自作パソコンは、より本格的な参加型商品です。そこで、さまざまなキットを発売するメーカーや組み立ての指導サービスを実施する店舗が増えています。さらに自分で自由な形に組み立てて、専用ソフトで動かす教材用ロボットも、すでに発売されています。

住宅分野では、もともとＤＩＹ(ドゥー・イット・ユアセルフ)という形で自作志向が強かったのですが、最近ではインテリアだけでなくエクステリアにまで波及して、いわゆるガーデニング・ブームとなり、ホームセンターなどでは、関連商品やサービスを伸ばしています。さらに量産住宅の間取りの設計にユーザーが参加できる「自由設計住宅プラン」(ミサワホーム㈱)や、改装ＯＫ賃貸「ベルリードフィッツ」(同上)なども注目されています。

参加の４つのポイント

「参加」に対応した商品創造では、ユーザーがほんのわずかしか手を入れないにもかかわらず、ほとんど全部を自分で作ったような気分にさせる仕組みが必要です。この手法でも今後、次の4つの方向が有力になってきます。

1つ目は、**工場参加拡大化**です。日本酒、焼酎、ワイン、ウィスキーなどの嗜好品《しこう》では、生産現場への関心が高まってきますから、醸造教室やブレンド教室といった体験教室が有望です。この傾向は、味噌、醤油、ハム、ソーセージなど、嗜好性の強い食品分野に広がっていきます。

2つ目は、**店頭参加拡大化**です。衣料、装飾品、時計などの分野では、カラーやデザインなどを自由に選んだり、簡単に手直しできる、半製品的な商品が望まれます。

また家電や自動車では、短期間でカラーやデザインを選んだり、手直しできる販売システムが必要になります。あるいは、シールや付属品などを選ぶと、簡単に「世界にひとつだけ」の商品へ変身させられるような、事前の仕組みをつくることも必要でしょう。

3つ目は、**インターネット参加化**です。ネット通販では、ユーザーがあらかじめカラーやデザインを詳しく選んだうえでオーダーできますから、衣料、靴、装飾品、時計、家電、家具、自動車などでは、サイト上にさまざまな選択肢を並べたうえ、その結果を的確にシミュレーションできるような、ハイテクツールの活用が期待されます。

4つ目は、**口コミ活用参加化**です。洗剤、掃除用具などの家事用品や、家電、家具、インテリアなどの家庭用品では、ユーザーの口コミ情報による「参加性」の拡大が期待されます。

もともとこれらの分野では、使用者自身の創意工夫による改良や改善が広がっています。市販の商品にちょっと手を加えて、自分独自の用途に見合ったモノへ作りかえるケースが多いからです。

こうした「参加」情報は井戸端会議などの口コミでも広がっていきますから、それらをネットの掲示板や情報誌への投稿などで拾い上げたり、巧みに誘導していくような手法が必要になります。

以上、4つの手法が重なれば、ユーザーの参加気分はますます広がり、「参加」手法は拡大していきます。

「手作り」という効能

「参加」効能をいっそう押しすすめ、使用効用を私用効能に差延化したものが「手作り」効能です。ここでいう「手作り」とは、単に「手で作った」だけの商品ではなく、さらに「自分の手で作った」モノのことです。

とはいえ、手作りは究極的には自給自足を目指すものですから、私たちが生きている、現在の市場社会ではほとんど不可能です。

自分で水田へ行って田植えをし、収穫した籾を脱穀・精米してご飯を炊く、という単純な行為でさえ、今では容易なことではありません。スーパーでお米を買ってきて、炊飯器で手ずから炊き上げるのが精一杯の「手作り」です。

それゆえ、イマドキの「手作り」とは、購入してきた素材に何らかのカタチで自らの手を加え、最終的な生活財に作り上げる、という程度でしょう。いいかえれば、2割の素材に8割の手作りで目的のモノを作り出す、ということになります。

例えば、食生活分野では、もともと炊事や調理などでユーザーの手が入る比率が高いためか、いったんは進んだ既製品化に対して、本来の需要が復活しつつあります。

一例を挙げると、手作りのパン、味噌、豆腐、燻製、ビール、ワイン、日本酒、焙煎コーヒー、ハーブ、ヨーグルトなどです。

手作り味噌はユーザーが自分で醸造できる味噌です。これを作れば、減塩味噌や無農薬原料はもちろん、さまざまな工夫を加えて自分なりの味を作り出すことができます。マルカワみそ㈱（福井県越前市）の「手作り味噌セット」、㈲糀屋本店（大分県佐伯市）の「手作り味噌セット」などが発売されています。

近年流行したカスピ海ヨーグルトは、友人や知人から「株分け」してもらった菌を、自ら育てる乳飲料です。これを支援するため、フジッコ㈱（神戸市）が「カスピ海ヨーグルト・手づくり用種菌」や「カスピ海ヨーグルトメーカー」などを発売しています。

また手作り化粧品は、ユーザーが自ら原料を配合して作り出す化粧品です。例えば、リンガリンガソープ社（ニュージーランド）は「手作りコスメお試しセット」を発売しています。

mono㈱（モーノ：徳島県徳島市）も、世界中の産地から選んだコスメ用の天然原料を販売する通販サイト「マンデイムーン」を展開しています。コスメ作りの初心者から上級者向けに、「簡単コスメキット」やレシピを提供し、初心者でも失敗知らずに、ユーザー独自の化粧品を作ることができます。

自作ファッションは変わった布地で好みのデザインの服を自作したり、古着を加工してまったく新しい衣装を作り出すもので、裏原宿あたりの若者の間で流行しています。このためか、一時は不振だったミシンが、再び売れ始めています。

ヤングママの間で流行しているニュー手芸には、古家具にペインティングして再生するトールペインティング、多様な素材を再活用して立体的な額縁を作るデコパージュ、型紙を切り抜いて古着や古道具などに印刷するステンシルに人気が集まっています。手作り食器でも陶芸教室や自家用陶芸窯などが拡大しています。

ログハウスに代表されるセルフビルド住宅では、1章で紹介したように、素材キットを販売するメーカーや建設を指導する学校も登場しています。また、手作り家具では製作指導教室も全国的に増えています。

手作り結婚式、個人海外旅行、自費出版、デジタルクリエイター、個人売買ショップなど、手作り効能に対応したサービスも伸びています。手作り結婚式は新郎新婦が自ら演出する結婚式や披露宴で、若いカップルの間で急増しています。

パソコンで絵を描いたり、作曲をするデジタルクリエイターも、関連ソフトの普及で急増しています。手作り型流通である個人売買もまた、フリーマーケットという形で全国に広がっています。

手作りの5つのポイント

「手作り」戦略は、市場から購入した2割の素材にユーザーが8割手を加えて目的のモノを作り出すことですから、新たな商品やサービスでは、こうした行為に対応した仕組みや仕掛けを導入することが求められます。具体的にいうと、次に挙げる5つの手法が有望です。

1つ目は、**手作り促進商品化**です。先に述べたように、パンや味噌からワインや日本酒に至るまで、さまざまな食品分野では、安全性、体質性、嗜好性などの目的で、自ら手作りを望む生活者が増えています。

これに応えるには、ネットや情報誌などで広く製法を知らせるとともに、材料や機材などの入手方法を物販店、通販、生協ルートなどで多角化していくことが必要です。

2つ目は、**手作り促進店頭化**です。手芸材料店、ホビー材料販売店、ホームセンターなど、素材・部品の販売店では、ユーザーの手作り願望を増幅させるため、各種の手作り教室を開催したり、部材の加工を請け負ったり、完成品の展示会や展覧会を開催して、裾野を広げていくことが必要です。

3つ目は、**手作り促進工場化**です。より本格的な手作り願望に対応していくには、趣味の教室をもう一歩進めて、生産現場などへ直接参加してもらうシステムが有効です。例えば、本格的な機材の整った木工場で一定の教育をした後、ユーザー自身に手作り家具を作ってもらったり、本格的な窯のある陶芸場でロクロを回した後、手作り陶器を焼き上げるといった対応です。

4つ目は、**手作り促進ネット化**です。食品、衣料、家具から家電、パソコン、自動車、住宅まで、生活者の手作り願望は拡大していますから、関連業界ではインターネット上に、関連する情報を多角的に提供していくことが求められます。

5つ目は、**手作り促進口コミ化**です。手作り需要を最も伸ばす手法としては、手作りに関心のある人たちを巧みに組織化することが有効でしょう。

例えば、手作り教室の卒業生や素材の購入者などに呼びかけて、サークルやクラブなどを組織し、お互いの情報交換や技術指導などを実施して、関連商品の拡販につなげていくことです。

以上のように、「手作り」効能に対応する商品やサービスは、既成の価値を押しつけるのではなく、ユーザーと一体化して本物の効能を作り出そうとする新しいビジネスです。

「編集」という効能

「参加」や「手作り」のように、ユーザー自らが直接手は出さないものの、いくつかの商品を自由に組み合わせて自分なりの生活財をつくり上げる場合があります。これが「編集」効能型商品であり、この分野でもすでに数々のヒット商品が生まれています。

例えば外食では、丸亀製麺㈱トリドール：東京都渋谷区）のセルフ式うどん店では、最初に並盛・大盛・特盛や冷たい・温かいを選んだうえで、コロッケ、海老天、野菜かきあげ、きつねあげなどを選んで載せ、さらに青ねぎ、しょうが、天かす薬味などを小皿に載せるという方式で、編集効能を実現しています。

酒類ではブレンド体験が伸びています。㈲林酒造場（熊本県湯前町）では、球磨焼酎の蔵元を見学した後、かめ貯蔵を行なう蔵の中で「マイブレンド焼酎づくり」の体験（5，000円）ができます。杜氏《とうじ》のレクチャーを受けながら、自分好みのブレンディングに挑戦し、でき上がった焼酎はオリジナルボトルに入れて持ち帰れます。

ニッカウヰスキー㈱の宮城峡蒸溜所でも、ウィスキーの「マイブレンドセミナー」（10，000円）を行なっています。講師の説明を聞きながら、同社の複数の蒸溜所で作られたウィスキーを自分好みにブレンドし、オリジナルなラベルを貼った瓶2本に詰めて、そのまま持ち帰りができます。

お茶の分野でも、煎茶堂東京（㈱greenbrewing：グリーンブルーイング）では、「日本茶ブレンド体験キットセット」（3，240円）を発売しています。

日本茶の代表的な品種である「やぶきた」をベースとして味と香りを作り出し、同店の37種類以上ある全国各地の茶葉の中から2種類を選んで、ユーザー自らがオリジナルなブレンドを作ることができます。

自由編集アクセサリーは、フリースタイルのアクセサリーともいわれているもので、ひとつの素材がブローチになったり、ペンダントになったり、さまざまなデザインを楽しめるものです。

紗や工房㈱(横浜市)の「アクセサリー パーツキット 初心者セット」や㈱MYmama(エムワイママ:名古屋市)の「手作りアクセサリーセット」などでは、ユーザーがその時の気分でいろいろ工夫して、より満足度を高めることができます。

さらに音楽マニアの間では、高級コンポ型のステレオが売れています。パイオニア㈱、ティアック㈱、アキュフェーズ㈱(横浜市)などの商品の中から、最良の部品を買ってきて独自に組み合わせ、好みの音感を作り出すステレオが自作できます。ここまでくると、最高級の編集型商品といえるでしょう。

編集の4つのポイント

「編集」戦略は、ユーザー自身が幾つかの既存商品を自由に組み合わせ、自分なりの生活財を生み出す生活行動に適切に対応した商品やサービスを、積極的に提供するものです。

これには、ユーザーの編集願望を的確に満たす、編集可能性の高い要素的な商品を開発するとともに、さまざまな素材を集める店頭次元での手法が考えられます。主な手法は次の4つでしょう。

1つ目は、**素材セットの商品化**です。さまざまなネウチの要素を、あらかじめセットした商品を開発することです。例えばお茶、調味料、酒類、嗜好品などでは、さまざまな味の商品を少しずつ、幾つかセットにして発売し、ユーザーが自由に組み合わせて、好みの味を作り出せるようにします。

また衣類や装飾品は、基礎的な部品を幾つかセットにして発売し、使用するシーンに応じて、ユーザーが自由に組み合わせられるようにします。

2つ目は、**多機能選択商品化**です。さまざまな基礎的素材を用意して、ユーザーの選択や編集を可能にすることです。

例えば、多機能電話、携帯電話、多機能時計、家電、自動車などでは、あらかじめ多様な機能を持った部品を用意し、ユーザーが必要な機能だけを選択して購入し、自在に組み合わせられるようにします。

3つ目は、**自由自在接続型化**です。自社、他社を問わず、いずれの商品とも自由に組み合わせられるような、接続性の高い自由自在接続商品を開発することです。

例えば高級ステレオ、高機能パソコン、ホームシアター用品などでは、構成される部品の一つひとつがいずれの会社の部品とも接続できるように設計することが必要でしょう。

4つ目は、**編集促進店頭化**です。来店したユーザーの編集願望を満たすためには、あらかじめ多様な要素を用意して、ユーザーの自由な選択を可能にすることが求められます。

例えば家電や自動車では、先に挙げた機能選択商品や自由自在接続商品などの部品を多様に用意することが求められます。あるいは、外食、弁当、総菜などでも、できるだけ多くの調理済み商品を並べて、自由な組み合わせやトッピングを可能にすることです。

以上、4つの手法が重なれば、ユーザーの編集気分はますます広がり、「編集」手法は拡大していきます。

「変換」という効能

さらに思い切った差延化対応としては、既存の商品の用途をユーザーがまったく自由に変えてしまうという手法が考えられます。これが「変換」効能型商品ですが、ここでも成功した先例が沢山あります。

例えば、三陽商事㈱（京都市）の「自遊布《じゆうふ》」は、超高級の風呂敷として使えるだけでなく、壁掛け、テーブルクロス、ネッカチーフにもなります。これに刺激されて、他の風呂敷メーカーでも、さまざまな用途に転用できる風呂敷を競作しています。風呂敷こそ変換型商品の典型といえるでしょう。

また、オフィスレディの間では、有名商店やデパートのサービスバッグを、仕事用のトートバッグに転用するケースが目立っています。和菓子の老舗・虎屋のトートバッグ、大手カフェチェーン・スターバックスのロゴ入りバッグ、高級スーパー紀ノ国屋のエコロジーバッグ、三越バッグやタカシマヤバッグなどに人気が出ています。

もともと使い勝手がいいうえ、バッグについているマークやロゴを、ブランド代わりに変換できるからです。

東レ㈱が１９８７年から発売している、メガネ拭き用「トレシー」は、２００３年3月、この商品で洗顔すると「毛穴の汚れを取るのに効果的」という変換事例がテレビ番組で大きく紹介されたため、２０~３０歳代の女性を中心にブームとなり、それ以前に比べて4倍の売り上げを記録しました。

そこで、同社では、０４年夏に洗顔用として、より使いやすくした「トレシー洗顔クロス」

を発売し、２０２０年には用途を転換して、家じゅうどこでも安心して使えるふきん「トレシー家じゅうキレイ」も売り出しています。

㈱セイコーグループが１９９８年に発売した腕時計「音声デジタルウォッチ」は、ボタンを押すと日本語、フランス語、イタリア語などの音声で時間を告げる商品です。これが盲学校関係者の間で話題になり、視覚障害者の間でヒットしました。

変換行動は、子どもの世界には古くから存在しています。大ヒットした「ビックリマンチョコ」（㈱ロッテ）は、悪魔シールを貼られたら、お清めのために天使シールを貼るゲームとして発売されたものでした。しかし、子どもたちは用途を大胆に変換し、シール自体をコレクションの対象に変えてしまいました。

㈱アトラス（東京都品川区）が１９９５年に発売した「プリントクラブ」もまた、本来は友人と一緒に写真を写す商品でしたが、実際にはシールを作って他人と交換し、できるだけ多く集めることが目的になりました。

㈱バンダイ（東京都台東区）が１９９６年に出した「たまごっち」の場合も、元々は長生きさせるゲームでしたが、一部の子どもたちは、できるだけ早く殺すゲームに変えてしまいました。まことに完璧な変換事例といえるでしょう。

変換の4つのポイント

「変換」手法は、既存の商品の持つ「価値」や「効用」を、ユーザーが自らの「効能」へ変えてしまうというものです。こうした変換願望へ的確に対応するには、あらかじめ用途を固定しない、変換可能性の高い商品を創り出すことが必要です。

そこで今後の方向としては、商品次元、店頭次元、情報次元で、多目的汎用商品、変換願望喚起商品、店頭変換サービス促進化、変換情報拡大化の4つが考えられます。

1つ目は、**多目的汎用商品の開発**です。特定の用途を決定せず、さまざまな目的に用いることができるようにあらかじめ設計された商品を開発することです。風呂敷や汎用バッグがその典型ですが、キャリーバッグやデイバッグなどの袋物、カラーボックスや多目的バスケットなどのインテリア用品でも、こうした用途が伸びていくでしょう。

2つ目は、**変換願望喚起商品の開発**です。一定の用途を持った商品ですが、見ているうちに、さまざまな用途へ変換したくなるようなムードを持った商品を創り出すことです。

例えば100円ショップのプラスチック用品やホームセンターの汎用パイプなどに代表されるもので、ちょっと手を加えれば、収納家具、シェルフ、手摺り、椅子、踏み台などに転用したくなる素材型商品もまた、さらに伸びていくでしょう。

3つ目は、**店頭変換サービスの促進化**です。ユーザーに対して、積極的に相談に乗ったり、アドバイスしたり、さらには加工や組み立てを請け負うサービスの拡大も有効でしょう。例えば家具、インテリア、ファッション、装飾品などの店頭では、別の用途を持った商品を、ユーザーの希望に応じて、さまざまに変換し、別の目的を持ったモノに作り直していくサービスが望まれます。

4つ目は、**変換情報の拡大化**です。巧みな変換事例を積極的に広げていくことも大切です。「なるほど」と思わせるような、巧みな変換事例は、新聞、雑誌はもとより、インターネットなどを通じて、生活者の間に広まっていきます。

それゆえ、魅力的な変換対応商品を開発するためには、これらの動向に注意するとともに、自社の製品の変換事例をマスメディアやネット上で、積極的に宣伝していくことが必要になるでしょう。

以上、4つの手法が重なれば、ユーザーの変換意識はますます広がり、「変換」手法は拡大していきます。

私用効能型商品をいかに創るか

私用効能のさまざまな先例を眺めてくると、これらに共通する、商品の作り方や売り方の新たな方向が見えてきます。

第1は〝**最小共通素**〟**を狙う**ことです。これまでの商品開発では、できるだけ多くのユーザーの〝最大共通項〟を狙ってきました。しかし、私用分野を狙うとなると、むしろ〝最小共通素〟を狙った方がいい、という方向に変わります。

最小共通素とは、一人ひとりのユーザーが求めるさまざまなネウチの中の、最も基礎になる部分ですが、同時に他人が求める最小部分とも共通している要素です。

とすれば、ひとつの商品に占める最小の共通要素とは何なのかを徹底的に追求したうえで、ユーザー自身がそれらを組み合わせたり、重ね合わせることを前提にして、商品のネウチを設計する戦略が考えられます。

第2は**ユーザーの自作願望を刺激する**ことです。つまり、商品やサービスそのものに、あらかじめ参加勧誘性、多用途性、変換刺激性などの要素を組み込んでおき、ユーザーがそれを手にした時、何か変わった使い方をしてみたい、自分なりの使い方をしてみたい、というような気持ちを引き起こさせる戦略です。

それには、商品の用途をあまりキッチリ作らないで、ある種の〝隙〟や〝ゆとり〟を持たせ、ユーザー自身に遊んでみたいと思わせるような誘いを仕組むことが必要になります。

第3は素材や部品の販売に、**指導・助言や組み立て代行などを加える**ことです。具体的にいえば、ひとつの商品や素材を売る場合、その中に私用効能を増加させるような情報サービスや組み立てサービスを、同時に織り込んでいくことです。

商品そのものに情報やサービスを組み合わせて売り、それによって付加価値を高めていくという戦略を意味しています。

第4にハイテクツールの応用では、対話型AIはもとより、家事用ロボット、ドローン、飛行車などについても、**私的な利用方法を高める仕組みが必要**でしょう。

以上に提示した4つの戦略が次第に拡大していけば、私用効能型の市場は必ず伸びていきます。

私効願望を刺激する

これまで述べてきた、さまざまな差延化戦略を、人口減少市場の「3超化」に応用すると、「超日常」向けではオーダー食品、オーダー衣料、セルフビルド・ログハウス、オーダーカーなど、

「超年齢」向けではVOD（ビデオ・オン・デマンド）学習塾やキャバレー活用型デイケアセンターなど、「超家族」向けでは新調理家電や中食・半加工食品などの拡大が、それぞれ予想できます。

このうち、セルフビルド・ログハウスでは、1章で述べたように、自作希望のユーザーの多くが共通して求める素材や半加工度などを見極めたうえで、設計図や組み立て手順などセルフビルドを誘うような展示やマニュアルなどの提供、セミナーや体験教室などの開催、建設を応援してくれる仲間集めのパーティーなどを実施していくことが必要でしょう。

2章で紹介したキャバレー活用型デイケアセンターも、素材を独創的に変換したという点で差延化の好例です。

今後、同様の事例を増やしていくには、既存施設とデイケア施設の物理的共通事項の調査と点検、旧施設の利点を可能な限り活用するという発想、独創的なアイデアを提供してくれる施工会社や設備会社などとの連携といった方向が求められます。

中食・半加工食品では、購入してきた食品に少し手を加えることで、オリジナルな料理を自作できるという視点から、素材としての基本要素を確認したうえで、広告やネット上でレシピやマニュアルなどを提供し、ユーザーの参加意欲を刺激していくことが必要でしょう。

今後、ますます個客化していくユーザーや、彼らの抱く「私効」願望に対応した商品やサービスを積極的に拡大していくには、上記の3方向に沿って、より具体化した方策を展開していかなければなりません。

3,「執着効能」への戦略

アプローチは4つ

差延化戦略の2番目は「執着効能」への対応です。

私具や私物で純私的な私用効能に満足したユーザーの多くは、それらのモノに対して記号的な愛着やこだわりを抱くようになります。これが執着効能です。

この効能は、「顕示価値」をそのまま受け入れる「記号効用」と違い、他人や社会の評価に関わりなく、自分だけでひたすら執着する点に特性があります。

それゆえ、執着効能の対象となるモノの美しさや新しさなどは、必ずしも一定の社会集団に認められる必要はなく、ユーザー一人ひとりが独自に認めるだけで充分です。

図表30　執着効能の差延化・4つの手法

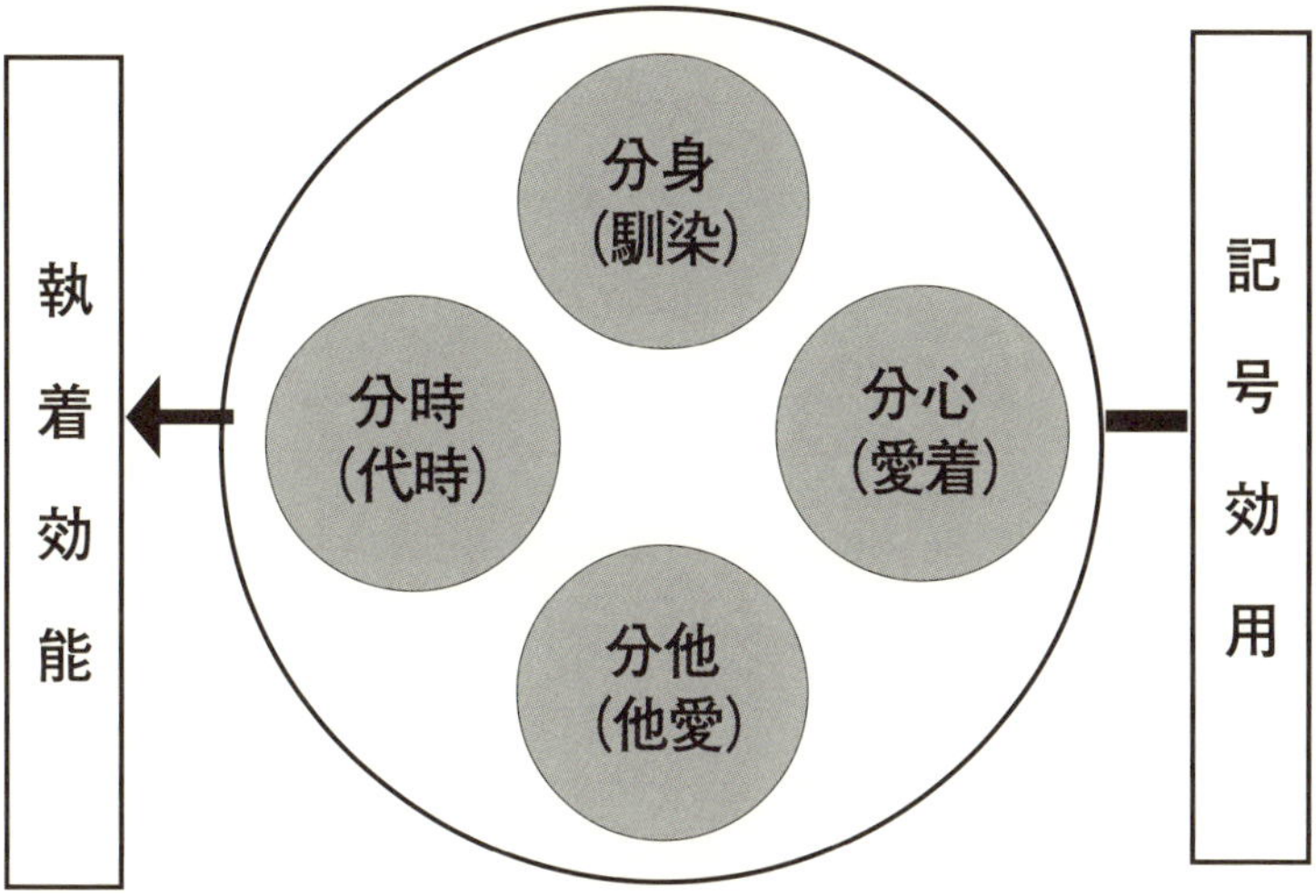

認められたモノは普通「愛玩具」になりますが、あまりに度が過ぎると「ゲテモノ」と呼ばれることもあるでしょう。

こうした効能に対応した商品を創り出すには、**図表30**のように「記号効用」を「執着効能」に差延化する戦略が必要となります。具体的にいえば、自己愛的な「分身」「分心」「分時」と、他者愛的な「分他」の4つの手法が考えられます。

これらの手法についても、すでにいくつかの先例がありますので、順番に解説していきます(**図表31**)。

「分身」という効能

ユーザー自身への執着は、いわゆるナル

図表31　執着効能型商品の具体例

消費形態	特　徴	商品・サービス
分身（馴染）	◆安心感 ◆自己一体性 ◆自己拡張性	一生モノ商品、長期使用商品、修理サービス
分心（愛着）	◆愛着性 ◆自己代替性 ◆王国性	自己代替商品、コレクション商品
分時（代時）	◆記憶保存性 ◆伝統記号価値 ◆自己優越性	思い出型商品、懐かし型商品、年代物商品
分他（他愛）	◆他愛性 ◆他者支配性	プレゼント商品、フェティシズム商品

シシズム（自己愛）の変形であり、大別すると自己の身体への執着（分身）、心や気分への執着（分心）、過ぎ去った時への執着（分時）の３つが考えられます。

１番目の「分身効能」は、私用効能を持った商品を永く使用していると、ユーザー自身の身体と一体化したり、自らの延長かと錯覚するようになることです。

例えば、眼鏡や補聴器、入れ歯など身体に密着したモノは、使用者自身とほとんど一体化し、簡単には捨てられないモノになっています。

そうした効用を狙った分野として、「一生もの」という商品が生まれています。

例えば、人口減少がともに進んでいる西欧諸国の商品戦略は、「分身効能」に積極的に対応しているという点でも、まさしく今後の方向を示唆しています。

１９６９年の発売以降一度もデザインを変えないカップセット（フィンランド、アラビア社製）や、白木の素材を活かし、使えば使うほど色艶の出てくる家具類（スウェーデン、ノヴァ社製）などがまずは挙げられます。

また、１９４０年代からデザインを変えないクラシックトースター（イギリス、デュアリット社製）、発売時のままの丸みを帯びたコードレス湯沸器（同、ラッセルホブス社製）、長年変わらぬ機能性を重視した箱型のシンプルなドラム型洗濯乾燥機（スウェーデン、エレクトロラックス社製）といった商品は、機能性を絞り込んで操作を単純化し、モデルチェンジをあまりせず、行き届いた保守点検サービスも実施しています。

さらにル・クルーゼ社のホウロウ鍋も、７５年も前からほとんどモデルを変えていない、フランス製の鍋です。オーバル型が2万6，０００円〜と高価ですが、熱伝導性と保温性に極めて優れ、素材をおいしく仕上げるという特性で、典型的な「一生もの」の調理用具として認められ、一流の料理人はもとより主婦層にまで広く支持されています。

長期修理サービス

L.L.Bean（エルエルビーン）社（アメリカ）の「ビーン・ブーツ」は「一生に一足買ってもらえばいい」という売り方をしています。

成人になって身体が固まったら、一生に一度だけ買ってもらう。なぜかといえば、同社のブーツは2～3万円と高価ですが、完全な修繕サービス態勢が整っていますから、3年から5年ごとに直せばほとんど一生履けるのです。

つまり、最初にいいものを売って、さらにその後で修繕代をいただくという方法です。商品の単価に加え、売り方そのものを付加価値にしている、といえるでしょう。

それゆえ、ブーツに満足したユーザーは、次にはジョギングシューズが欲しくなる、革ジャケットが欲しくなる…というように、同社の商品シリーズを次々と欲しくなっていきます。これは「ウチの商品は一度しか売りません。しかし、いったん捕まえたユーザーは死ぬまで離さず、末永くつきあっていきます」という売り方です。

「ウチの商品が良かったら、何足か買ってください」という、従来の売り方の逆をいくものでしょう。

日本でもリーガルシューズが同じようなサービスを展開しています。㈱リーガルコーポレーション（千葉県浦安市）の紳士靴のうち、3万円以上の革靴については、4、5年履いて傷んでくると、完全なリペアをするサービスを展開しています。

買った店に持っていき、5，000〜8，000円のリペア代を払うと、傷んでいた靴がほとんど新品状態になります。

実のところ、靴の革というのは3年くらい履いて足になじんできた頃が一番履きやすい状態なので、リペアはユーザーにとって非常に好都合なのです。一度修理すれば、また3年くらいは履けます。2回くらいまでは修繕が可能ですから、7〜8年は履ける勘定になります。経済的ですし、廃棄物も減り、環境にもプラスです。

このサービスは、リーガルの靴を扱う小売店から、まとめて修繕工場へ運ばれます。修繕工場では、60歳の定年でリーガルを辞めた職人たちが担当し、70歳まで働いています。

新品の靴を作るよりも、修繕の方が技術的には難しいため、熟練した職人でないと扱えないからです。

シチズン時計㈱（東京都西東京市）は、1995年から、時計本来の実用性を求める30〜50歳代の顧客層に向けて「ザ・シチズン」と名づけたウォッチを、10〜80万円で発売しています。

かなり高価ですが、購入から10年間は無償修理(自然故障の無償保証と3回の定期点検)に応じるうえ、その後も部品や文字盤を保管して、一生涯にわたる使用を有償で保証しています。

ヨーロッパの有名ブランド商品では、宝石類からバッグ類まで、ほとんどのメーカーが販売店を通じて、長期的な修理サービスを実施しています。こうしたサービスもまた、ユーザーの長期使用を促す点で、積極的な「分身」手法のひとつといえるでしょう。

分身の3つのポイント

「分身」戦略は、ユーザー自身とほとんど一体化するようなモノを創り出したり、一体化を持続できるように、適切な修理、保全サービスを行なうものです。そこで、商品次元、店頭対応次元、インターネット対応次元などで、次のようなポイントが考えられます。

1つ目は、**商品次元の対応**です。ユーザーの分身願望に積極的に応えていくには、末永く使える「一生もの」商品の開発が必要ですが、それには2つの方向が考えられます。

ひとつは「一生に一度の逸品商品」の開発です。自らの人生とともに歩んでくれるモノには、多少値が張っても、堅固な品質と飽きのこないデザインが求められます。調理用具、テープルウェア、家事道具、時計、装飾品などの分野で、こうした逸品を創り出すことが必要です。

もうひとつは「一生使用を保証する商品」です。日常生活で絶えず使用しているうちに、ユーザーと一体感が生まれてくるような「長期使用モノ」には、その状態をできるだけ永く続けられるように、あらかじめ修理・点検サービスを保証する体制が、メーカーには求められます。時計や革靴などが先行していますが、今後は衣類、家電、家具などもまたその対象になるでしょう。

2つ目は、**店頭次元の対応**です。「一生もの」や「長期使用モノ」を求めるユーザーに対応するために、メーカーだけでなく販売店もまた、独自の修理サービス体制を整備することが必要です。

先行している家電・パソコン修理専門店チェーンに続いて、商品分野別に修理サービス専門店なども広がっていくでしょう。あるいは金継ぎや金繕いのような、ユーザーが自分で修理するための教室や工場の提供も必要になるでしょう。

3つ目は、**インターネット次元の対応**です。すでにネット上で「一生もの」や「長期使用モノ」の通販、あるいは修理サービスの受け付けなどが始まっていますが、こうした業態は今後いっそう拡大していくでしょう。

以上に挙げたように、メーカーの長期保証サービスや修理専門サービス店の拡大は、修理・点検がもはや「アフターサービス」ではなく、**「売ってから、もう一度儲ける」という新しいビジネスに成長してきた**ことを意味しています。

「分心」という効能

身体との一体化を目指す分身効能に対し、執着や愛着という心の動きそのものが「分心効能」です。いずれもナルシシズムの変形ですが、分身効能が物質的な執着に傾きやすいのに対し、分心効能は心理的、精神的な要素が濃いといえます。

その典型が、ユーザーの感情や気分を代替してくれる自己代替商品や、自分なりの価値基準に従っていろいろな商品をコレクションする王国形成商品です。

例えば自己代替商品では、マネキンのような素材人形をユーザー好みに仕上げていくカスタムドールがあります。

㈱パラボックス(神奈川県川崎市)や㈱アゾンインターナショナル(神奈川県藤沢市)など、人形メーカーや玩具メーカー各社が発売しており、好きな顔に描き、好みの洋服を着せ、自分の心の中にある理想のイメージに近づけることで、ユーザーは自分の愛情をモノの中に投入できます。

自分だけの「王国」を作る商品は、ミニチュアの家に家具や什器を集める「ドールハウス」（日本ドールハウス協会：東京都板橋区）、動物の家族を集める「シルバニアファミリー」㈱エポック社：東京都台東区）などが長らく人気を得ています。

最近では、コミック、アニメーション、電子ゲームなどのキャラクター商品の収集が、小中学生ばかりか20～40代の男性の間にも広がっており、東京の秋葉原には関連商品の専門ショップが増えています。

また、お菓子のおまけについてくる小型玩具「食玩」も伸びています。味を楽しむという本来のネウチに加えて、玩具を楽しんだり、コレクションの対象にするというネウチまで、重層的に複合されています。

食玩への注目が集まったのは、1999年にフルタ製菓㈱（大阪市）がフィギュアメーカーの㈱海洋堂（大阪府門真市）と組んで発売した「チョコエッグ」のヒットでした。

一番人気が出た「日本の動物」シリーズでは、さまざまな動物が5～6センチの大きさで精巧に再現され、1つ150～300円でコンビニやスーパーで気軽に買えましたから、子どもから大人にまで人気が広がりました。

このヒットに乗って、UHA味覚糖㈱（大阪市）は恐竜シリーズを、北陸製菓㈱（金沢市）は「不思議の国のアリス」やハムスターシリーズなどを次々に発売し、市場規模は急速に伸びました。

食玩の元祖はいうまでもなく「グリコのおもちゃ」です。江崎グリコ㈱（大阪市）が１９２２年から発売しており、２０２０年までに約3万数千種、５５億個に達しています。

２００１年からは、１９５０年代の乗用車、家電製品、アニメなどのキャラクターを再現した「タイムスリップグリコ〈なつかしの２０世紀〉」シリーズを出し、累計5，０００万個を売り上げました。顧客層の中心はやはり３０～４０歳代の大人たちで、彼らは懐かしさを求めて買っているのです。

ライターもコレクションの対象として、愛好者を増やしています。性能のよいブランドものには、煙草に火をつけるという使用効用に加えて、愛玩用となったり、同一ブランドやシリーズものを集めたい、という心理的なネウチが重なっているからです。

一番有名なジッポー社（アメリカ）の「ZIPPO」の場合、クロムメッキの定番商品は3，０００～5，０００円ですが、純銀製のスターリングシルバーシリーズになると3～4万円とかなり高価になります。

しかし、蓋を開けた時の甲高い音や、使い込むほど光沢が沈んでいく銀の色合いなどが、多くの愛好家を作り出し、喫煙者ばかりか非喫煙者のコレクターさえ増やしています。

ネット上のメールが増えてきた昨今、万年筆はコレクションの対象として再評価され始めています。モンブラン（ドイツ）のマイスターシュテュックモデルは3～7万円ですが、手にしっくりなじむ大きさと重量、書き味の滑らかさ、セルロイド軸のカラー、デザインなどで好評です。

またペリカン（ドイツ）のトレドモデルは12～21万円で限定販売されており、パーカー（イギリス）のデュオフォールドモデルも4～40万円で販売されています。

これらの商品には、単なる機能性や実用性を超えて、愛着性、収集性、投資性などのネウチが重なっています。同様の事例は、切手、高級腕時計、クラシックカメラなどにも共通してみられます。

分心の3つのポイント

「分心」手法は、執着や愛着という心の動きに対応するものですから、閉塞感や孤独感が強まる、今後の社会ではますます広がっていきます。そこで、商品次元、店頭対応次元の両面で、次のようなポイントに注目すべきでしょう。

1つ目は、**商品次元**です。「愛情注入商品」「コレクション対象商品」「日常用品のコレクション化」の3つへの対応が必要です。

「愛情注入商品」とは、愛情を注ぎやすい商品であり、掌《てのひら》で包み込めるほどの小ささ、自分の分身となってくれるような密着性、問いかけに応えてくれる反応性などのうち、いずれかの要素を持っていることが必要です。その代表例である人形、フィギュア、ペットなどでは、まだまだ新しい商品が開発できるでしょう。

「コレクション対象商品」では、はじめからコレクションが目的であるミニチュア商品はもとより、食玩やキャラクターグッズなどの愛玩商品が、蒐集の対象になりやすいものです。とすれば、いわゆるオタクグッズのすべてが今後、この対象になっていきます。

「日常用品のコレクション化」では、時計、筆記具、ライターなど分身化しやすい商品が、使っている間に愛着が湧いてくるがゆえに、コレクションの対象にもなってきます。

それゆえ、眼鏡、補聴器、調理用具、文房具、さらには二輪車や自動車なども、あらかじめコレクションの対象になるよう要素を備えておけば、実用性以外のネウチを持つことも不可能ではありません。

2つ目は、**店頭対応次元**です。関連商品の店舗において、以上のような商品の販売はもとより、交換や仲介などを積極的に行なう場を作り出すことや、コレクションを大切に保管するケースや展示用具の開発や販売も有効になるでしょう。

同様の手法は、インターネットによる交換情報の掲載や、オークションあるいは同好会の組織化などにもつながっていきます。

3つ目は、**箱庭療法次元**です。コレクションという手法は、精神医学にも通ずるものです。治療方法のひとつに、患者に箱庭を作らせて自らの世界を確認させ、心の安らぎを高める「箱庭療法」がありますが、コレクションもまたその延長線上にあるからです。

現代の複雑な社会の中に自分だけの王国を作ることは、一種の精神安定効果を生み出してくれるのです。こうした視点からの商品開発も有効でしょう。

3つの対応が適切に行なわれれば、分心に関する商品は、より複雑化する社会の中でいっそう伸びていく可能性を秘めています。

「分時」という効能

分身効能や分心効能が現在から未来に対する執着であるのに対し、過去に対する執着を示すのが「分時効能」です。ひと言でいえば、思い出や懐かしさなど過ぎ去った日々や経験に執着する気分のことです。その典型が「思い出型商品」「懐かし型商品」「年代物商品」の3つでしょう。

「思い出型商品」とは、ユーザー自身の過去を積極的に保存したり、意図的にそれらを喚起させる商品やサービスで、代表例は日記帳、自分史本、写真アルバムなどです。

最近の日記帳や自分史本では、文庫本の白紙ページに自由に書き込む「マイブック」タイプが流行しています。

また思い出を積極的に残すモノとして、旅行時のお土産や記念品、結婚式や銀婚式の引き出物などが今でも続いていますし、親しい人からの贈り物や故人の遺品などをリメイクして活用し、愛着を深めるビジネスも生まれています。

関連サービスとして、七五三から成人式、結婚式、銀婚・金婚式を経て還暦、米寿、卆寿に至る通過儀礼用のパーティービジネスが、都市ホテルや各種会館などで行なわれています。

「懐かし型商品」は、思い出型よりさらに広く、過ぎ去った一時代への執着に対応するものです。最近の事例では、大正・昭和初期を懐かしむアコースティックギター、ハーモニカ、レトロ玩具などが復刻され、高度成長期ムードでもクラシックバイク、ＩＶＹファッションなどが復活しています。

サービス分野でも、昔風の駄菓子屋チェーン、学校給食風レストラン、60年代風居酒屋、昭和レトロな喫茶店なども登場しています。

「年代物商品」とは、思い出型や懐かし型を飛び超えて、鎌倉時代や江戸時代など歴史的な一時代に執着する気分に対応するもので、具体例ではレトロ家具、レトロ道具などの骨董的な道具類から、絵画、彫刻、工芸品、古着、古道具といった、いわゆる〝お宝〟ものが該当します。

これらがブームになる背景には、高値で売りたいという交換価値への願望が確かにありますが、それ以上に強いのは、曲がり角にさしかかった混迷の時代の中で、古き良き時代に対する憧れが強まるからではないでしょうか。

分時の3つのポイント

「分時」手法は、思い出や懐かしさなど過ぎ去った日々や経験などへ対応するものですから、商品や店頭では「思い出型商品」、「懐かし型商品」、「年代物商品」といった区分で、次のような対応が必要になります。

1つ目は、**思い出型商品への対応**です。ユーザー自身の過去を懐かしむナルシシズムとともに、過去を確かめたうえで未来に挑戦していくという、アイデンティティー確認の機能も潜んでいます。

それゆえ、日記、アルバム、自分史などには、単なる過去確認を超えて、そこで把握した自己を未来に反映させていくという、積極的な要素を持たせることが必要です。

2つ目は、**懐かし型商品への付加**です。ユーザーが過去の時代を振り返る個人的なナルシシズムを超えて、同時代をともに生きた人たちの共感を求める心理が濃厚に漂っています。

そこで、懐古モノ商品や懐古的サービスでは、同世代の人々が過ぎ去った時代を互いに確かめられるような仕掛けやネットワーク装置が求められます。

3つ目は、**年代物商品への期待**です。この商品が流行する背景には、人口増加社会から人口減少社会へ、成長・拡大型社会から飽和・濃縮型社会へと激変する現代社会において、「未来が見えない」という不安があります。

それゆえ、確定した過去の歴史に安定感を求めたり、歴史上の人物の中に生き方のモデルを求めるのです。とすれば、年代物や古道具などでは、単なるお宝や掘り出し物の次元を超えて、安心感や安定感という心理的なネウチを持たせることが必要になってくるでしょう。

以上で見てきたように、これら3つの商品ごとに店舗での対応も違ってきます。思い出型ではナルシシズムよりもアイデンティティーを強調する売り方が必要ですし、懐かし型では同年代の仲間を紹介する仕掛けも必要です。

また年代物では、単なるモノを超えて、歴史的な人物の物語や「曰く因縁由緒来歴」を付加する売り方が求められるでしょう。

「分他」という効能

分身、分心、分時の3効能は、自分自身への執着（ナルシシズム）に対応するものですが、執着効能にはもうひとつ、他人やモノに対して深い執着を持つケースとして「分他効能」が考えられます。

具体的にいえば、家族、恋人、友人などに対する愛情をモノによって代替しようとする行動です。単身赴任用アパートに飾られた家族の写真や、妻や子供からの贈り物、婚約者や夫から贈られた指輪、夫婦用の食器や家具なども、単なるモノではなく、大切な他人を代替するモノとなります。

こうした願望に対応するものとしては、代替商品があります。代替商品とは、他者への愛情の代替物ですから、もし破れたり壊れたりすれば、大変嫌な気分に陥ります。それゆえ、こうした商品には、破れない工夫や壊れない強度など、あらかじめそれに適した機能や特性を持たせることが求められます。

スター・タレント関連グッズも有望です。有名スターやタレントに関連するグッズは、対象になる人を身近に置いて支配したい、という欲望の現れです。

ブロマイドや生写真、サイン入りポスターや直筆サインシャツなどは勿論《もちろん》、スターやタレントが身につけたり触れたりしたモノは、レアものとしてネットオークションなどで高額で取引されています。

また、この気分が変形すると、狭義《きょうぎ》のフェティシズム的な商品への願望となります。フェティシズムという言葉は、１９世紀後半、精神分析学者のＡ・ピネーやＳ・フロイトが、異性の身体に触れたモノに性欲を感じる性倒錯《とうさく》の病例として使ったため、昨今のマスコミでもこの意味で使われています。

しかし、本来の意味は、アフリカの原住民が動物の牙や人間の骨を首にかけていた「お守り」のことです。そういうものを身につけると、動物や他人の持っている特別な力を自分に引き寄せることができると信じていたのです。つまり、本当の意味は、お守りなのです。

分他の3つのポイント

「分他」手法は、家族、恋人、友人などに対する愛情をモノによって代替させる「代替」商品や、さらにそれらが変形した「フェティシズム」商品を作り出すことですから、今後は代替商品やフェティシズム商品別に、次のような手法が考えられます。

1つ目は、**代替商品**です。この種の商品は、他者への愛情の代替物ですから、ユーザーの気持ちひとつでさまざまなモノに広がっていきます。最も基本になるのは、家族写真、贈り物、記念モノなどですが、それらに留まらず、衣食住すべての商品から関連情報にまで及んでいきます。

そこで、さまざまな家庭用品、書籍、絵画、CD、DVDなどでも、個人的なネウチが付加しやすいように、あらかじめ設計できれば、実用的な販売額の他に、新たな売り上げを伸ばすことができます。

2つ目は、**スター・タレント関連グッズ**です。この種の商品は、有名人への憧れの代替として、対象になる人を擬似的に支配したいという欲望が生み出すものです。タレントとなんらかのかかわりを持ったモノを手元におくことで、本人を支配しているという気分を満足させるのです。

このため、通常はブロマイドや生写真が一般的ですが、サイン入りポスターや直筆サインシャツなどの物販にも広がっています。

さらにこの延長線上で、衣食住のあらゆる分野の商品が、タレントとのかかわりを証明できれば、このネウチを持つことができます。あるいは、タレントとのかかわりを物語る、さまざまなストーリーを付加できれば、新たな関連グッズを創造することができます。

3つ目は、**狭義《きょうぎ》のフェティシズム商品**です。この商品は、いうまでもなく歪《ゆが》んだ性欲の対象であり、ともすれば裏市場の商品になりやすいものです。

しかし、その欲望をプラスの方向へうまく誘導できれば、いわゆるオタク商品に変形し、さらには新しいアート商品の創造へと繋げていくことも可能です。

あるいは、本来の意味でのフェティシズム(万物霊魂説)は、小さなモノには「神」が宿る「お守り」を表わしていますから、次の7章で述べるような、大きな可能性を持つことになります。

以上、こうした手法が実現できれば、他人への執着効能を充たす、さまざまな「分他」型商品がますます広がっていくでしょう。

執着効能型商品をどう創るか

これまで述べてきた執着効能の４つの分野を改めて整理してみると、商品開発の新たな方向が見えてきます。

第1は**拡大した自意識を狙う**ことです。執着の生まれてくるポイントは、やはりミーイズムやナルシシズム、つまり肥大化した自意識です。

今後の人口減少社会では、先に述べたように、社会よりも家族よりも自分自身を大事だと思う意識が、ますます膨らんでいきますから、それに見合った執着型の商品やサービスを、愛着、思い出、アイデンティティー、王国、箱庭といった要素を強めることによって、新たに創り出していくことがますます必要になってきます。

第2は**マイグッズ創造の強化**です。マイブーム、マイトレンド、マイグッズと「マイ」を前提にした、極めてパーソナル化した商品を創り出すことを意味しますが、この手法では、ユーザー一般への〝最大共通項〟的な対応を超えて、新たに〝共通最小素〟的な対応への変換が最大の課題となります。

あるいは一般的、日常的な商品やサービスであっても、個人的な思い入れが付けられるように、長期使用や贈り物などの要素を持たせることによって、マイグッズ化を促すことも有効でしょう。

第3は**マイグッズ参加性の拡大**です。「マイ」を広げていくためには、私用効能の強い商品を提供し、ユーザー自身の手を加えさせてマイグッズを生み出させることが有効になります。手作り、参加、編集、変換などの手法を応用すると、結果的にマイグッズへとつなげていける、ということです。

さらには、本来の意味でのフェティシズムである神話的なお守り的効能を持ったモノを創り出し、ユーザー自身が守られているという意識を高めていくことも、かなり有効な手法です。この点については、8章の差真化戦略で詳しく紹介します。

第4は**ハイテクツールの応用**です。マイグッズへの応用においても、対話型AIはもとより、ヒューマノイド、家事用ロボット、飛行車などの応用では、個別性をいっそう深め、執着機能を高めるような仕組みが求められます。

以上の4点に留意した商品やサービスを新たに開発したり、この種のネウチを従来の商品に付加できれば、執着効能に積極的に対応した商品として、今後の成長が間違いなく期待できるでしょう。

私神効能は差元化戦略で

差延化戦略の3番目は「私神効能」への対応です。

私神効能とは、モノの持つ象徴的な力を自らのために役立てようとするものですが、具体的には占いやまじないなどの呪術的なモノはもとより、純個人的なフェティシズムやアニミズムの対象にもなるモノも含まれます。

こうした効用に対するマーケティング戦略は、同じ欲動次元の「神話価値」や「象徴効用」を差延化することが基本になります。つまり、集合的無意識に基づく神話価値に対応する商品群を、純個人的な自我で差延化することです。

それゆえ、私神効能を効果的に説明するには、まずは神話価値や象徴効用についてひと通り説明した方がわかりやすくなりますから、次章の「差元化戦略」において、詳しく述べたいと思います。

7章　〝いきもの〟需要への「差元化」戦略

1,「差元化」戦略―深層市場の攻略

「差元化」戦略とは何か

6差化戦略の2番目は差元化戦略です。この戦略は生活世界の深層、つまり「欲動」へのアプローチを目指すものです。

欲動とは、5章で述べたように、言葉になる以前の体感やイメージを求める生活願望です。私たちは通常、日常の生活行動を〝言語〟で表現していますが、夢や幻想の中の無意識的な願望は、言語以前のさまざまなイメージで表しています。

いいかえれば、私たち〝いきもの〟は、まず自分の身体や感覚器で自らの内部を探り、そこで見つけたものを言葉以前の原始的なイメージで表そうとします。普段は意識していませんが、時として噴出してくるこの種の〝いきもの〟願望、それが欲動です。

スイスの分析心理学者C・G・ユングは、この種のイメージを、言語体系が形成される以前の意味体系と考えて、「シンボル（象徴）」と呼んでいます。この意味でのシンボルは、人類という集団の中に潜む集合的無意識が、さまざまな欲動を表現する時の「原始心像《げんししんぞう》」であり、

図表 32　差元化の願望目標

欲望	執着欲望	記号欲望	顕示欲望
欲求	私用欲求	使用欲求	交換欲求
欲動	私神欲動	感応欲動	神話欲動
	私欲	実欲	世欲

大地母、童子、道化、老賢者、仮面、影などの形をとります。

いずれも人間の基本的な存在形態を象徴していますから、改めて「元型（アーキタイプ）」と名づけています。

これら「元型」イメージを借りると、私たちは無意識の世界の、さまざまな欲動を探ることができます。

そこで、この探索を実際に可能にする具体的な手法を、ユングの「元型」論にちなんで、「差元化戦略」と呼ぶことにしました。

図表33　差元化のネウチ目標

欲望	執着効能	記号効用	顕示価値
欲求	私用効能	使用効用	交換価値
欲動	私神効能	感応効用	神話価値
	私欲	実欲	世欲

3つの欲動へ向かって

差元化戦略の対象になる生活願望とは、どのようなものなのでしょうか。**図表32**の下の段にある3つの欲動です。

「神話欲動」は神話や宗教に自らを投入しようとする欲動、「感応欲動」は休養や睡眠の中で象徴的な表現力を求める欲動、「私神欲動」は六感を敏感にして占いやまじないの力を高めようとする欲動、です。

これらの欲動は、いずれも通常の生活では意識の下部に隠れていますが、眠りや酔いなどの折に、夢、幻想、神話などのカタチをとって表層に現れてきます。

そこで、生活者がこれらに気づくと、3つの欲動が求める対象として、3つのネウチが生まれてきます（前ページ図表33）。神話欲動からは「神話価値」、感応欲動からは「感応効用」、私神欲動からは「私神効能」、の3つです。

これらの願望やネウチは、従来は商品やサービスの対象ではなく、ほとんどが宗教、信仰、信心など非市場的な存在とみなされてきました。

しかし近年、一方では生活水準の上昇に伴って生活者の関心が意識的なものから無意識的なものへと向かい始め、他方では企業の側もまた新たな商品・サービスや付加価値の対象として、無意識分野へ進出し始めています。人口減少が進んでいくと、このトレンドはいっそう強まっていくでしょう。

こうした需給環境の変化を受けて、マーケティングの新たな課題としても当然、これら3つの欲動やネウチに見合った商品やサービスを創り出し、提供していくという差元化戦略が浮上してきます。

差元化戦略には、3つの欲動に向けて新たな商品やサービスを創り出す方向と、欲求や欲望向けの商品やサービスを欲動用に転換する方向の、2つがあります。そこで、それぞれのネウチについて先例を挙げながら、今後の発展方向を考えてみましょう。

2,「神話価値」への戦略

神話価値と物神・神像

差元化戦略が最初に取り組むのは、「神話価値」への対応です。神話価値、それを生み出す神話欲動、あるいは神話価値が作り出す物神や神像、この3つはどのようにかかわっているのでしょうか。まずは3者の関係を整理しておきます。

神話価値を生み出す神話欲動とは、一人ひとりの個人を超えて、日本人とか中国人という民族集団の心の底に潜んでいる、無意識的な願望です。通常は意識していませんが、日本人に生まれた以上、あるいは中国人に生まれた以上、そうした共通の願望を持っていますから、一人ではともかく集団になるとそれにひきずられて、意外な行動に走ることがあります。ユングが指摘した「集合的無意識」に相当するもので、神話やおとぎ話などの形をとって意識の表面に現れます。

集合的無意識に基づく神話欲動は、特定の人間集団とモノとの間の原初的な〝意味〟、つまり民族や種族が古くからとらえてきた周囲の世界への見方に基づくものですが、その〝大きな神話〟に触れた時に感じるネウチが「神話価値」です。

この価値は太古から続いている祭事、神事、伝統的行事などで出現するケースが多く、時には集団的な暴力や逸脱といった一見、非現実的、非合理的な性格を帯びることもあります。

例えば、ネイティブアメリカンの間で行なわれている〝ポトラッチ〟という饗宴《きょうえん》では、招いたお客の前で、自分の社会的威信を誇示するために食べ物や贈り物などを破壊し尽くします。そうした儀礼をふるまわれたお客もまた、自分の名誉のために、同等以上の財物を破壊しなければなりません。これもまた一種の交換行為ですが、市場交換ではありませんから、「象徴交換」と呼ばれています。

このような祭典や神事などで使われるモノは、その中に潜む呪術性、フェティシズム(呪物・物神崇拝)、アニミズム(万物霊魂説)などの「感応効用」を、一定の社会集団によって共通して認められた時、「神話価値」を持った物神や神像になります。

フェティシズムやアニミズムなどは、そのまま宗教や信仰の対象となる場合が多く、神事や祭事の場で使われるモノもまた「神話価値」を持つことになるのです。

また象徴交換では、他人との間の貸借関係をマナ(人間を動かす非人格的、超自然的な観念)という心理的負担で説明していますから、交換の対象となるモノそのものも、やはり神話的な「象徴交換価値」を持った「贈り物」になります。

このように、神話価値は集合的無意識に基づいた、社会的な価値体系として、私たちの暮らしの深部に潜んでいます。

神話価値へのアプローチ

神話価値はもともと非市場的なものですから、それに関する商品やサービスは、日常的な生活市場ではさほど広がっていません。しかし、社会的な現象としては、物神や贈り物などの形をとってすでに出現しています。

出現の形態を大別すると、おおむね深層性、陶酔性、身体性、神話性、宗教性、儀式性の6つの形が浮かんできます**(次ページ図表34)**。

神話価値が私たちの生活の中に現れるのは、一定の社会集団が日常的な生活や価値観を離脱して、心の中の〝深層〟へ踏み込む時ですが、そのためには、修行や熱狂などの〝陶酔《とうすい》〟によって日常的な意識や観念を払いのけ、モノ界の中に身体を晒《さら》すことが必要になります。

図表34　神話価値の構造

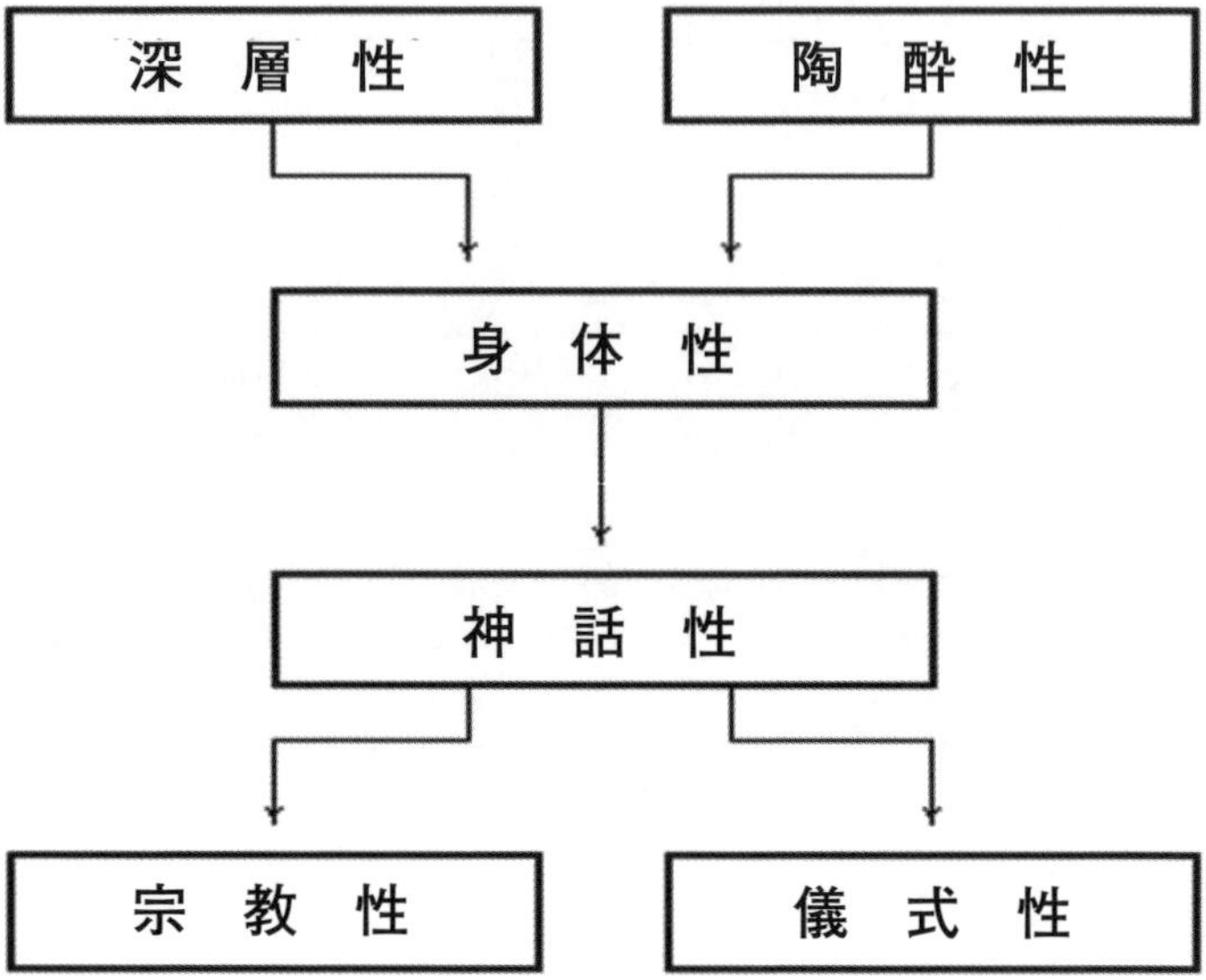

　こうして剝《む》き出しになった〝身体〟や〝体感〟でまわりの世界を改めてとらえ直す時、そこに現れてくるのが、通常の常識や観念を超えて、より始原的にモノ界をとらえた象徴的な世界です。

　それらはしばしば夢想や〝神話〟や伝説などの形で出現してきます。

　さらに神話や伝説は信仰の対象ともなって、〝宗教〟にまで昇華している場合もあり、さまざまな慣習や〝儀式〟に形式化している場合もあります。

　以下では、出現の形態別にいくつかの先行事例を挙げて、それぞれの内容を考えてみましょう。

神話価値型の行動と商品

神話価値にかかわる商品やサービスの実例は、６つの出現形態によって、次のようにまとめることができます（次ページ図表35）。

まず深層性とは、深層心理性、無意識志向性、集団催眠性などを意味します。その事例としては精神分析や精神療法に関連する商品（カウンセリングや各種セラピーなど）、集団催眠的な商品（大集会やマスゲームなど）、宗教的に無意識へ誘導する商品（座禅、断食、修行など）が挙げられます。

２つ目の陶酔性とは、酩酊《めいてい》性、熱狂性、眩暈《めまい》性などを意味します。事例としては酩酊誘導商品（酒宴、祭、陶酔など）、眩暈《めまい》誘導商品（眩暈《めまい》を誘うダンスや踊りなど）、感覚陶酔商品（音楽やアート鑑賞など）、陶酔型スポーツ大会（マラソンや水泳など）、感覚錯乱《さくらん》商品（スカイダイビング、ジェットコースター、テーマパークなど）が挙げられます。

３つ目の身体性とは、感覚性、生物性、欲動性などを指しますが、事例としては睡眠に関連する商品（抱き枕や仮眠ルームなど）、五覚敏感化商品（味、嗅、視、聴、触覚）、身体弛緩商品（温泉、サウナ、マッサージ、プール、アスレチックジムなど）、そして各種の風俗産業といった業種・業態が挙げられます。

図表 35 「神話価値」型行動・商品の具体例

消費形態	特　徴	商品・サービス
深層性	◆深層心理性 ◆無意識志向性 ◆集団催眠性	精神分析関連商品・サービス（カウンセリングや各種セラピー）、集団催眠関連商品・サービス（大集会やマスゲーム）、宗教的無意識関連商品・サービス（座禅、断食、修行など）
陶酔性	◆酩酊性 ◆熱狂性 ◆眩暈性	酒宴、祭、陶酔関連商品・サービス、ダンス関連商品・サービス、音楽・アート関連商品・サービス、感覚錯乱商品・サービス（スカイダイビング、ジェットコースター、テーマパークなど）
身体性	◆感覚性 ◆生物性 ◆欲動性	睡眠関連商品・サービス（抱き枕や仮眠ルーム）、五覚商品・サービス（味、嗅、視、聴、触覚）、身体弛緩商品・サービス（温泉、サウナなど）、スポーツ関連商品・サービス（プール、アスレチックジム）、各種の風俗産業
神話性	◆神話・民話性 ◆幼児世界性 ◆元型志向性	神話・おとぎ話・昔話など関連商品・サービス（千と千尋の神隠し、もののけ姫、ビックリマンチョコ、ポケットモンスターなど）
宗教性	◆救済志向性 ◆精神安定性 ◆神秘体験性	既存宗教関連商品・サービス、新型宗教など商品・サービス、フェティシズム・アニミズム商品・サービス、占い・呪い関連商品・サービス、和漢系呪術関連商品・サービス（陰陽道、風水、易経、道教、民間薬など）
儀式性	◆冠婚葬祭性 ◆通過儀礼性 ◆象徴交換性	冠婚葬祭関連商品・サービス、通過儀礼関連商品・サービス、象徴交換・ギフト関連商品・サービス

4つ目の神話性とは、神話・民話性、幼児世界性、元型志向性などをいいます。事例としてはファンタジー映画(『千と千尋の神隠し』『もののけ姫』『ハリーポッター』『ロード・オブ・ザ・リング』など)や、神話的なキャラクター商品(「ビックリマンチョコ」、「ポケットモンスター」、ダイソーの「古代エジプトグッズ」など)があります。いずれも神話、お伽話、昔話を応用したものです。

5つ目の宗教性とは、救済志向性、精神安定性、神秘体験性などを指します。具体的には既存宗教や新型宗教に関連する商品、モノや動物を崇拝するフェティシズムやアニミズムに関連する商品、占い、まじないなどの呪術に関連する商品、和漢系の呪術に関連する商品(陰陽道、風水、易教、道教、民間薬など)が挙げられます。

6つ目の儀式性とは、冠婚葬祭性、通過儀礼性、象徴交換性などをいいます。事例としては伝統的な冠婚葬祭に関連する商品(結婚式、葬式、法事など)、通過儀礼に関連する商品(七五三、成人式、結婚式、銀・金婚式など)、象徴交換や贈り物に関連する商品(返礼、中元、御歳暮、ギフトなど)が相当します。

神話価値への7つのポイント

以上の先例を前提にすると、神話価値を持った商品やサービスを創り出すには、次のような戦略が考えられます。

1つ目は、**社会性の提案**です。一番大切なことは、神話価値が個人的な感応効用や私神効能と違って、集合的無意識という社会や集団の中だけで生まれているということです。最終的には一人ひとりの人間を無意識へ導くための価値ではありますが、その存在自体はあくまで社会的、集団的なものです。それゆえ、この価値を生み出すには、社会的なシステムやサービス制度を創り出すという、基本的な視点がより強く求められます。

2つ目は、**神話価値の存在理由についての理解**です。現代のような科学技術が主導する社会にもかかわらず、私たちがなおも神話価値を求めるのは、それが現実の世界の拘束を解き放ち、別の世界を体験するチャンスを与えてくれるからです。

つまり、神話価値とは、私たちを日常的、現実的な世界のさまざまなしがらみから解き放ち、生まれたままの身体や感覚に立ち戻らせたうえで、穏やかな世界や懐かしい母胎に触れさせて自由や安らぎを回復させるものです。

さらにはそれを通じて改めて現実世界を見直したり、あるいは現実への対応方法を組み換えていく機会も提供してくれます。こうした特性を充分に理解して、商品やサービスを創らなければなりません。

3つ目は、**社会制度内側での創造**です。神話価値を創り出すシステムや制度は、逆説のようですが、既存の社会の規範や道徳などの範囲で創り出すことが求められます。

神話価値自体は、時には既存の規範や約束事を乗り越えていく力を持っていますが、商品やサービスの提供という市場社会を前提にする限り、基本的には法律や諸制度を遵守する中で創り出さねばなりません。

その意味で、この種のサービスや制度で用いられるドラッグや各種のサービスは、あくまでも合法的でなければなりません。

4つ目は、**身体性の向上**です。基本的な商品やサービスとして、五感を敏感にしたり、活性化する商品や、身体をリフレッシュして感度を上げる装置などを、新たに開発することが必要でしょう。

5つ目は、**象徴性の活用**です。新たな開発だけでなく、古くからの神話、伝説、昔話、お伽話など、私たちの集合的無意識を表現している、さまざまな〝象徴〟を有効に活用していくことが必要です。この種の商品は、すでにコミック、アニメ、ゲームなどの分野でいくつかの大ヒット商品を生み出しています。

6つ目は、**儀式・儀礼の活用**です。伝統的な儀式や儀礼の復活や見直しも有効です。ともすれば固定化する冠婚葬祭やマンネリ化する贈答用商品を、それぞれの基本精神や存在理由を活かしつつ新たな方式や商品に転換していくことです。

現にこの分野でも、お仕着せを脱した新形式の結婚式、新しい葬儀手法、ユニークな墓地建設などがあちこちで進み始めています。

7つ目は、**ハイテクツールの活用**です。ハイテクツールの応用では、視覚はもとより触覚や嗅覚などにも訴えかけるクロス・リアリティーや、バーチャル実験を通じて身体的にできないことも学べるメタバースなどの活用が期待されます。

このように、神話価値を持った商品やサービスを創り出すには、この価値の持つ古い特性をできるだけ多様に応用することが必要なのです。

3,「感応効用」への戦略

感応効用と象徴・祭具

差元化戦略の2つ目の対象は「感応効用」です。**図表33**の中で、神話価値が集合的無意識（神話欲動）に基づいているのに対し、感応効用は個人的な無意識（感応欲動）に基づいています。

感応欲動というのは、個人的な生活や、家族、友人、隣人、地域、学校、会社など日常的な生活の深層において、さまざまにうごめいている無意識的な願望であり、ユングのいう「家族的無意識」に相当します。これに対応するネウチが「感応効用」です

いいかえれば、感応効用とは、一人の人間が無意識的な欲動の動きに対応して、自分とモノそのものの関係を原初に戻って再確認した時に感じるネウチ、とでもいうことができます。

それゆえ、通常の常識や規範あるいは生理的な渇望などに基づくネウチではなく、個人的な夢や幻想の世界を重視するネウチであり、具体的には呪術性、フェティシズム、アニミズムなどに潜む、さまざまな効用を指すことになります。

こうした効用を、個人、家族、隣人、同僚などの人間集団がモノの中に共通して認めた時、

そのモノは「象徴」や「祭具」になります。

ここでいう「象徴」とは、何度も繰り返すように、人間のシンボル化能力が無意識の次元でモノをコトに変えてしまった時に現れる、始原的なコト（意味）です。具体的には、夢や幻想などに現れる、現実や日常とは大きく異なった世界観ともいうべきものです。

それゆえ、現実的、合理的、日常的な生活次元にはほとんど現れないものの、何かの機会に無意識がふと浮上する折に出現したり、あるいは古代人や未開人の信仰と同じように、私たちが自然物などを崇《あが》める時に、神や霊魂の姿となって突然浮上してきます。

もっとも、私たちはいずれかの民族や種族に属していますから、多くの場合は神話価値（大きな神話）を受け入れるという形で、自分なりの感応効用を認めています。しかし、家族や地域社会といった狭い集団の中では、民族的な「神話価値」とは別の、独自の感応効用（小さな神話）を持つケースもありますから、その意味では二面性を持っています。

以上のように、感応効用とは、感応欲動に基づいて、一人ひとりの個人が受け入れる象徴世界のネウチを意味しています。

図表36 感応効用の構造

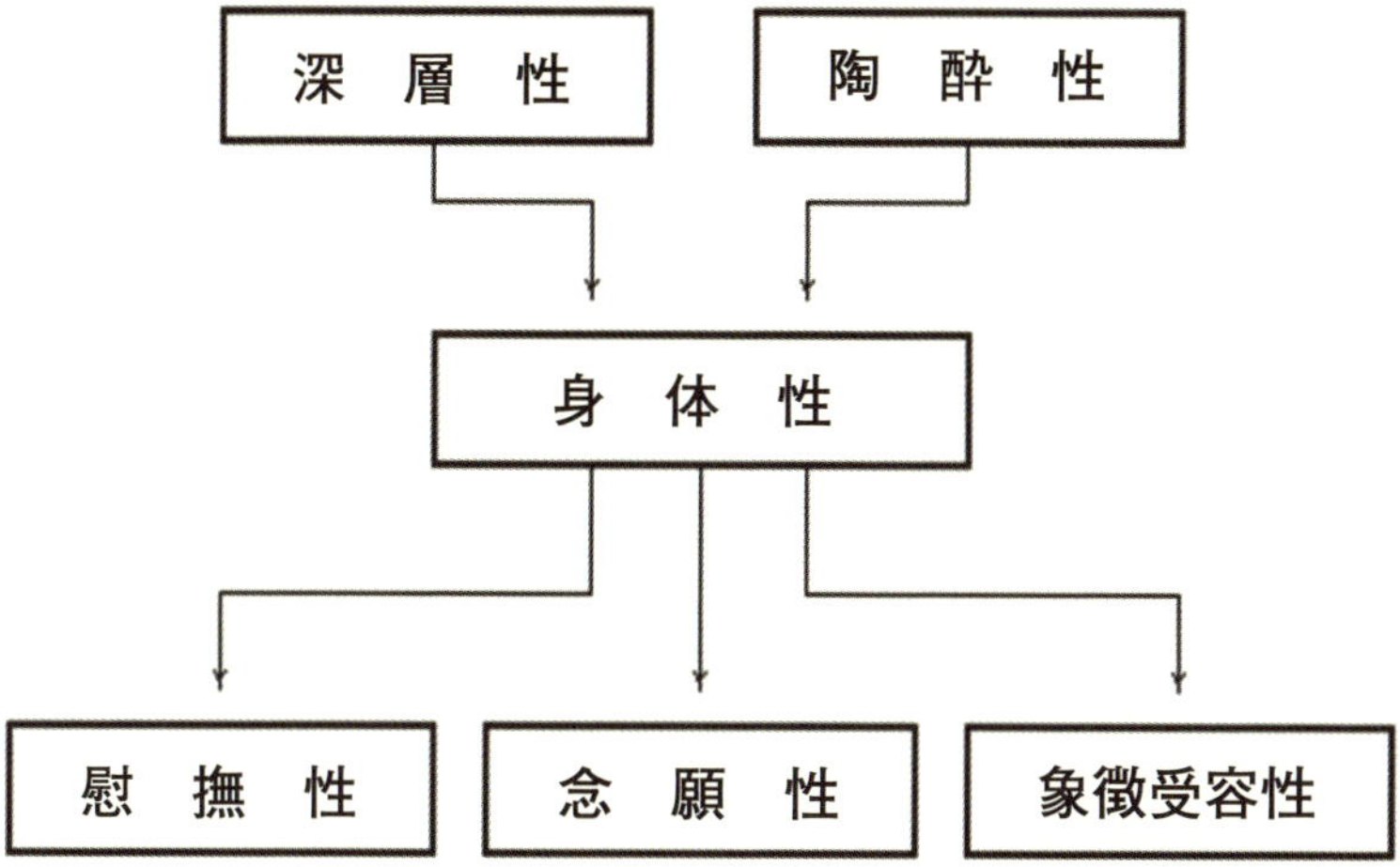

感応効用へのアプローチ

感応効用に関する商品やサービス、あるいは象徴や祭具なども、広義の生活市場ではすでにさまざまな社会現象として出現しています。

その出現形態を大別すると、おおむね深層性、陶酔性、身体性、慰撫性、念願性、象徴受容性の6つの形が浮かんできますが、それぞれの関係は図のように整理できます（**図表36**）。

この図表によると、一人の人間が感応効用を求めるのは、日常的な生活や価値観を離脱して、心の中の無意識の世界へ踏み込もうとする時です。

つまり、精神分析や座禅などで深層に接近したり、酒宴や祭などの〝陶酔〟で脱日常化し、剥き出しになった身体や感性でまわりの世界を改めてとらえ直す時、初めて実感できるものです。

そこに現れる世界は、先に述べたような夢想、神話、伝説、宗教などの象徴的世界ですが、一人ひとりの人間はそれらを受容することで自らを〝慰撫《いぶ》〟したり、あるいはその世界の持つ超能力的な占いやまじないなどに接近することで、自らの〝念願〟を実現しようとします。

さらにこの世界が濃厚に残っている冠婚葬祭や通過儀礼などを〝受容〟することで、彼らは始原の世界に立ち戻ることができるのです。

以下ではこの6つの形態別に、いくつかの先行事例を挙げて、それぞれの内容を考えてみましょう。

感応効用型の行動と商品

感応効用にかかわる行動や商品の実例を、6つの出現形態別に整理すると、次のようにまとめることができます(図表37)。

最初の深層性とは、深層心理性、無意識志向性、催眠誘導性などを意味します。具体的には精神分析、各種のカウンセリング、催眠誘導などの受容、あるいは座禅、断食、修行などの宗教的手法の受け入れといった、個人が無意識を目指して行なう、さまざまな学習や行動

図表37 「感応効用」型行動・商品の具体例

消費形態	特　徴	商品・サービス
深層性	◆深層心理性 ◆無意識志向性 ◆催眠誘導性	精神分析、カウンセリング、催眠誘導、宗教的無意識（座禅、断食、修行など）
陶酔性	◆酩酊性 ◆熱狂性 ◆眩暈性	酒宴、祭、ダンス、スカイダイビング、マラソン、水泳、音楽、アート鑑賞、感覚混乱
身体性	◆感覚性 ◆生物性 ◆欲動性	睡眠、五覚（味、嗅、視、聴、触覚）享受、身体弛緩（温泉、サウナ、マッサージなど）、スポーツ、性行動
慰撫性	◆幼児回帰性 ◆精神安定性 ◆救済志向性	神話・おとぎ話・昔話、既存宗教、新型宗教、フェティシズム（物神崇拝）、アニミズム（万物崇拝）、各種セラピー、ペット、ロボット
念願性	◆超能力性 ◆自己暗示性 ◆目的実現性	占い・呪い、お守り、御礼、物神、招き猫、数珠ブレスレット、ミサンガ、紅茶キノコ、超音波美顔器
象徴受容性	◆冠婚葬祭性 ◆通過儀礼性 ◆象徴交換性	冠婚葬祭、通過儀礼、陰陽道、風水、理気説、易、贈答、お見舞い、ギフト

が挙げられます。

２つ目の陶酔性とは、酩酊性、熱狂性、眩暈《めまい》性などを意味します。実際には酒宴や祭による酩酊、ダンスやスカイダイビングによる眩暈《めまい》、マラソンや水泳によるランニングハイ状態、音楽やアート鑑賞による陶酔、テーマパークなどでの感覚混乱などが挙げられます。

３つ目の身体性とは、感覚性、生物性、欲動性などを含むものです。具体的には寝具や寝室など睡眠用具の受け入れ、五覚(味、嗅、視、聴、触覚など)の感度向上行動、さまざまな身体弛緩行動(温泉、サウナ、マッサージなど)、さらにはスポーツやトレーニングによる快感なども含まれます。

４つ目の慰撫《いぶ》性とは、幼児回帰性、精神安定性、救済志向性などを意味します。実例としては神話、お伽《とぎ》話、昔話などへの回帰、既存宗教や新型宗教への信仰、より始原的なフェティシズムやアニミズムへの崇拝、各種のセラピーなどを受け入れる個人的な行動などが挙げられます。

５つ目の念願性とは、超能力性、自己暗示性、目的実現性などを含むものですが、先例としては占い、まじない、お守り、御札、数珠《じゅず》ブレスレット、ミサンガ、紅茶きのこ、超音波美顔器などへの信仰、あるいは招き猫や盛り塩といった物神への崇拝が挙げられます。

このうち、数珠《じゅず》ブレスレットとは、購入したビーズを自分でつないで、好きな相手にプレゼントすると、自分を好きになってくれるという装身具です。

ミサンガは布で作ったブレスレットで、南米のサッカー選手間の「擦り切れると願いごとが叶う」という伝説が伝わって、若者たちの間で大流行しました。

また最近の受験生の間では、チョコレート菓子「キットカット」(ネスレ日本㈱)や「ウカール」(明治製菓㈱)、蛙の形をしたキーホルダー(㈱キディランド)などが、合格祈願グッズとして売れていました。

紅茶きのこは1970年代に流行したもので、ビンの中で増殖させた菌入りの紅茶を飲むと健康にいい、という飲み物です。また超音波美顔器も同時期に流行した商品で、超音波を発する水の中に顔をつけると、毛穴の中まできれいになるという洗浄器です。

どちらも実際の効果は不明だったのですが、不可思議な効能を信じる人々の間で大ヒットしています。

6つ目の象徴受容性とは、冠婚葬祭性、通過儀礼性、象徴交換性といった伝統的な慣習を個人が受け入れることです。さまざまな冠婚葬祭や通過儀礼に関連する商品、陰陽道、風水、理気《りき》説、易などに関連する商品、そして贈答やお見舞いなどのさまざまなギフト関連商品の個人的な受容が挙げられます。

実例としては、ユーザーの伝統的な体験を見直す恵方巻（大阪海苔問屋協同組合）や、年明けうどん（さぬきうどん振興協議会）などの季節儀礼商品に関心が集まっています。

感応効用への6つのポイント

以上の事例を先例にすると、感応効用を持った商品やサービスを創り出すには、次のような戦略が考えられます。

1つ目は、**社会と個人の共同性確保**です。最初に理解しなければならないのは、感応効用が集合的無意識に基づく神話価値とは違って、あくまでも一人ひとりの人間の中で生まれるネウチである、ということです。

しかし、それが実際に生まれるのは、社会的なシステムや制度として提供される神話価値を直接受け入れる場合が多いのです。それゆえ、この効用を効果的に生み出すには、社会的な神話価値を個人がどのように受け入れるかという視点で、具体的な方策を立てることが必要になります。

2つ目は、**柔軟な受容性の開発**です。感応効用の存在理由は、私たちが一人の人間として現実の世界の拘束から脱して、別の世界を体験できるチャンスを与えてくれる点にあります。

つまり、神話価値や感応効用を受容することで、個人の前に立ちふさがる日常的、現実的なしがらみを一旦忘れさせ、生まれたままの身体や感覚を回復させて、自由や安堵を味わわせてくれます。

こうして私たちは一人の個人として現実世界を見直したり、現実への対応方法を変えていくことが可能になります。それゆえ、これにかかわる商品は、〝大きな神話〟や〝小さな神話〟を個人に受容させる、柔軟な仕組みを開発しなければなりません。

3つ目は、**個人的な受容性への配慮**です。感応効用を持った商品やサービスには、個人としてのユーザーが受け入れやすい性格を持たせることが必要です。

もともと感応効用には日常的、現実的な効用に反する性格があり、ともすれば反社会的、反現実的になる可能性が高いものです。それゆえ、既存の社会的規範や慣習などに充分に配慮しつつ、新たな開発を行なわねばなりません。

4つ目は、**感覚的充足性の開発**です。この効用は身体や感覚と密接に結びついていますから、商品やサービスの開発に当たっては、解放感や爽快感といった感覚の充足が大きな比重を占めます。

５つ目は、**慎重な開発の必要性**です。感応効用の真の目的は、現実世界でのさまざまな悩みや苦しみが、個人の中のどこから生まれているかを自覚させることにあります。

この自覚によって私たち一人ひとりは悩みや苦しみの本質をより深く自覚し、それを克服していく道を発見できます。それゆえ、この効用の商品化に当たっては、個人の生活や価値観に深くかかわることを自覚して、慎重に開発を進めなければなりません。

６つ目は、**ハイテクツールの応用**です。進展するハイテクツールでは、神話価値への応用と同様に、クロス・リアリティーやメタバースなどの活用を検討すべきでしょう。

以上のように、感応効用にかかわる商品の開発においては、個人の心の動きにできるだけ深く密着した対応が求められます。

4,「私神効能」への戦略

私神効能と守神・呪物

差元化戦略の３つ目の対象は私神効能です。この効能は、個人的な無意識のうち「私神欲動」

に対応したものです。6章で述べた差延化戦略の対象にもなりますから、2つの戦略の融合といえるでしょう。

私神欲動とは、個人の内面的な生活の深層に潜む無意識的な願望であり、ユングのいう「個人的無意識」に相当します。通常は夢や幻想の中にだけ現れますが、時には社会から受信した、さまざまな欲動の動きを、自分なりに変えていこうとする無意識的な願望となる場合もあります。

こうした私神欲動に基づいて、モノの持つ象徴的な力を自らのために役立てようとする時に感じるネウチが「私神効能」です。

具体的には、占いやまじないなどの呪術的なネウチが典型ですが、モノ作りに自らかかわることで、モノとの間に神秘的な感情が強まることもありますから、私的なフェティシズムやアニミズムも対象になります。

それゆえ、広く感応効用を持っている象徴や祭具は、一人の人間に受容された時、私神効能を持ったモノになり、守神や呪物と呼ばれるようになります。

もっとも、これらのモノの持つ神秘性や呪術力などは、必ずしも他の人々によって認められる必要はなく、特定の個人が独自に認める私神効能を持っているだけで充分に成り立ちます。

守神や呪物は古くから存在し、守護神や守護霊を担う御札やお守り、あるいは個人的な占いやまじないなどに使う、さまざまなモノという形で、すでに私たちを深々と取り巻いています。

私神効能へのアプローチ

私たちが私神効能を求めるのは、神話価値や感応効用と同様、日常的な生活や価値観を離脱して無意識の世界へ踏み込もうとする時です。しかし、感応効用が神話価値をほとんどそのまま受容するのに対し、私神効能は純個人的、純私的に無意識界へ踏み込もうとする場合のネウチです。

この効能に関する商品やサービス、あるいは守神や呪物なども、私たちの生活の中にはすでにさまざまな形で出現しています。

主な出現形態を眺めてみると、直観性、深層性、陶酔性、身体性、慰撫性、超能力性の6つの形が浮かんできます(**図表38**)。

6つの間には図に示したような関係がありますが、最大の特徴は、純個人的な霊感や動物

図表38　私神効能の構造

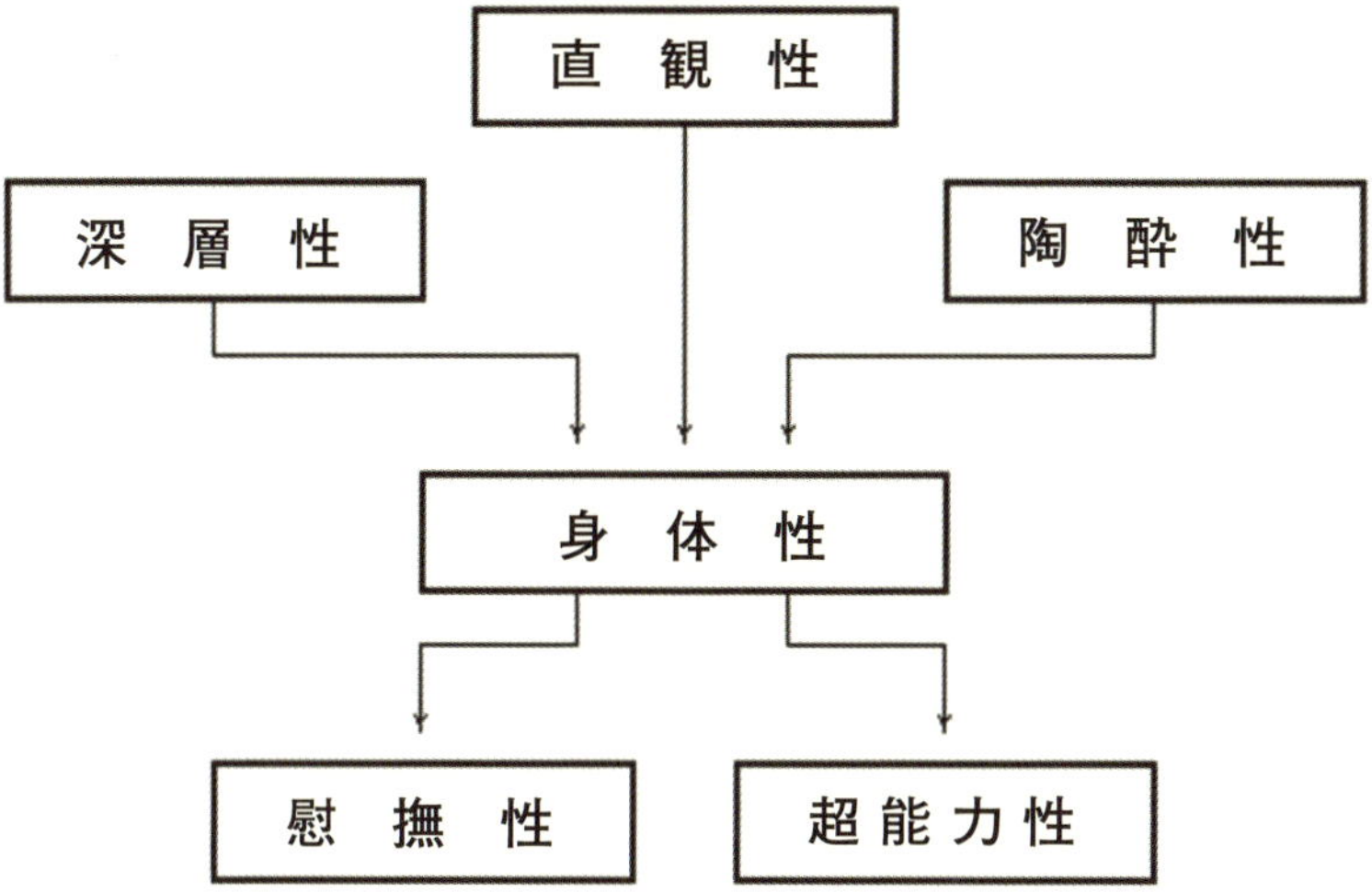

的な勘などの〝直観〟を重視することにあります。

そのうえで、感応効用と同様、自己催眠や座禅などを受け入れて、心の〝深層〟へ下りていったり、飲酒やドラッグなどで〝陶酔〟して脱日常化し、身体や感覚そのものによって世界の再構成を試みようとします。

その結果、日常的世界や現実的世界での苦痛や疎外感などを〝慰撫〟したり、より積極的に自らの念願を実現するため、占いやまじないなどの〝超能力〟を用いて日常世界に働きかけていく関係にあります。

私たちはこのような形で私神効能を求めていますが、以下ではこの６つの形態別に、いくつかの先行事例によって内容を考えてみましょう。

私神効能型の行動と商品

私神効能にかかわる行動や商品を、６つの出現形態別に整理すると、次のようにまとめることができます（図表39）。

最初の直観性とは、霊感性や動物性などを指しますが、具体例としては直観、六観、霊感、気配、ツキといった純個人的な行動が挙げられます。

２つ目の深層性とは、無意識性や夢想性などを指しており、先行事例としては自己催眠、座禅、夢想、幻想などの純個人的な心理活動や、自己流の夢判断などが挙げられます。

３つ目の陶酔性とは、自己陶酔性や変身性などをいいますが、先行事例としては、飲酒やドラッグの応用による酩酊、演奏、演技、作画などへの私的な熱中や没入、特殊なランニングや水泳などによる恍惚《こうこつ》状態が挙げられます。

４つ目の身体性とは、感覚性や欲動性などであり、具体例としては個人的な睡眠作法、五覚の覚醒による新体験、入浴、サウナ、アロマテラピーなどの純個人的な身体弛緩行動、快汗や爽快感などの純個人的な快感なども含まれます。

図表39 「私神効能」型行動・商品の具体例

消費形態	特　徴	商品・サービス
直観性	◆霊感性 ◆動物性	直観、六観、霊感、気配、ツキ
深層性	◆無意識性 ◆夢想性	自己催眠、座禅、夢想、幻想、自己流の夢判断
陶酔性	◆自己陶酔性 ◆変身性	飲酒、ドラッグ、演奏、演技、作画など没入、スポーツによる恍惚状態
身体性	◆感覚性 ◆欲動性	睡眠、五覚、身体弛緩（入浴、サウナ、アロマテラピーなど）、スポーツ（快汗、爽快感）
慰撫性	◆救済性 ◆精神安定性	自己流のリラクゼーション・ヒーリング・サイコセラピー、ペット飼育、悟り、霊場巡り
超能力性	◆占い・呪い性 ◆護符性	気功、自己啓発、潜在能力開発、自己流の占い・まじない・物神

このうち、入浴やアロマテラピーなどに関する商品は、最近ではデパートやエステティックサロンなどで急速に伸びています。ラッシュジャパン(同)(神奈川県愛川町)のバブルバー(泡風呂用入浴剤)や村岸産業㈱(大阪府松原市)のボディブラシ「ROTANDA」などが実例です。

5つ目の慰撫《いぶ》性とは、救済性や精神安定性などを指しますが、事例としては自己流のリラクゼーション、自分流のヒーリングやサイコセラピー、自己流の悟りや諦め、自己を見つめなおす霊場巡りや巡礼などが含まれます。

商品ではアッシュコンセプト㈱(東京都台東区)の人の顔の形をしたストレス解消用グッズ「カオマル」、㈱バンダイの何度つぶしてもなくならないプチプチ玩具「∞(むげん)プチプチ」や「∞エダマメ」などが、またトラベルサービスでは「癒しの旅」や「巡礼の旅」などが、幾つかの旅行会社から売り出されています。

6つ目の超能力性とは、占い・まじない性、護符性などを指します。具体例としては気功や念力の応用行動、あるいは自己啓発や潜在能力開発といった超能力行動、自己流の占い、まじないや物神崇拝などの個人的な念力型商品が含まれます。

私神効能への６つのポイント

以上のような先例を前提にする時、私神効能を持った商品やサービスを創り出すには、次のような戦略が考えられます。

１つ目は、**個人的ネウチ観の確認**です。私神効能とは感応効用と同様、一人ひとりの人間の中で生まれるネウチであることを理解することがまずは必要です。

前述の感応効用が社会的なシステムや制度として提供される神話価値をそのまま受け入れるネウチであるのに対し、私神効能は自分なりに改変して受け入れられるネウチです。あるいは外部からそのまま受け入れるのではなく、自分自身で新たに効能を創り出して、自ら享受するケースが多いようです。

それゆえ、こうした効能を効果的に生み出すには、社会的な神話価値や感応効用を個人がどのように改変しているか、あるいは新しい効能をどのように創り出しているか、という視点から、〝大きな神話〟や〝小さな神話〟に代わる〝自分だけの神話〟を改めて検討しなければなりません。

２つ目は、**適切な素材の提供**です。私神効能の存在理由もまた、一人ひとりの人間が現実の世界の拘束から脱して、別の世界へ入っていくための手段であるということです。しかし、感応効用と違って、他人とはまったく異なる、あくまでも純個人的な体験です。

このため、私神効能を持った商品やサービスの開発にあたっては、個人が自由に効能を創り出すための〝素材〟を積極的に提供するという視点が求められます。

3つ目は、**変換・創造手法の提案**です。私神効能では、個人が無意識へ到達する手法を自ら編み出すことが求められます。そこで、私神効能向けの商品やサービスでは、神話価値や感応効用を個人独自のものに変換する手法や、自ら私神効能を創造するための素材や手法を積極的に提案することが求められます。

4つ目は、**直観受容手法の提案**です。私神効能では、とりわけ直観が重視されていますから、身体や感覚を研ぎ澄ませて、霊感や六感を増加させるような、新たな手法を開発することが必要です。

5つ目は、**本性実現の重視**です。私神効能の最終的な目的は、神話や伝説という母胎的な世界に立ち戻って、悩みや苦しみを癒し、そのうえで本来の自分を見いだして、改めて現実世界でその実現を目指すことにあります。いわば「本性実現」ともいうべきものですが、これこそ本来の意味での「自己実現」です。

アメリカの心理学者A・マズローのいう「自己実現」が意識的、意図的、表層的なものであったのに対し、スイスの分析心理学者C・G・ユングのいう本来の「自己実現」は、無意識の自分に立ち戻って、自らの原点を確認し、それを社会に向けていくという、より根源的な行為を意味しています。

それゆえ、私神効能を高める商品やサービスには、本性実現を可能にする要素を積極的に導入することが求められます。

6つ目は、**最先端技術の応用**です。ハイテクツールの応用では、クロス・リアリティーやメタバースはもとより、ヒューマノイドやデジタルツインの応用も進めるべきでしょう。

以上でみてきたように、私神効能に関する分野では、差元化の上に前章で述べた差延化を重ねるという、二重のマーケティング戦略が必要になってきます。

逆転のマーケティングへ向かって

差元化の上に差延化を重ねるという方向は、従来のマーケティングからいえば、正反対の方向です。これまでのマーケティング戦略を振り返ると、「欲求」への差別化、「欲望」への差異化、「世欲」への差額化と進んできました。

差別化では機能や品質など、差異化ではカラー、デザイン、ストーリー、ネーミングなど、差額化では価格や経済性などを、それぞれユーザーへの訴求戦略として取り上げてきました。これらの戦略が次々に行なわれてきた結果、最近ではそのすべてを重ね合わせた「ブランド・マーケティング」が究極の戦略として評価されています。

優れた品質の上に優美なカラーやデザインを施し、さらにその水準を保証するブランドが付加された商品は、確かに極めて高価なネウチも持っています。そこで、「ブランドを超える商品戦略はもはや存在しない」などといいきる学者まで現れています。

本当なのでしょうか。ブランドのネウチとは、欲求、欲望、世欲という3つの願望に対応しているだけで、それ以上でも以下のものでもありません。ところが、私たちの生活願望には、それらの外側に欲動や私欲といった分野がまだまだ潜んでいるのです。

とりわけ、人口が減少する時代になると、本書で繰り返し述べてきたように、その方向が大きく変わります。

図表40の右上へ向けて、いつまでも成長・拡大を続けていくのは無理ですから、むしろ左側や下側に向かって広がっていく可能性が強まってきます。

右側や上側に伸びきれば伸びきるほど、その反動として左側や下側に向かう動きが強まる、といってもいいでしょう。

図表40　アウターマーケットからインナーマーケットへ

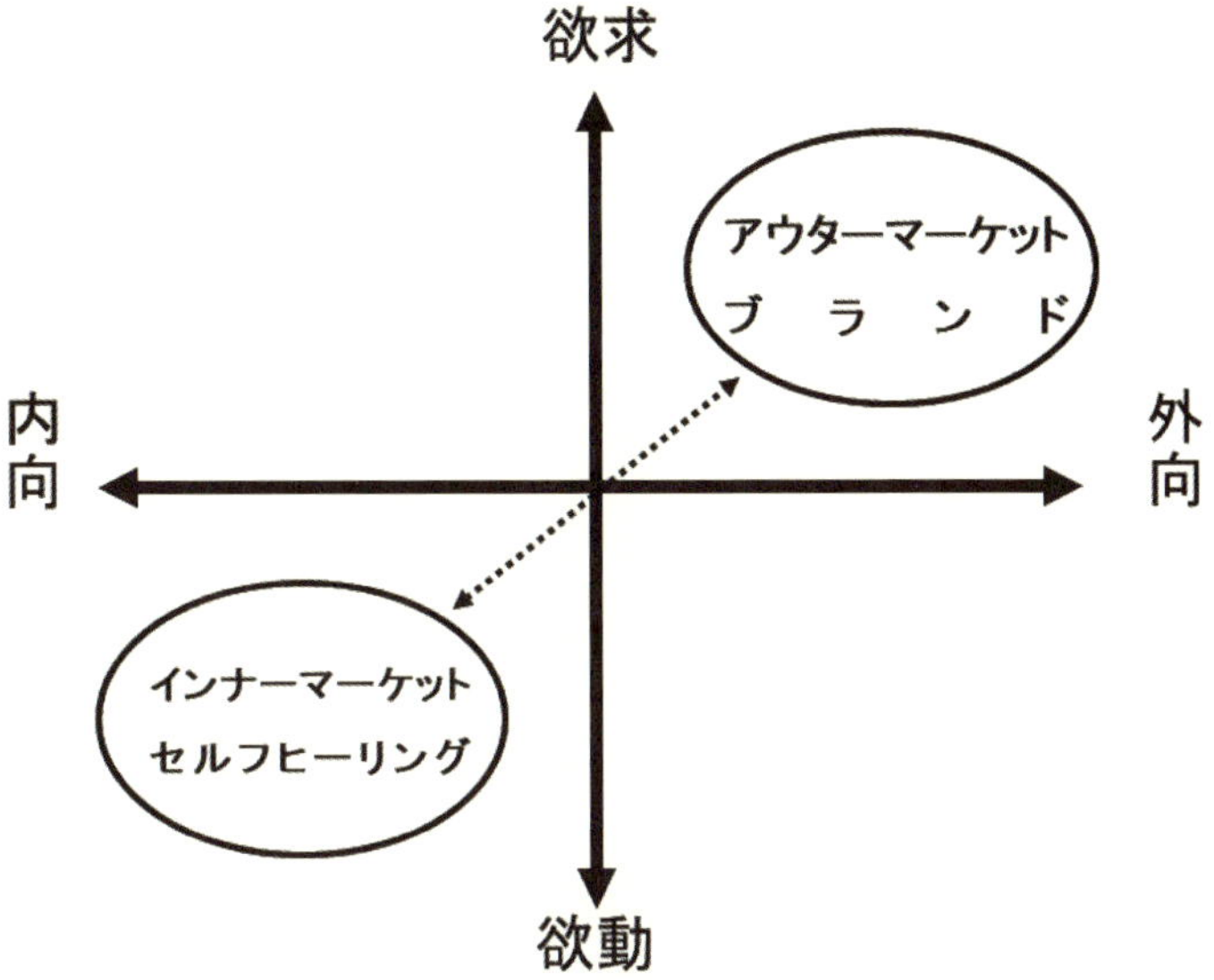

とすれば、ブランド・マーケティングとは所詮《しょせん》、右上の分野でのみ成功しているにすぎません。

外側に膨張する生活願望にのみ対応した「アウターマーケティング」にすぎないのです。

しかし、その後を考えれば当然、左下へ伸びるマーケティングが必要になってきます。

それはつまり、差延化と差元化のクロスする分野、いわば「セルフヒーリング」へのアプローチです。極言すれば、今後の社会で求められるのは、内側に濃縮する願望に対応した「インナーマーケティング」といってもいいでしょう。

その意味でも、「セルフヒーリング」を対象にした「インナーマーケティング」は、マーケティング戦略の大逆転を示しています。

8章

〝きまじめ〟需要への「差真化」戦略

1, 変質する学びと遊び

新たな学びと遊びが伸びる

生活世界の縦横の軸に基づいて、6章では差延化、7章では差元化の2つの戦略を述べてきました。しかし、生活世界には、もうひとつ、5章で述べたように、縦横と立体的に交差する、前後の軸が考えられます。

この軸は、真実と虚構、あるいは儀礼と遊戯を対極として、言葉の超越的な機能が作り出す生活空間を意味しています。これにより、学びや遊びへの願望がより詳しくつかめるようになります。

学びや遊びの動向といえば、大きな変化が予想されます。人口減少時代には超年齢化の進行によって、85~90歳の人生が当たり前になってくるからです。

となると、従来の「学校―就職―退職―老後」といった単純な人生は次第に困難になり、時代の変化と新たな社会が求める職業能力やボランティア能力を、絶えず更新していくような生き方が改めて必要になります。

さらに少なく生まれた人間が「太く長い人生」を生きていくためには、暮らしや人生の目標が強く意識されるようになります。このような意向が高まってくると、知力の学習、身体の鍛錬、創造力や発想力の練磨、信仰や修行などの〝きまじめ〟需要が急速に拡大してきます。

他方、人口減少社会の生み出す、さまざまなゆとりは、日常生活を豊かにするための楽しみや遊びへの需要も急速に拡大させます。

また85〜90歳という長寿化も、長い人生で仕事や真剣とのメリハリをつけるために、楽しさや弛緩の時間を求めて、従来以上に遊びや享楽への願望を高めていきます。人口減少時代に新たに広がってくる学びと遊びへの需要を確実にとらえるためには、従来とはまったく異なる視点と発想が求められます。

真実と虚構の間で

学びや遊びへの願望は、どのように生まれてくるのでしょうか。5章で述べたように、言葉の持つ本質的な機能「メタ・メッセージ」によって、私たちの生活世界は、真実界、日常界、虚構界の3つに分かれてきます。**（図表41）**

真実界とは、言葉の示すことをまったく疑わないで、すべてを真実とみなす場であり、儀

図表41　差真化戦略の方向

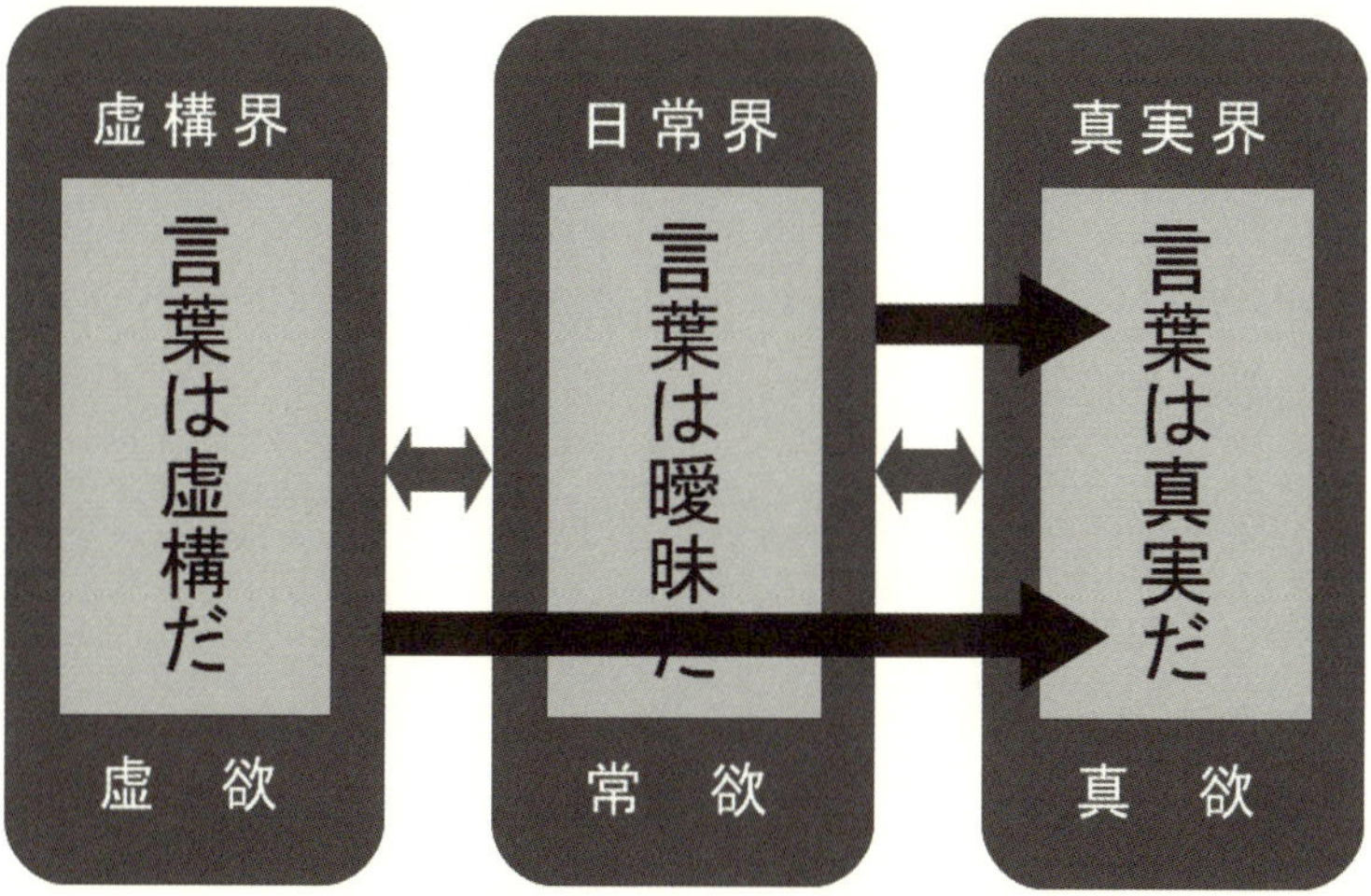

礼や儀式、学習、訓練、節約、貯蓄などの行動が生まれてきます。

日常界とは、真実と虚構の2つの空間の狭間にあって、虚実の入り混じった場であり、融通、曖昧《あいまい》、平生《へいぜい》など、私たちが毎日暮らしている日常の空間そのものです。

虚構界とは、言葉の示すことはすべて虚構とみなしたうえで、その嘘を楽しむ場であり、遊戯やスポーツに代表される空間です。

これら3つの世界からは、さまざまな生活願望が生まれてきます。

真実界からは儀礼、緊張、勤勉、学習などを求める「真欲」が、日常界からは融通、曖昧、平生などを求める「常欲」が、そして虚構界からは遊戯、放蕩《ほうとう》、蕩尽《とうじん》などを求める「虚欲」が、それぞれ生まれてきます。

以上のように考えると、勉学や遊戯への対応がこれまでとはかなり変わってきます。そこで、この章ではまず真欲に向けての差真化戦略を考え、続いて9章では虚欲に向けての差戯化戦略を、それぞれ提案していきます。

2, 真欲へのアプローチ

真欲とは何か

真実界から生まれる生活願望が「真欲」です。学問や鍛錬などの自己修練を望んだり、作法、儀礼、儀式などの社会規範を求めることですが、こうした願望は人口減少時代になると、とりわけ高まってきます。

人口減少期であった江戸中期にも、序章で述べたように、同様の傾向が目立っていました。学問では、武士階級を対象にした藩校はもとより、町人や百姓の子弟を対象とした寺子屋や郷学《ごうがく》も増加し、全国的に識字率が急上昇しています。

これらに連動して簡易な刷物技術が拡大し、学術、思想、道徳にかかわる書物が大量に出版され、新たな学問も進展しました。

享保期に解禁された西洋本草学や蘭学が次第に発展して、田沼時代になると「解体新書」「蘭学事始」「ハルマ和解」などが出版され、さらに寛政期以降は医学系、物理・化学系、天文歴学系、世界地理学系、西洋事情系などに分かれて隆盛化しています。

他方、膨れ上がった自意識を調整するため、さまざまな仕組みも生まれていきます。往来で見知らぬ人と目が合った時には会釈して敵意のないことを示し、雨の日に狭い路地ですれ違う時には互いに傘を傾ける作法が普及しました。

また、江戸前期には頻発していた、町内のゴミを夜間に隣町へ放棄して翌日には隣町が逆襲するというゴミ戦争も、享保期以降になると幕府公認のゴミ捨て請負人組合が収集し、燃料芥、肥料芥、金物芥に分けて湯屋、農家、鍛冶屋などへ売却して、費用低減と再資源化を図るという、見事な仕組みが生まれています。

同様に、人口減少が進んだ中世末期のヨーロッパでも、父親が子どもに公私の生活心得を説く「ユルバンの訓戒」（12世紀）や「食卓の心得」（13～15世紀）といったマナー書が幅広く普及しました。

このように、人口減少期は勉強や鍛錬、作法や儀礼が重視される〝真剣な時代〟になります。実際に現代日本でも各種の「脳トレ」や四国八十八カ所巡礼など、新たな勉強やトレーニングが流行していますが、こうした動きはやがて公共的な教育システムの改革にまで波及することになるでしょう。

一方、エスカレーター上の歩行禁止や、トイレやキャッシュディスペンサーの一列待ち、禁煙区域の拡大といった、新しい作法やマナーも生まれ、一部はすでに従来の社会ルールに代わる新たな「公共性」として、世の中に定着し始めています。

今後も人口減少が進んでいくにつれ、学問や鍛錬《たんれん》を目指す気風はさらに広がり、新しい作法や儀礼などもいっそう重視されるようになるでしょう。

真剣化には「差真化」戦略

とすれば、こうした〝きまじめ〟需要に積極的に対応するマーケティング戦略が必要になります。自らの生活を律したいという目標（言語規範）に向かって、真剣に取り組んでいけるような仕掛けを作る戦略、これを筆者は「差真化」戦略と名づけました

差真化戦略がアプローチするのは、さまざまな真欲です。真実↑↓虚構の関係は、5章で

図表42　差真化の願望目標

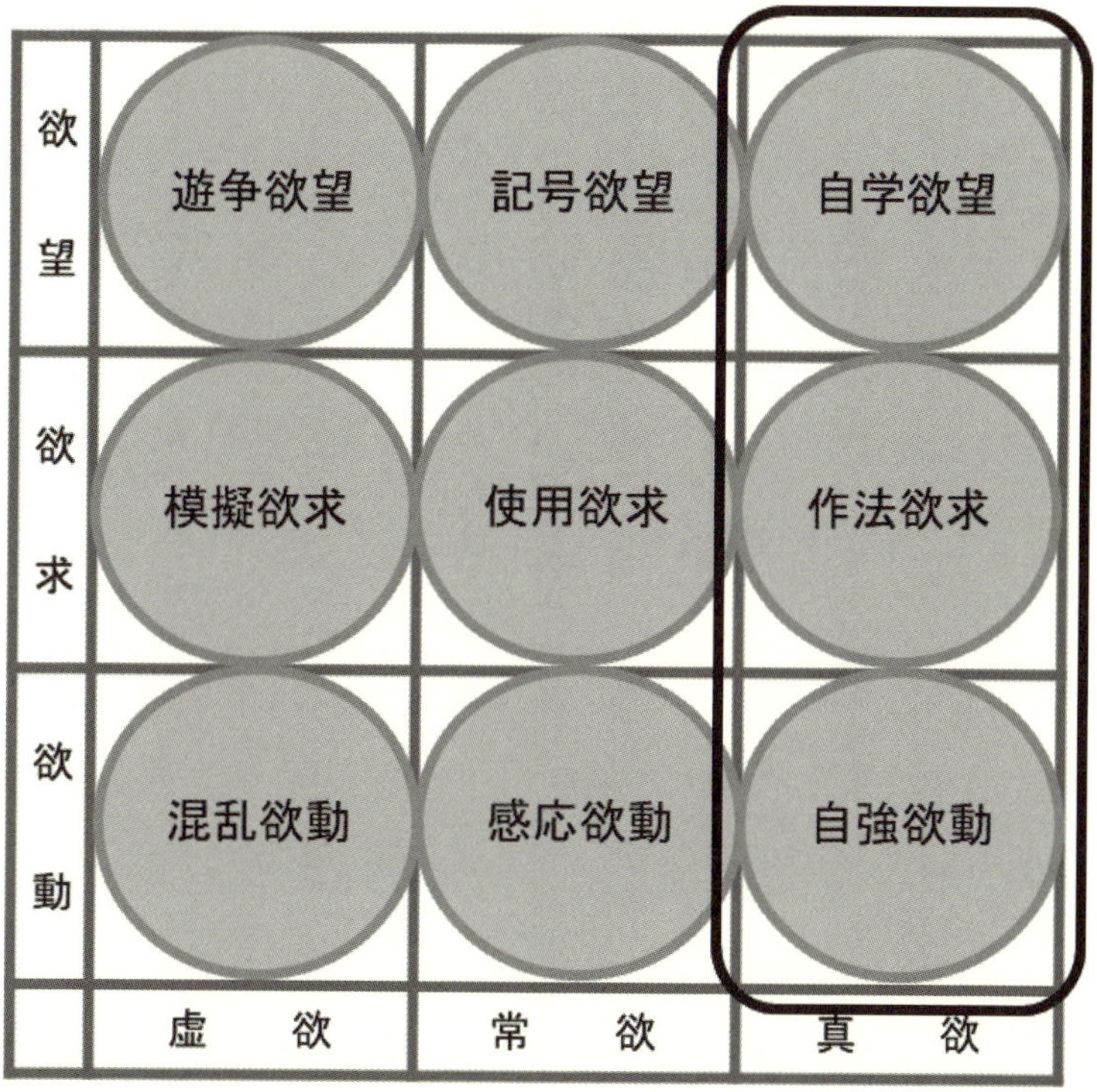

述べたように前後軸とみなせますから、縦軸の記号↕体感の軸とクロスすると、幾つかの願望が浮かび上がってきます（図表42）。

このうち、真欲から生まれてくるのは、自学欲望、作法欲求、自強欲動の3つです。これらを対象にして、3つの戦略が考えられます。

第1は、将来の知的能力を築こうという「自学欲望」を目指して、自ら勉学を行なおうとする「自習」志向をベースに、家庭や職場などでも勉学の機会を増やそうとする「勉学」志向、さらには学校教育や専門教育などで知力を向上しようとする「教育」志向の高まりをとらえ、新たな勉強法や知的関心などを提案する「自学・自習」戦略です。

第2は、自らの生活を律したいという「作法欲求」を目指して、自制や祈願などで実現しようとする「自戒」志向をベースに、マナーや家庭慣習などを守りたいという「作法」志向や、季節儀礼や通過儀礼などを集団で守ろうとする、新たな「儀式」志向の高まりをとらえ、マナーや伝統などを守ろうとする「作法・儀式」戦略です。

第3は、将来の精神的、身体的能力を築こうという「自強欲動」を目指して、自ら勉学を行なおうとする「自強」志向をベースに、より強く訓練や鍛錬、摂生や節制などを自らに課そうとする「修行」志向、さらには学校やトレーニング機関で体力を向上しようとする「訓練」志向の高まりに対応して、トレーニングや自己訓練などを提供する「修行・訓練」戦略です。

以上3つの戦略を、具体事例を挙げながら述べていきます。

3、「自学・自習」戦略

自ら学ぼう

差真化戦略の最初は「自学・自習」戦略です。この市場では、自習、勉学、教育などの志向に応えて、それぞれ次のような商品・サービスが先行しています。

「自習」手法では、2章で述べたように超年齢化の進行に伴って、リスキリング、つまり職業能力の再開発や再教育への需要が高まってきます。とりわけ近年では、DX（デジタルトランスフォーメーション）化の進行で、それに順応できるスキルや知識の再習得が新たな課題となっています。

㈱テックピット（東京都千代田区）の「Techpit for Enterprise（テックピット・フォー・エンタプライズ）」は、従業員一人ひとりに合わせたリスキリングを実施するサービスです。ICT事業に必要なスキルマップに基づき、職種ごとに個々の育成プランを策定し、学習プランの選定や学習サポートなどをオールインワンで支援してくれます。

㈱Schoo（スクー：東京都渋谷区）の「オンライン研修」は、企業、個人にかかわらず、誰もが利用できる動画学習サービスです。テンプレートを使って研修カリキュラムを作成し、7，000本以上の豊富な授業の中から、従業員一人ひとりに合った講座を選び、プロの講師から実践的なスキルを学べるものです。

一方、趣味や教養を自習する自習サービスでは、ワインエキスパートや野菜ソムリエなどの研修サービスが伸びています。

ワインエキスパートは、ワインを中心とする酒類全般の専門知識やテイスティング能力を証明する民間資格として、(一社)日本ソムリエ協会(東京都千代田区)が認定するものです。飲食業経験が必要なソムリエと異なり、20歳以上なら誰でも受験が可能であり、有資格者は1996年のスタート以来3，000人を超えています。

野菜ソムリエは、野菜や果物の目利きとして、栄養・素材に合った料理法などの専門知識を持っている有資格者として、(一社)日本野菜ソムリエ協会(東京都中央区)が認定するものですが、すでに6万人に達しています。

雑学で教養を高めるという、自主的なサービスもあります。2000年に始まり、今では全国に広がっている「哲学カフェ」は、哲学的な議論や対話を行なう公開討論会ですが、身近な事柄について深く考えるための場所となっています。

吉祥寺村立雑学大学は、市民各自が持っている経験や情報を交換する場として、1979年から毎週日曜日に2時間開講しています。今でも場所代、講師料、授業料の3つをタダとするという建学の精神を貫いているようです。

基礎的な頭脳力を高める〝脳トレ〟も流行しています。高齢者の痴ほう改善、予防用の学習療法に基づいて、川島隆太東北大学教授が書いた「脳を鍛える大人の計算ドリル」(くもん出版、2003年)は、シリーズ合わせて480万部を超すベストセラーになりました。

近年ではスマートフォンで楽しむ脳トレアプリ、例えばヌルハウス(合)(奈良県天理市)の「毎日脳トレ」や、HAMARU(ハマル:大阪市)の「計算脳トレHAMARU」などが幅広い世代に流行しています。

2つ目の「勉学」手法では、より本格的な学習促進サービスが展開されています。

専門家と一般人が小規模な場所でコーヒーを飲みながら語り合う「サイエンスカフェ」(日本学術会議、全国各地)や、勉強スペースでの自習はもちろん、さまざまな学びのイベントを提供する「勉強カフェ」(株)ブックマークス:東京都渋谷区、全国30数カ所で開催)など、勉学サロン活動も活発になっています。

シェアハウスでも、英会話が学べる「ARDEN(アーデン)東池袋」(株)シェアスタイル:東京都豊島区）や、「BORDERLESS HOUSE」（ボーダレスハウス㈱：東京都台東区、各地で展開）、起業家を育てる「x-garden（クロスガーデン）桜台」㈱東都：東京都狛江市が経営）などが出現しています。

3つ目の「教育」手法は、学校教育（小中学校、高校、大学）、専門教育（職業教育、社会人教育）、特定教育（武道、華道、書道など）などを対象にするものですが、ここでも難関中学志望向けの進学塾、予備校の高校教師向け集合セミナーなどに加え、家庭教育アドバイザー、子育てサポーター、社会教育主事、図書館司書などの資格を取得することができる「通信制大学」が伸びています。

自学・自習の4つのポイント

以上のような自学・自習戦略の現状をみると、今後のマーケティング手法には、次のような4つの方向がみえてきます。

1つ目は、**自習の促進化**です。長寿化し複雑化した社会に対応できるように、基礎的な頭脳力や創造力を高めたいという需要が、若年層はもとより老年層にまで広がっています。これに対応していくには、日常生活用の機器はもとより、さまざまな遊戯用の機器についても、自習・自学用へ変換するという視点が必要です。

2つ目は、**勉学の支援化**です。人生85~90年時代を乗り切っていくための知力やノウハウを向上させようという需要が、すべての世代に拡大していくため、仕事や生活に直接役立つ学問の自習はもとより、人生そのものを豊かにする雑学やドリル、知性や感性をアップさせる生涯教育、あるいは芸術、宗教、歴史、文学などの関連イベントや旅行サービスを開発することが求められます。

3つ目は、**集合教育の促進化**です。飽和・濃縮社会が進むにつれて、社会的な勉学需要においても、従来とは異なる教育や訓練を求める動きが高まってきます。

少産・長寿化の進行は、一生涯にわたる生涯教育の必要性を増してきますし、飽和・濃縮化の進展は、オタクアート、手芸工芸技能、精神安定サービスなどに関する専門教育の需要を高めてきます。

4つ目は、**ハイテクツールの応用化**です。進展しているICT系技術では、ソフト系のクロス・リアリティー、メタバース、デジタルツインなどの活用が期待されます。

こうしてみると、今後の教育サービスには、狭義の学校教育を超えて、新しい生き方を可能にするような斬新な教育産業はもとより、遊びや生活技術との境を超えた新しい教育システムが必要になってくるでしょう。

4,「作法・儀式」戦略

心の安定と精神力の向上

差真化戦略の2番目は「作法・儀式」戦略です。この市場では、自行・独行（自己強化、自律訓練など）、祈祷・祈願（願掛け、祈念など）、自省・私考（内省、黙考など）を対象にして、ユーザーの心の安定や精神力を高めようと、すでにさまざまな商品・サービスが先行しています。

まず「自行・独行」手法では、作法・マナー（作法指導、マナー教室）、家庭慣習（七五三、結婚式、葬式）などを対象に、次のような先例がすでに展開されています。

若い世代に日本料理の食べ方や振舞いなどを教える和食作法教室が、東京（一二三庵、ホテル椿山荘東京）、京都（菊乃井本店）などで実施されており、中高校生や青年層に好評です。中・老年層向けには、湯島聖堂内に江戸時代に設置された「昌平坂《しょうへいざか》学問所」の伝統を、現代に継承しようとする生涯学習講座を、(公財)斯文会(東京都文京区)が開いています。

農園の風光明媚《ふうこうめいび》な立地条件を応用して、挙式からパーティーまで引き受ける農園ウェディングというサービスもあります。群馬県太田市北部の八王子農園では、オリジナルウェディングを1日1組だけ引き受けています。SYOKU-YABO（ショクヤボ）農園(神奈川県横須賀市)でも、緑・空・風につつまれた農園ウェディングを勧めています。

また長野県飯縄町の斑尾《まだらお》高原農場㈱サンクゼール)では、ワイナリーと教会を活用したワイナリーウェディングが1日1組、年間20組限定で可能です。

2つ目の「祈祷・祈願」手法では、参詣《さんけい》・謹聴《きんちょう》(参拝、講演会など)、祝典・祭典(社会的式典・行事など)、季節儀礼(季節行事・慣習など)などを対象に、すでに次のような先例が行なわれています。

季節行事の最も代表的な事例は、年末年始の寺社詣や、お彼岸やお盆の時の寺院参拝であり、全国各地で行なわれています。その折には、神主の講話や僧侶の説法などを拝聴して、自らの人生などを顧みることもあります。

商品ではバレンタイン・チョコレートが格好の事例でしょう。1958年、㈱メリーチョコレートカムパニーがヨーロッパのバレンタインデーをまねて、新宿の伊勢丹デパートで「女性から男性へチョコレートを贈りましょう」というキャンペーンを展開しました。

その後、日本チョコレート・ココア協会が2月14日を「チョコレートの日」と制定して、幅広くチョコレート商戦を繰り広げるようになったため、1970年代後半から定着し、現在の市場規模に発展しました。

恵方巻も、1章で触れたように、1998年頃に大阪のノリ業界が船場の風習を広く普及させようとPRに乗り出した行事ですが、昨今では大手スーパーやコンビニエンスストアにまで広がり、全国的な〝節分ビジネス〟に成長しています。同じような季節儀礼商品「ひな祭り用菓子」も、あられやケーキなどで市場を伸ばしています。

3つ目の「自省・私考」手法では、個人、夫婦、家族などの、心理的な悩みを解決するため、日本臨床心理士会認定のカウンセラーによるカウンセリングサービスが行なわれています。また医療、介護、福祉全般などの社会的な悩みについては、自治体や病院などのケースワーカーやソーシャルワーカーが相談にのっています。

東京都健康長寿医療センターが2017年に発表した、「健康長寿新ガイドライン」の中では、「健康長寿のための12カ条」が提唱されています。同センターが永年にわたって積み重ねてきた健康長寿の研究の成果を取りまとめたもので、高齢層への自戒、実践を促しています。

さらに自らの心や精神を整えるため、日常の俗事から解放されて無念無想の境地に近づく、最も簡単な方法として、各地の寺院（増上寺：東京、知恩院：京都など）や各地の文化センターなどでは、写経会や写経教室が行なわれています。

自己強化や自律訓練を目指して、写経、座禅、法話、食事作法などを体験する一日教室や短期入門なども、京都の大徳寺、鎌倉の建長寺などの有名寺院で行なわれ、人気を博しています。

そのほかにも、自らの願い事を実現するため、さまざまな奉納や苦行をして神仏に祈願する風習は、古くから行なわれてきましたが、現代社会でもまじないや風水などに形を変えて、若者たちの間で流行しています。

とりわけ京都東山の地主神社や安井金比羅宮、嵯峨野の野宮神社など、恋愛を成就するための願掛け神社は、若い人たちの間で今でも人気が持続しています。

作法・儀式の４つのポイント

以上のような作法・儀式戦略の現状をみると、今後のマーケティング手法には、次のような４つの方向がみえてきます。

1つ目は、**自戒促進化の促進**です。人生85～90年時代を乗り切っていくための基礎能力、つまり気力、思考力、精神力などの強化・訓練を求める需要がますます拡大していきますから、これに対応するためには、それなりの生き方をコーチする心理的サービスや宗教的サービス、あるいは心と身体の一体化を促す東洋的訓練法など、新たな情報、教育、心理的サービス産業を創出していくことが求められます。

2つ目は、**作法促進化の促進**です。衣食住から移動や情報にかかわる、さまざまな日常的商品も、たまたま作法やマナーなどにかかわって使われると、その途端に「作法」の対象に変わります。

とすれば、日常的・遊戯的を問わず、あらゆる商品やサービスは、作法を促したり、強化する方向に使えないものか、それぞれの用途を見直すことが求められます。例えば、「子ども用の食事プレートに簡単な食事マナーを描く」ことや、「箸紙に簡単な和食の作法を書き込む」などの手法が考えられます。

3つ目は、**儀式・儀礼の促進**です。過去およそ100年にわたる成長・拡大型社会では、日本社会の中に蓄積されてきた社会的儀式や儀礼はほとんど緩和されてきました。しかし、私たちが心豊かに生きていくためには、儀式や儀礼は必要不可欠の要素です。

それゆえ、飽和・濃縮社会では、新たな儀式や儀礼が次々に創造されていきます。すでに盛んなバレンタインデーやホワイトデーなどに続き、形骸化した成人式に代わる新元服式、75歳の新老人を祝う新還暦式などの通過儀礼はもとより、四季を彩る季節儀礼や毎日の挨拶儀礼なども、新たに求められるようになります。

4つ目は、**ハイテクツールの応用**です。新たな技術の進展に伴って、メタバースやデジタルツインなどを活用したトレーニングや、ヒューマノイドとともに学ぶ身体訓練などが期待されています。

以上、このような方向を実現していくためには、ビジネスそのものもまた、儀式性や儀礼性をいっそう高めていくことが求められます。

5,「修行・訓練」戦略

強く正しく生きる

差真化戦略の3番目は「修行・訓練」戦略です。この市場では、自強・修行・訓練などを対象に、次のような先例がすでに行なわれています。

最初の「自強」手法は、トレーニングや摂生を促す商品やサービスです。個人的にトレーニングを促す商品として、ぶらさがり健康機やルームランナーなどが家庭内へ導入され、日常生活の場を体力増強の場に変える動きが高まっています。

例えば、㈱ドリームファクトリー（東京都千代田区）では、「ドクターエア」ブランドで、フィットネス、マッサージ、ボディメンテナンスなど、さまざまなセルフコンディショニングツールを発売しています。

また高齢者向けの筋力をアップさせる、ネイチャー・コア・サイエンス㈱（和歌山県海南市）の「トレーニングチェア・ゆらぎ」なども好評です。

不動産でも各地にフィットネス施設を併設したマンションが増えていますが、こうした傾向は健康志向の高まりで、今後も拡大し続けていくでしょう。

２つ目の「修行」手法は、主に精神力の修行を促すサービスです。ここでも、長寿化の進展や社会・経済の停滞に伴って、遊び目的の観光旅行にも、半生を振り返ったり、残された余生を考えるための、苦行的、修行的な旅が生まれています。

代表的な「四国八十八カ所霊場」に続いて、「北海道三十三観音霊場」「津軽三十三観音霊場」

「秩父三十四観音霊場」「九州八十八カ所霊場」など、旅行会社やタクシー会社がさまざまな巡礼ツアーを企画し、実施しています。

ダイエットや体質改善を目指す断食修行でも、全国各地に道場が開設されており、希望者はいつでも体験できます。

3つ目の「訓練」手法は、特定の身体能力を高めようとする願望に対応して、社会的なサービスを行なうものです。

子ども向けには、㈱スポーツ科学（東京都千代田区）が小中学生向けに、スポーツ科学トレーニング塾「アローズジム」を全国で展開しています。コナミスポーツ㈱（東京都品川区）も、身体感覚が素早く身につく3～6歳児を対象に、全国各地のスポーツクラブ「運動塾」を展開し、「ココロ」と「カラダ」の健全な発達を促すプログラムを実施しています。

またシニア向けには、ストレッチや歩行訓練、体操、プール内歩行などを行なうトレーニング教室が、「高齢者筋力トレーニング教室」や「中高年体操教室」などの名称で、地方自治体やＮＰＯによって各地で展開されています。

さらに、専門的な身体能力を身につける訓練として、伝統武術を教える古武術教室や気功教室なども全国に広がっています。

その中でも、シニア層が普段持ち歩くステッキや傘を武器にして身を守る護身術教室が注目されています。掌陰流拳法の師範が開いた「掌陰流ステッキ術」教室(東京都足立区)では、攻撃のかわし方や相手を撃退する方法まで、誰でも無理なくできる動作を教えています。

また自分の身体や精神を自ら鍛える方法として、昭和初年に日本で創案された健康法「真向法《まっこうほう》」や、中国古来の秘術をヒントに日本で育った身体調整法「自彊術《じきょうじゅつ》」、数千年前から中国で続いてきた鍛錬法「気功」、古代インド伝来の「ヨガ」などが、全国各地の教室や道場などで指導されています。

さらに実用的な護身術であるクラヴ・マガ専門ジムも各地に広がっています。人間に本来備わっている条件反射を利用した護身術で、体格や体力が弱いシニア層でも、万が一の危険から回避することができます。各地の道場で体得すれば、元気に動ける健康な身体づくりや老化防止にも大変有効なようです。

以上に挙げた自強・修行・訓練への対応は、3超化の進行によって、ますます高まってくるでしょう。

自強・修行の４つのポイント

自強・修行戦略の現状を見てくると、今後のマーケティング手法には、次のような4つの方向が浮上してきます。

1つ目は、**自強支援の促進**です。長寿に耐えられる体力や身体能力を維持・向上させるためには、日常生活や余暇生活の中に、できるだけ簡便なかたちでトレーニング機能を持った機器を導入することが求められます。

これに対応するには、ゲーム機やパソコンを利用する手法の拡大が望まれますが、さらには日常的、遊戯的を問わずあらゆる商品やサービスを自強用に使えないものか、その用途を見直すことも必要になってきます。

例えば、椅子やソファーに筋力トレーニング機能を付加することや、パソコンに視力・聴力・表現力などのトレーニング機能を付加する、といったユニークな手法が考えられます。

2つ目は、**修行支援の促進**です。長寿化や濃縮化していく社会の中で、精神的な安心立命を求める需要の拡大に応じて、巡礼、参禅、断食など、入門的なものから本格的なものまで、多様な修行空間への需要が高まっています。

とはいえ、もともとの目的が自制力や抑制力を高めることにある以上、安易に流れることを極力避けて、一定のバリアを設定したうえで、日常空間からの飛躍を求める仕組みが必要となります。

3つ目は、**年齢階層別訓練の促進**です。少産化の進む社会では、子どもの成長に対応した身体的訓練が、また超年齢化の進む社会では、新たな年齢区分に適合する体力維持訓練が、それぞれ強く求められています。

4つ目は、**ハイテクツールの応用**です。ソフト系ではクロス・リアリティー、メタバース、デジタルツインなどを活用した教育手法や、ハード系のヒューマノイドやドローンを使った身体訓練などが期待されます。

以上のような自強・修行需要の拡大に応えていくには、公的、社会的な訓練サービスの強化がまずは必要ですが、同時に衣食住から移動や情報にかかわる、さまざまな日常的商品やサービスを活用して、私的な訓練用やトレーニング用に変換・転用していくような、新しい商品やサービスの開発も求められます。

6，緊張と緩和を組み合わせる

3つの方向

〝きまじめ〟な真欲需要に向けて、新しい商品やサービスを創り出すための差真化戦略を述べてきました。その本質は、言葉の創り出す、さまざまな規範に向けて真剣に取り組む、ということです。

しかし、いつまでも真剣な状態を保っていることは困難です。緊張ばかりでは硬直してきます。そこで、しばらくは緊張を緩め、むしろ徹底的に「解放」した状態を作り出して、そのうえで日常生活へ戻っていくことも必要になります。

とすれば、広義の真実界には緊張空間に加えて、緩和空間もまた含まれていることに留意しなければなりません。差真化戦略を適切に実施していくには、次のような3つの方向にも配慮することが必要なのです。

まず第1に、日常界や虚構界では決して味わえないような目標に向かって、ひたすら努力を重ねるという時間と、高度に緊張した空間を、ともに提供することが必要です。

第2に、緊張だけを追いかけるのでなく、その後の急激な解放や弛緩、あるいは緊張と弛緩の繰り返しなど、緊張要素と弛緩要素を巧みに組み合わせることが求められます。

例えば、カルチャーセンターでの生涯教育では、一方で教室や講師が日常生活を一歩離れて勉学に勤しむ場という、緊張した雰囲気を醸し出すとともに、他方では終了後の師弟雑談や同級生交歓などで思い切った解放感を作り出し、新たな交友関係を広げていくような仕組みが必要です。

シニア向けＩＣＴ教室でも、日ごろ馴染みのないパソコンやタブレットなどのＩＣＴ機器に囲まれた、いわば無機質な空間を演出するとともに、テストや試行などでは、俳句や川柳、あるいは似顔絵やポートレート、コミックやアニメなど、遊びの多い教材を使用して、解放感を盛り上げることが望まれます。

語学研修向きシェアハウスには、さまざまな日常生活のあらゆる機会を活用して、語学学習の機会を最大限に作り出すとともに、料理や食事、歓談や交流などで自由で伸びやかな交流ができるように、あらかじめ時間と空間を設営することが求められます。

第3に、弛緩とはもともと欲動次元の行動ですが、生理的に必要な日常界の休養や、意図的に逃げ込む虚構界のめまいとは違って、あくまでも緊張や拘束と一体化した、必然的な行動です。それゆえ、ここでの弛緩は、意識的に緊張を解くという基本に立つことがまずは求められます。

そこで、差真化戦略のもうひとつの手法、「息抜き」を提案しておきます。

息抜きも必要だ！

「息抜き」手法では、息抜き（仕事、勉強からの）、ご褒美（目標達成への区切り）、儀式明け（家族儀式・企業儀式などの区切り）など、家庭、学校、職場などで勉強、トレーニング、目標遂行をちょっと休んだり、一応の達成ができた時、あるいは家族的な儀礼・儀式の後などに、勤勉行動の裏返しとして生まれる心理的なゆとりに応えて、すでにさまざまな商品やサービスが先行しています。

例えば缶コーヒーでは、サントリー㈱が２００３年にBOSS（ボス）シリーズのひとつとして発売した「BOSS休憩中」があります。〝気分シャッキリ系〟の「BOSS仕事中」に対し、休憩時間をホッと一息〝リラックス〟させる飲みものとして広く認知され、同年の缶コーヒー・ランキングで3位に入り、その後もロングセラーの定番となっています。

家庭の浴室を温泉に、という癒しを提供する試みとしては、㈱バスクリン（東京都千代田区）

の「日本の名湯」シリーズや、クラシエ㈱（東京都港区）の薬用入浴剤「旅の宿」シリーズなどが好評です。

さらに駿河特産のみかんとお茶を生かした「駿河なごみ湯」㈱武田コーポレーション：名古屋市）、湯沢、赤倉、松之山など有名温泉の泉質を分析し、化学的に再現した「自宅湯原料シリーズ」や「新潟の湯めぐり」（環境科学：新潟市）なども、ネット通販でヒットしています。

ご褒美対象商品としては、20～30代OLが、日頃の努力を自ら慰労するために思い切って消費する、高級ブランド衣料や下着、靴、バッグ、アクセサリー、腕時計、エステティック、温泉旅行、海外旅行などが王道です。

大学や高等学校の卒業という通過儀礼を旅行需要に結びつけるためのマーケティング戦術として、卒業記念旅行向け旅館というのもあります。㈱星野リゾートや㈱伊東園ホテルズ・グループの「学タビ」など、各地のホテルが対象者に向けて、さまざまなPR戦略を展開しています。

さらに、都市ホテルが「故人を偲ぶ会」や「四十九日」法要というサービスを提供しています。この種のサービスでは、遺影に陰膳を供えたり、1～2品の精進料理で精進落としをした後、普通の会席料理を出すなどの、細やかな気配り戦略が必要です。また抹香臭さを消すための事後対策も求められます。

以上、「息抜き」への生活行動は日常の生活行動とは異なり、高額な消費や意外な消費が伸びますから、商品では高級な日用品はもとより遊戯用品を、サービスでは外食や旅行分野でも枠外の設定などを、積極的に創造すべきでしょう。

例えば、世界最高ホテルの味を保証する缶コーヒー、超有名温泉の湯質を保証する高額入浴剤、海外有名スター着用のブランド下着、セレブリティーな一泊旅行などです。

このように、儀式、修行、節約などでは、緊張だけを追いかけるのでなく、その後の急激な解放や緩和、あるいは緊張と緩和の繰り返しなど、緊張要素と緩和要素を巧みに組み合わせることが必要です。

となると、究極の差真化戦略には、緊張と緩和を巧みに組み合わせて、再び日常へ戻ってくるという、循環的な構造が必要になってきます。

こうした方向を実現していくには、次章に述べる「差戯化戦略」と適切に連動することが有効ともいえるでしょう。

9章　〝たわむれ〟需要への「差戯化」戦略

1，新しい遊びを創る

遊戯願望とは何か

人口減少社会では、真剣さが改められると、もう一方では遊びも改められます。そして、新たな遊戯消費とは、成長・拡大期の遊びとはひと味もふた味も違う、飽和・濃縮期型の遊びを求める需要です。

人口減少が進んだ江戸中期にも、「通《つう》」や「粋《いき》」を重んじる江戸文化が、遊里と歌舞伎小屋から生まれています。とりわけ、宝永から天保期にかけては、二代目市川團十郎の江戸前「助六」に始まり、四世鶴屋南北の「東海道四谷怪談」に至る、江戸歌舞伎の黄金時代となりました。

狂歌や俳諧でも、座や連などの集団創作が発展しています。狂歌では大田南畝《おおたなんぽ》が後家人連の中核となって「目出度尽し《めでたづくし》」の天明狂歌を流行させ、俳諧でも大名や富豪が後ろ盾となって、江戸風に洗練された「江戸座」を広げました。

戯作《げさく》では、講義本、洒落本、読本、黄表紙、滑稽本《こっけいぼん》、人情本、合巻《ごうかん》など、大衆向けの娯楽出版物が数多く出版され、読本では山東京伝《さんとうきょうでん》や曲亭馬琴《きょくていばきん》が悪、美、怪奇などを表現し、多くの読者を獲得しています。

絵画では、多色刷りの浮世絵が、天明から寛政期に鳥居清長《とりいきよなが》、喜多川歌麿《きたがわうたまろ》、東洲斎写楽《とうしゅうさいしゃらく》、歌川豊国《うたがわとよくに》らの優れた絵師を輩出して黄金時代を迎えましたが、続く化政・天保期には、葛飾北斎《かつしかほくさい》や歌川広重《うたがわひろしげ》の芸術性と大衆性を統一した高度な版画や、渓斎英泉《けいさいえいせん》や歌川国貞《うたがわくにさだ》の退廃的でグロテクスな作品に移行しています。

大衆娯楽では、物見遊山《ものみゆさん》としての伊勢参りが流行しました。東国や東北からの参詣者たちは江戸、秋葉山、津島などに詣でてから伊勢神宮に参り、さらに吉野、高野山、奈良や金毘羅、大阪、京都、善光寺にまで足を延ばしていました。

このように江戸中期の遊びには、形態的には新しい集団性が育まれ、また内容的には夢幻、怪奇、爛熟《らんじゅく》、退廃的な趣向や、洗練、風刺、洒落、さらには停滞を打破しようとする批判精神が絡《から》み合っています。

同様の傾向は今後の日本でも日増しに強まっていくでしょう。人口が減少するにつれて、さまざまなゆとりから生まれる楽しみや遊びへの需要が高まりますし、人生８５~９０歳という長寿化もこれまで以上に遊びや休息への願望を高めていくからです。

こうした需要の増加に応えて、日常生活や真剣な生活を離れて遊戯に耽《ふけ》りたいという遊び

図表43　差戯化戦略の方向

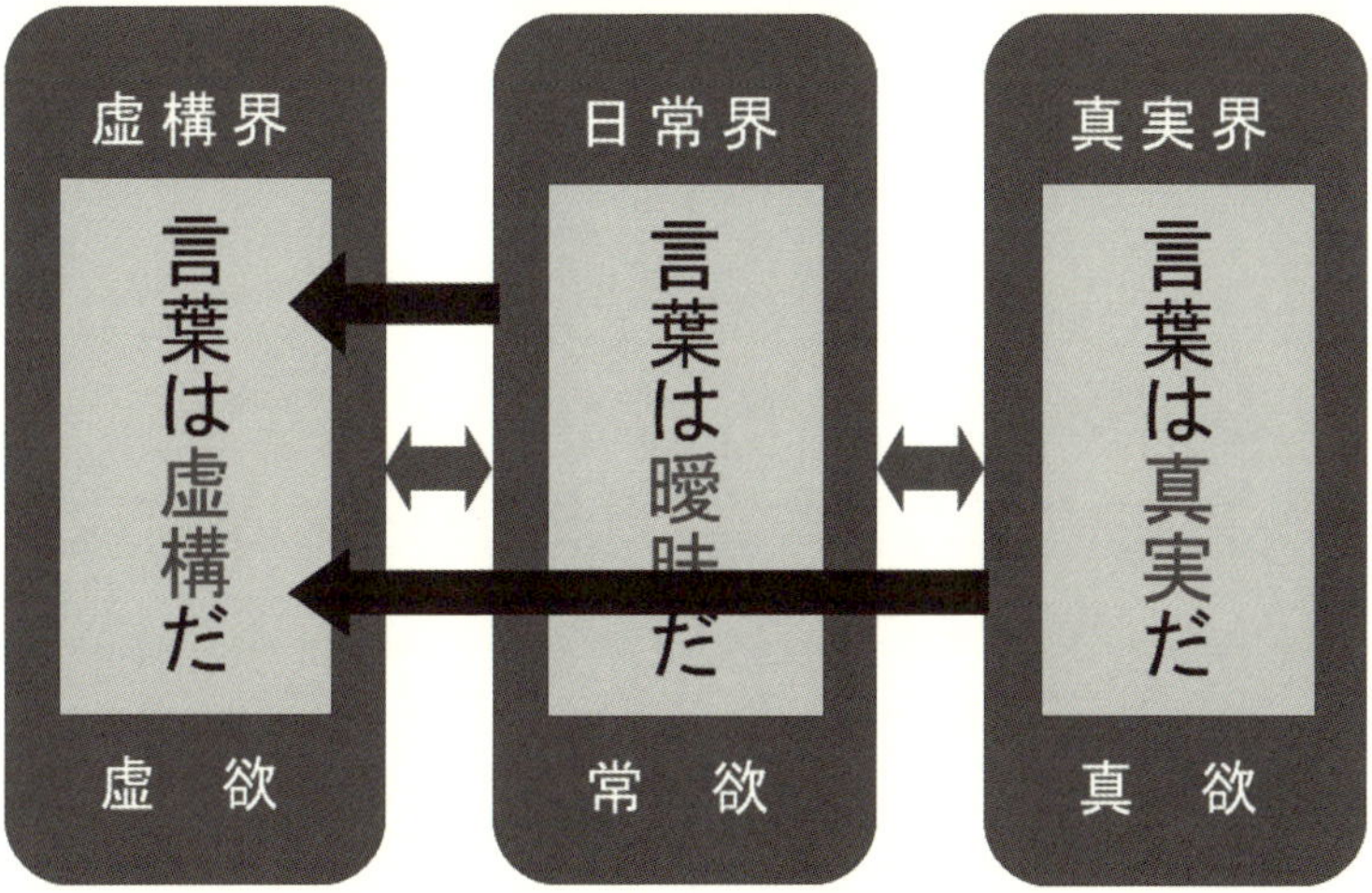

需要だけでなく、日常生活はもとより仕事や学習そのものも遊戯化していくような、新しい概念の遊びが求められるようになります。

「遊戯空間」の基本構造

「日常生活や真剣な生活を離れて遊戯に耽《ふけ》りたいという遊び需要」は、どんな空間から生まれるものなのでしょうか。

5章で述べたように、人間の生活空間には真実界とは逆に、言葉の示すことはすべて虚構とみなしたうえで、その嘘を楽しむ虚構界があります（**図表43**）。

この空間の中では、人間の行なう行動はすべてゲームやドラマといった遊戯へと向かっていきます。

図表44　カイヨワの遊戯の構造

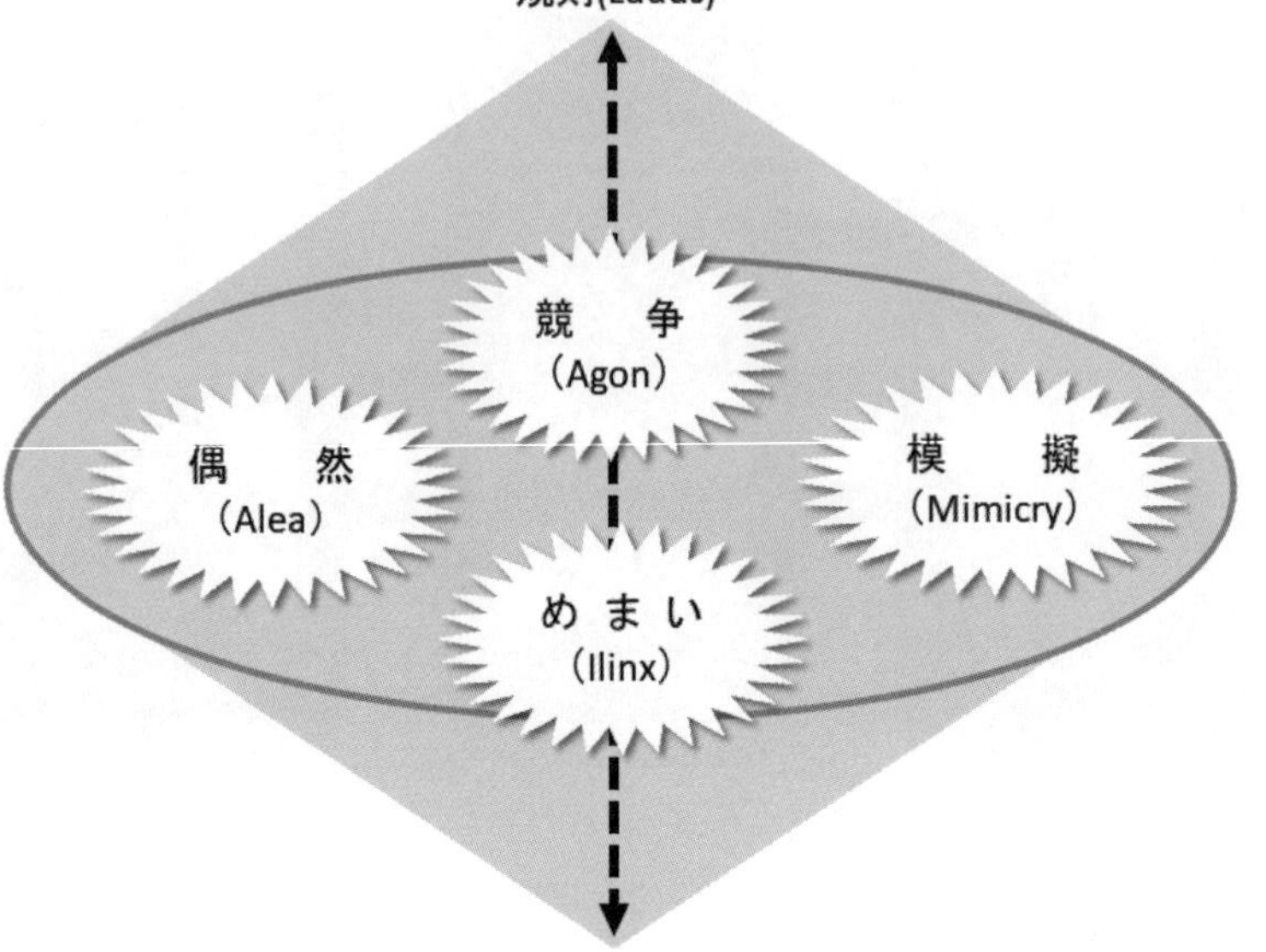

出所：R.カイヨワ『遊びと人間』の理論を図化

虚構界の構造はどのようになっているのでしょう。

言葉の示す内容はすべて虚構とみなす遊戯行動については、さまざまな学者が幾つかの見解を示していますが、それらを参考にすると、基本的な構造は**図表44**のように表せます。

この図表は、フランスの社会学者R・カイヨワが提唱した「遊戯の分類」を、2つの極とその間にある空間というイメージで、4つの遊戯形態で描いたものです。

①競争を伴う遊び…スポーツ競技、チェス、玉突きなど、優秀性が競われる。
②運や賭けを伴う遊び…サイコロ、ルーレット、富くじなど、運命が競われる。
③模倣を伴う遊び…物まね、仮装、演劇など、絶え間ない創作が楽しめる。
④めまいやスリルを伴う遊び…ブランコ、酔い、回転ワルツなど、熱狂や混乱が味わえる。

図表の中央から上下に伸びる線の、一方の極は「規則」であり、他方の極は「放心」です。「規則」とは、故意に作り出された困難であり、それを克服することで楽しみが生まれるという意味です。対極の「放心」は、くつろぎ、気晴らし、気まぐれであり、即興的で不規則であることを示しています。

つまり、遊戯の構造とは、規則と放心が対極する形で、現実の生活ではまず不可能な、完璧な状態を作り出し、現実を隠蔽《いんぺい》したり消滅させるものなのです。

こうした構造を、7章と同様に生活願望論に置きかえてみましょう（**次ページ図表45**）。規則↑↓放心の関係は、記号（欲望）↑↓体感（欲動）の関係と見なせますから、これを上下とし、真実（真欲）↑↓虚構（虚欲）の軸を左右としてクロスさせると、幾つかの願望が浮かび上がってきます。

図表45　差戯化の願望目標

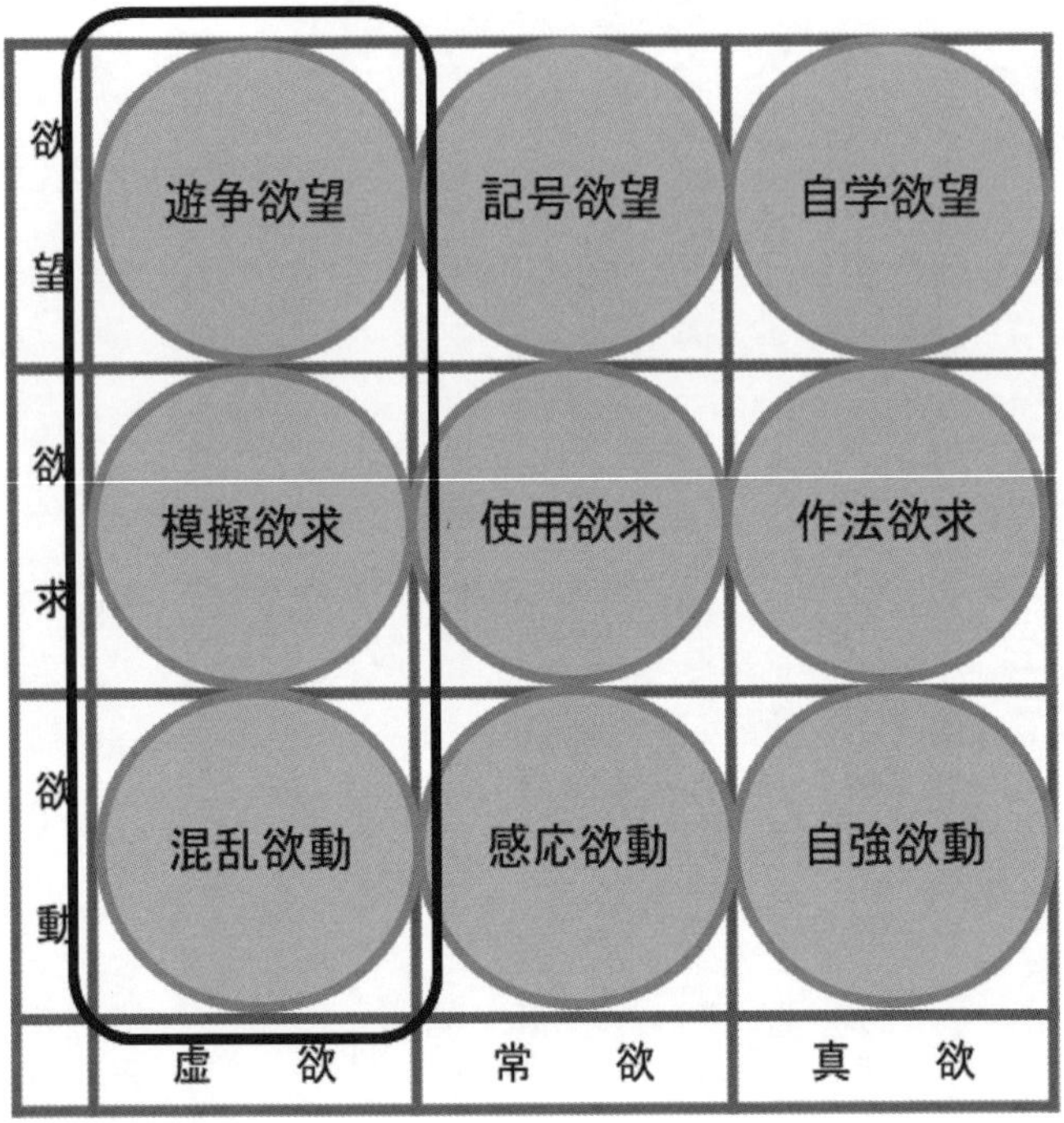

虚欲から生まれてくるのが、遊争欲望、模擬欲求、混乱欲動の３つです。

カイヨワの分類でいえば、競争や偶然などが「遊争欲望」、模倣が「模擬欲求」、めまいが「混乱欲動」というわけです。

以上のような分類を参考にしつつ、言葉の作り出す、さまざまな虚構を対象に、嘘そのものを楽しめるようなしかけを作る戦略、これこそが差戯化戦略です。

言葉の虚構性を認めたうえ

で楽しもうとする、幾つかの虚欲への対応ということになります。そうなると、差戯化の戦略として、「競争・ゲーム」「模擬・戯化」「混乱・めまい」という、3つが浮かんできます。

以下では、3つの手法を人口減少市場に応用していくには、どうすればよいのか、先例を挙げながら解説していきます。

2,「競争・ゲーム」戦略

判断力を試す

最初の「競争・ゲーム」戦略は、競争や競技を楽しむもので、「賭け」「ゲーム」「競争」の3つの手法が考えられますが、この分野でもすでにさまざまな商品やサービスが先行しています。

「賭け」手法とは、特定の「符牒《ふちょう》(記号)」に対して、自らの判断を投下し、その成否を楽しむ遊びを作り出すことです。この分野では、新しい賭け用品、新しいギャンブルなどを対象に、新奇な商品が生まれています。

例えば〝世界最速のサイコロ〟という玩具があります。微細加工の㈱入曽精密(埼玉県入間市）が生産し、インターネット経由で販売をしているチタン製のサイコロです。

〝世界最速〟のレーシングカー向けの精密加工技術を応用して、サイコロの目を掘る体積を六面とも正確に等しくしたうえ、空気抵抗の微妙な差にも配慮して、目の出る確率を限りなく6分の1に近づけ、世界最高の精度を誇っています。

２００４年春に発売した「完全版」は2個セットで４９，８７５円と高価でしたが、半年でかなりの数が売れています。

また室内遊戯用玩具を製造販売する㈱ハナヤマ（東京都千代田区）は、２０２２年に、世界のカジノで使われているルーレットをそのまま小型化して家庭用にした、「ハナヤマ ポータブル ルーレット」（１，０７８円）を発売しています。

さらにゲーム機関連の大手メーカーからも、ソニー㈱が１９９４年から「PlayStation（プレイステーション）」シリーズを、任天堂㈱が２０１７年に「Nintendo Switch（ニンテンドー・スイッチ）」を、㈱ＳＮＫ（大阪市）が２０１８年に「NEOGEO mini（ネオジオ・ミニ）」を発売するなど、次々に新機種を売り出しています。

サービスでは、パチンコを筆頭に、カジノ的な雰囲気を楽しむカジノバーや、メダルゲーム機などを設置したゲームセンター、あるいは競馬、競輪、競艇などが「賭け」ビジネスの代表でしょう。

「ゲーム」をビジネスにする

「ゲーム」手法では、伝統ゲームの更新、新型ゲームの創造、日常・真剣用商品のゲーム変換などが行なわれています。

伝統的な体感ゲームでは、「かくれんぼ」好きの有志が構成する「全日本かくれんぼ協会」（東京都渋谷区）が２０１９年に設立され、全国各地でさまざまなかくれんぼ大会を開催しています。

ベーゴマでも、㈱タカラトミーが１９９９年に新型ベーゴマ「ベイブレード」を発売し、大ヒット商品に育てました。

ベイブレードは多様な機能を持つ、さまざまなパーツを組み合わせて「攻撃型」「防御型」などに改造でき、ベーゴマと同様に相手をはじき出したり、より長く回っていた方が勝ちとなります。発売以来25年の間に、世界約８０カ国で5億2，０００万個を売っています。

名作ボードゲームの復刻も次々に行なわれており、ダイヤモンドゲームや人生ゲームがミドル世代の間で復活しています。

これを受けて、㈱バンダイは「おばけ屋敷ゲーム」を、㈱ハナヤマ（東京都千代田区）は「スティアライブ！サバイバルゲーム」を復刻しています。また㈱エポック社は、1958年以来発売を続けている「野球盤」の新盤を、2020年代にも次々と発売しています。

新型ボードゲームは、欧米でも毎年400個以上の商品が作られており、子どもからシニアまで広く親しまれています。そこで、知的障害者などのグループホームを運営しているNPO・遊もあ（大阪市）は、知育や家族の強化ツールとして、2002年から毎年、日本ボードゲーム大賞を選んでいます。

最近では従来からのゲームに加えて、パソコンやスマホ向けのソーシャルゲームが大ヒットしています。

例えば、ガンホー・オンライン・エンターテイメント㈱（東京都千代田区）が2012年から提供している、スマホ向けパズルゲーム「パズル&ドラゴンズ」は、2023年8月までに国内累計6，000万のダウンロードを超えています。

また㈱ミクシィ（東京都渋谷区）が2013年から提供している「モンスターストライク」も、2022年10月には世界累計5，000万ダウンロードを達成しています。

「競争」をビジネスにする

「競争」手法でも、新しいスポーツや新しいコンテストが、日常・勤勉行動の競争などを対象に次々と生み出されています。

「タググラグビー」はタックルを禁止し、互いに相手の腰につけた布「タグ」を奪い合う、安全なラグビーです。南アフリカ共和国生まれの競技で、1990年代に日本にも紹介されました。2019年には全国の小学校で約77万人の児童が体験し、小学校での実施率は62%に達しているようです。

棒を投げて倒れた木製ピンの数で加点する「モルック」も伸びています。フィンランドの伝統的なゲームを元に、1996年に新たに創られたアウトドアスポーツです。

競技名になっている、長さ20㎝ほどの木の棒（モルック）を投げて、1から12までの番号が表示されたピン（スキットル）を倒すと、倒れたピンの数字や本数が得点となります。子どもも大人も楽しめますから、国内競技人口はすでに100万人を超えています。

このほか、近年に注目を集めているニュースポーツでは、柔らかい剣で3分間3本勝負を戦う「スポーツチャンバラ」（国内競技人口30万人）、ゴルフウェアを着用し、ボールを一挙動のみで動かす「フットゴルフ」（同2万人）、ボールをできるだけ的《まと》に近づける「ボッチャ」（同

1万人)、新感覚のビーチスポーツ「フレスコボール」(同約5,000人)などで参加者が増えています。

これらのスポーツは、ルールがシンプルで気軽に楽しめますから、子どもからシニアまで幅広い世代に広がっています。

ストリートダンスやヨーヨーのコンテストもあります。日本最大規模のストリートダンスコンテスト「ジャパンダンスディライト」(株)アドヒップ:大阪市)、大学生向け創作ロボットコンテスト「NHK学生ロボコン」(日本放送協会他)、自律制御で迷路を走破してゴールへ到達するロボットを競う「全日本マイクロマウス大会」(公財・ニューテクノロジー振興財団)、面白い変換ミスを競う「変漢ミスコンテスト」(日本漢字能力検定協会)などが、ユニークな競技コンテストとして注目されています。

最近では、ゲーミングパソコンや情報機材など、高価な電子機器をそろえたeスポーツカフェも伸びてきました。

「LFS 池袋 esports Arena(ルフス池袋イースポーツアリーナ)」(東京都豊島区)、「ROCKET e-cafe(ロケットイーカフェ)」(同・千代田区)、「ESPORTS CAFÉ(イースポーツカフェ)」(同・新宿区)などでは、施設利用料を払うだけで気軽にeスポーツをプレイできます。これらはｅスポーツのゲームに特化した、インターネットカフェの拡大ともいえるでしょう。

競争・ゲームの３つのポイント

以上の先例を参考にして、今後の競争・ゲーム手法を探訪してみると、次のような方向がみえてきます。

１つ目は、**賭けビジネスの革新化**です。賭けビジネスには、トランプやカード遊びのように一人賭けから、パチスロ、競馬、宝くじといった社会的な抽選システムまで、さまざまな種類がありますが、その本質はユーザー自身の運試しに尽きます。

それゆえ、従来からの賭け事はカタチを変えながら今後も続いていきますが、同時に、個人や家族が楽しめるギャンブル玩具、より微妙な判断を求める社会的ギャンブル、新方式の合法的な富くじなども、新たな商品やサービスとして開発していくことが求められます。

２つ目は、**新ゲームの開発**です。毎日の暮らしがさまざまな遊びで満たされてくると、多くの生活者はそれだけではもの足らなくなり、今度は新たなルールやターゲットを決めて、家庭内や近隣社会のゲームを求めるようになります。

これに対応するには、ＩＣＴ技術やネットを応用した家庭用ゲーム機はもとより、ハイテクツールのバーチャルリアリティーを応用した体感遊戯、子どもからシニア層までが一緒に競えるような、新しい公園ゲームなどが必要になるでしょう。

３つ目は、**新競技の開発**です。賭け事やゲームへの需要が増加するに伴って、新たなスポーツや競技への期待も広がっていきます。

こうした需要に応えて、従来から存在するさまざまなスポーツを手直ししたり、まったく新しいスポーツを創り出すことが期待されます。クロス・リアリティー、メタバース、デジタルツインなど、ハイテクツールを利用した新ゲームもまた有望でしょう。

あるいは、遊びに関するテクニックや芸術活動などを、互いに競い合う需要もまた拡大していきますから、新たなコンテストや競技会の創設も求められます。

以上のような３つの方向が円滑に進行していけば、競争・ゲーム市場は新たな虚構産業として、社会的な認知を幅広く得られるでしょう。

3,「模擬・戯化」戦略

独りで遊ぶ

2番目の「模擬・戯化」戦略は、独り遊びや疑似体験を楽しむもので、「私戯」「戯化」「模擬」という3つの方向に応えて、さまざまな商品やサービスが先行しています。

「私戯」手法では、ミニチュアづくり（カード遊び、コンピューターゲーム、独りスポーツ）や、私的遊びづくり（変換、新規創造）などで、新たな動きがみられます。

例えば、NASAの科学者たちが無重力状態下のアリの生態を観察するために作った実験装置を、グローバス社（イタリア）が一般向けに発売したアリの観察キット「アントクアリウム」は、透明な容器と栄養分に富んだ食糧ジェルにより、アリの生活を身近に観察することができます。

エレクトロニック・アーツ社（アメリカ）が発売している、都市経営シミュレーションゲーム「シムシティ」は、ユーザー自らが都市計画家となって、美しく活気あふれる大都市をデザインするゲームです。

ミニスケープ（箱庭ゲーム）と呼ばれるコンピューターゲームを使って、市長となったプレイヤーが街を運営していきます。１９８９年に第1作「シムシティ」が発売されて以来、多くのシリーズが開発されています。

また独りスポーツでは、1人でサッカーボールを自由自在に操る「フリースタイルフットボール」を始め、スケートボード、スノーボード、インラインスケートなどの純個人スポーツが伸びています。

独りコミックでは、コミックマーケット準備会（東京都世田谷区）が年2回、東京ビッグサイトで開催しているコミック同人誌の即売会「コミックマーケット（通称コミケ）」が、世界最大のコミケ・イベントとして有名です。

市販誌のキャラクターを変換した自作品を売買したり、自作のコスプレを誇示する場所となっています。

身近なモノを遊びに変換する「ボディパーカッション」は、ＮＰＯ・ボディパーカッション協会（福岡県久留米市）が２００2年から推進しています。身体（ボディ）全体を打楽器（パーカッション）に見立てて、音楽のリズムを奏でようとする遊びで、子どもから大人まで誰もがその場ですぐに楽しめる、新しいレクリエーションとして人気を博しています。

日常や近隣を「戯化」する

「戯化」手法では、家庭遊戯（テレビや音楽などの家庭娯楽）、近隣遊戯（地域社会内の娯楽）、日常・勤勉用商品の遊戯変換などを対象にして、次のような先例があります。

日常生活を遊びに変える商品として、㈱ソリッドアライアンス（東京都中央区）は、2004年に寿司型USBメモリーを、2009年に耳からバナナやキノコが飛び出すクレイジーなイヤフォン「Crazy Earphone」などを発売しています。

相模屋食料㈱（群馬県前橋市）は2012年にアニメ「機動戦士ガンダム」に登場する人型ロボット兵器「ザク」の頭の形をした「ザクとうふ（MS—06　ザクとうふ）」を、カモ井加工紙㈱（岡山県倉敷市）は、2008年に工業用テープをインテリアや幼児の遊び用に変えた「カラフルマスキングテープ」を売り出しています。

浴室を遊ぶ空間に変える浴室用遊具やAV機器も人気です。㈱バンダイは2022年からアニメのキャラクターをフィギュア化した浴玩「ふろとも」や「ゆるすた」などの「浴玩」シリーズを、パイロットコーポレーション㈱（東京都中央区）は「おふろDEミニカー」シリーズなどの「浴玩」を発売しています。

また浴室用のAV機器では、パナソニック㈱が5V型防水テレビを、アマゾンジャパン（同）

(東京都目黒区)が防水型ディスプレイ「Kindle Paperwhite (キンドル・ペーパーホワイト)」を、それぞれ発売しています。

近隣を戯化するのが「日常系テーマパーク」です。非日常的なテーマパークに対して、インスタントラーメンの開発者を称える「カップヌードルミュージアム」(大阪府池田市、横浜市)を筆頭に、多様なラーメンを楽しめる「会津喜多方ラーメン館」(福島県喜多方市)や「キャナルシティ博多・ラーメンスタジアム」(福岡市)など、日常的な食品をテーマにした、中規模のテーマパークが伸びています。

日常的な交通手段である電車を、ビヤホール、カラオケバーなど遊び用に転用する「イベント列車」も、JR北海道、JR東日本、JR四国を始め、津軽鉄道㈱の「ストーブ列車」、長良川鉄道㈱の「清流レストラン・ながら」、豊橋鉄道㈱の「納涼ビール電車」など、各地の鉄道会社で展開されています。

日常用品を遊具に変換する戯化では、デザインや模様に遊び心を大胆に取り入れたキッチン用品が好評です。㈱サンアート(愛知県瀬戸市)は可愛い「インテリア食器」を、曙産業㈱(新潟県燕市)はゆきだるまの形をしたお米計量カップ「スリキリゆきだるまカップ」を売り出しています。

つなぎ服やオーバーオールなどの作業服に、カラフルな彩りやしゃれたデザインを加えて、カジュアル衣料に変えるメーカーも増えています。

作業服や作業用品を販売している㈱ワークマン（東京都台東区）は、2018年に作業服専門店「ワークマン」を開設し、カジュアルテイストのプライベートブランド商品を発売しました。プロ向けの作業衣料を遊びや普段着に転換したことで、SNS上でも拡散し、一大ヒット商品となっています。

「模擬願望」に応える

「模擬」手法では、実演鑑賞（観劇、コンサート）、映像・イメージ鑑賞（映画、アート作品）、疑似体験（テーマパーク）などを対象に、次のような先例が行なわれています。

お江戸上野広小路亭やお江戸日本橋亭を経営する永谷商事㈱（東京都武蔵野市）は、毎月「歴史と文化の散歩ラリー」を運営しています。

「円朝祭と今しか見られない幽霊ツアー」「明治文学散歩・漱石と鴎外」などのテーマを掲げ、講談でおなじみの旧跡を講釈師が直接案内したうえ、最後に演芸場を訪れて実演を聞くというイベントです。

倉庫業の鈴木興産（東京都台東区）は、１９９４年に倉庫を改造し、舞台芸術やアートイベントのリハーサル用に「すみだパークスタジオ」を開いています。錦糸町駅から徒歩１２～３分という距離が多くの利用者と観客を呼び、演劇、ダンス、朗読、コンサート、映像などの分野で、知名度は海外にまで広がっています。

オンラインを使って、自宅で気軽に参加できる模擬体験型ツアーも伸びています。㈱アクティビティジャパン（東京都新宿区）の運営する予約サイトでは、国内や海外への旅行体験、フラダンスや陶芸などのレッスン体験、文化遺産や歴史を学ぶ教養体験などに人気が集まっています。

テーマパークでも、スペインの生活を擬似体験できる「志摩スペイン村パルケエスパーニャ」（三重県志摩市）、江戸時代の暮らしを擬似体験できる「東映太秦映画村」（京都市）、アトラクションに参加して物語に完全没入（イマーシブ）できる「イマーシブ・フォート東京」（東京都江東区）、８０種類以上のアトラクションで、老若男女が楽しめる「グリーンランド」（熊本県荒尾市）など、各地の異色パークがさまざまな模擬体験を提供しています。

模擬・戯化の3つのポイント

これまで述べてきた先例を参考に、「模擬・戯化」戦略を展望してみると、次のような3つの方向がみえてきます。

1つ目は、**戯化の促進**です。飽和・濃縮の進行で心にゆとりが増えてくると、私たちは新たな遊びを求めるようになります。そこで、生活者の多くは、自らの家庭や住居のまわりへ、できるだけ遊びを取り入れようとします。

こうした需要に応え、住居や個室へはステレオやホームシアターの延長線上にハイテクツールを応用して、音楽、映像、ゲーム機器、娯楽アートなどを取り入れる遊戯装置がますます伸びていくでしょう。

また衣食住、洗顔、入浴から家事や勉学までの道具へ、可能な限り遊びの要素を組み入れた商品もヒットします。

2つ目は、**私戯の促進**です。飽和・濃縮社会では、一人ひとりのユーザーもまた濃縮願望を高め、自分なりの遊びを求めるようになります。

そこで、ミニチュア作り、独りトランプ、パソコン用ゲームソフト、携帯ゲーム機など、従来からの独り遊びやその発展商品はもとより、手作り型食玩、自由に作り変えられるゲームソフト、携帯電話上のマップを使った目標探索遊びなど、個人的な余暇や自由時間を独創的に楽しめる新商品やサービスが増加してくるでしょう。

3つ目は、**模擬の促進**です。飽和・濃縮が進むとともに、新たな文化やアートが生まれてくる可能性も強まってきます。社会的な停滞が返ってゆとりを生み出し、情報や知識が深まっていくにつれて、成熟した感性が爛熟《らんじゅく》した文化を創り出すようになるからです。

ここでもハイテクツールのクロス・リアリティー、メタバース、デジタルツインなどのソフト系はもとより、ヒューマノイド、ドローン、飛行車などのハード系も、新たな仮想空間を拡大してくれます。

その結果、リアルな日常空間の外側に、演劇、舞踊、映像、音楽、インスタレーションなど、壮大な虚構空間が広がっていきます。

以上、3つの戦略を適切に展開していけば、伝統的な芸術文化の深化はもとより、まったく新しいアートや文化産業の創造が期待されます。

4,「混乱・めまい」戦略

くるくる遊ぶ

3番目の「混乱・めまい」戦略は、錯乱や浮遊感を楽しむもので、「めまい」「弛緩」「混乱」の3つの願望に応えて、それぞれさまざまな商品やサービスが先行しています。

「めまい」手法では、地上めまい（屋内外）、空・海めまい（スカイ／マリンスポーツ）、酩酊《めいてい》めまい（アルコール、ドラッグ）などを対象にして、次のような先例があります。

地上めまいでは、日本トランポビクス協会（広島市）が普及活動や指導者養成を行なっている「トランポビクス」があります。

直径86センチのミニトランポリンを使って、エアロビクスのトレーニングとミックスさせた健康法です。跳ぶこともなく身体に負荷をかけるという独特の運動により、関節へのショックが少なく、幅広い年齢層がいつでもどこでも参加できます。

空めまいでは、NPO・日本マイクロライト航空連盟（東京都港区）が中心となって、各地で開いている、初心者向きのスクール「パワードパラグライダー」があります。

従来のパラグライダーにエンジンをつけたもので、平地から人間の足で離着陸できる手軽さと、航空機の規制を受けない自由さによって、スカイスポーツでは人気が急上昇しています。

また、日本カイトボーディング協会(千葉県佐倉市)が中心となって、各地で指導スクールを開催している「カイトボーディング」も、大空に揚げたカイト(凧)を推進力にして海上のサーフボードを操り、水面を滑走する新感覚のマリンスポーツです。風と波の力だけを推進力とするのが最大の特徴で、空へ飛ぶ事も可能です。

海めまいでは、1995年に発足した(一社)日本ウェイクボード協会(東京都中央区)が、毎年全国で大会を開いている「ウェイクボード」があります。

モーターボートでサーフボードを牽引して水上を滑る、水上スキーとサーフィンを合体させたマリンスポーツですが、ボートが作り出す波を利用して、ジャンプやスラロームで技を競います。1984年に米国西海岸で始まったものですが、90年代に日本でも流行し始め、現在の競技者は90万人を越えています。

酩酊めまいでは、最も簡単にめまいを味わえる低アルコール飲料に人気が集まっています。

アサヒビール㈱では、2021年から「ビアリー」、「ビアリー 香るクラフト」、「ハイボリー」、

「ハイボリージン」などアルコール度0・5%の商品を発売しています。サッポロビール㈱もまた同年に「ザ・ドラフティ」(同0・7%)を売り出しています。

木内酒造(合)(茨城県那珂市)の常陸野ネストビール「ノン・エール」(同0・3%)、「ゆずジンジャーノンエール」(同0・2%)なども、若い女性層に伸びているようです。

遊び要素の強い「弛緩」

「弛緩」手法では、接触志向(マッサージ、エステティック)、浮遊志向(温泉、プール)、自然志向(登山、アウトドア)などを対象に、次のような先例が展開されています。

接触志向では、1990年代に日本に導入された「英国式リフレクソロジー」があります。西洋式リフレクソロジーを日本人向けにアレンジした、足裏・足もみ健康法の現代版ですが、最近では手・顔・首・肩などのツボを刺激して、全身の自然治癒力を高める「ホリスティック・リフレクソロジー」に発展しています。

また「タイ式マッサージ」では、タイの伝統文化であるタイ古式マッサージ「ヌアボーラン」を普及させるため、2000年に設立された日本トラディショナルタイマッサージ協会(東京都渋谷区)が、セラピスト、インストラクターなどの教育を進めています。

海水や海泥、海藻、あるいは海洋性気候など、海の力を健康や美容に役立てようという療法「タラソテラピー」もあります。専門の施設としては、1997年、房総半島の勝浦に設立されたテルムマラン・パシフィークが先駆です。

浮遊志向では、㈱自然堂（東京都千代田区）が「健康と癒し」をコンセプトに1996年よりフランチャイズで展開している、新タイプの銭湯「極楽湯」があります。入浴機能よりも娯楽機能を優先させ、料金を銭湯なみとした点が受けて、全国に40数カ所へと広がっています。

自然志向では、㈱モンベル（大阪市）が発売している、防水性の高いレインスーツ「03レインダンサー」があります。新世代ゴアテックスによる高い防水性とコストパフォーマンスの高さが評価されて、中高年トラッカーの間でヒット商品となっています。

㈱ゴールドウイン（東京都渋谷区）のキャンプ・アウトドアブランド「ザ・ノース・フェイス」も、アスリート向けの本格的な商品から普段の生活でも使える商品まで、多岐にわたる商品構成で、幅広いユーザーをつかんでいます。

より長く使ってもらうために、独自のリペアセンターでの修理にも対応しています。

「混乱」を楽しむ

「混乱」手法では、感覚混乱装置（遊園地、公園）、熱狂イベント（新しい祭や行事）、熱狂空間（スポーツカフェやバー）などを対象に、次のような先例が行なわれています。

感覚を混乱させるジェットコースターでは、富士急ハイランドの「ええじゃないか」、ナガシマスパーランドの「スチールドラゴン２０００」、ユニバーサル・スタジオ・ジャパンの「ザ・フライング・ダイナソー」などが、失神レベルとして愛好家を集めています。

岐阜県養老町の「養老天命反転地」も、感覚混乱の代表的施設です。１９９５年、現代美術家の荒川修作と詩人のマドリン・ギンズが、感覚を混乱させて自らを再発見させる、というコンセプトで造ったテーマパークです。

メインパビリオン「極限で似るものの家」やすり鉢状の「楕円形のフィールド」には、天井・地上・地下の３層にそれぞれ家具が取り付けられており、１４８の曲がりくねった迷路などが設けられています。

また岡山県の奈義町現代美術館にも、両氏が１９９４年に制作した、肉体の感性を解放するための実験的建築、「奈義の龍安寺」があります。日常とは異なった経験を強制して、根源的な身体能力を目覚めさせようとする施設です。

熱狂の中で混乱を味わう祭イベントにも、新しい祭の創造があります。「にっぽんど真ん中祭り」は、札幌市のＹＯＳＡＫＯＩソーラン祭りに参加した名古屋の学生たちが熱狂や忘我を味わえるイベントを求めて、１９９９年の夏、名古屋で生み出した、新しい祭です。踊り子たちは、見られることを意識せず、上手下手も関係なく、ひたすら一緒に身体を動かすことで、非日常的な時間や空間を味わい、感動を共有できる「総踊り」が特徴です。２０２０年代には２００万人規模の祭に成長しています。

熱狂や忘我を味わうスポーツカフェもあります。「スリーモンキーズカフェ秋葉原」（東京都千代田区）や「WINE & GRILL TACT.（ワインアンドグリル・タクト）」（東京都渋谷区）などでは、巨大なスクリーンを設置しており、スポーツ観戦に没頭できます。

混乱・めまいの４つのポイント

これまで述べてきた先例を参考に、「混乱・めまい」戦略を展望してみると、次のような4つのポイントがみえてきます。

１つ目は、**めまいの誘導化**です。純個人的な遊びの中で、他人に気兼ねなく楽しめる「めまい」遊びが求められていますから、子ども向けの公園遊具から成人向けのスカイダイビングやスキンダイビング（素潜り）に至るまで、新しい形態の「めまい」遊びは今後も次々に登場してくるでしょう。

もうひとつ、感覚的にめまいを体験できるアルコール類についても、コギャル向けはもとより、コマダムやハイパーミドル向けなど、酩酊体験を異にする世代や年齢層を分けて、斬新な新商品が求められるでしょう。

２つ目は、**弛緩の促進化**です。ゆとりをもっと楽しもうとする生活者たちは、家庭や住居のまわりの遊びやゲームに飽きてくると、疲労や緊張を緩めるため、新たな解放感を求めるようになります。

日常生活においても、毎日の緊張を解きほぐすための手法がありますが、それらが基本的に慰安を提供するものであるのに対し、「弛緩」手法ではさらなる遊びや悦楽の要素が求められます。

そうなると、今後はより遊びの要素の強いマッサージ、温泉、アウトドア関連の商品やサービスが伸びてきます。

３つ目は、**混乱の誘導化**です。模擬手法や競技手法は多くの場合、そのプロセスや終了時に参加者を興奮や熱狂へ誘い込みます。

つまり、欲求や欲望の次元がそのまま欲動次元に直結しているのです。とすれば、これらの手法の中にも、あらかじめ混乱状態へ誘い込む手順を組み込むことが求められます。

４つ目は、**ハイテクツールの応用**です。クロス・リアリティーやデジタルツインなどのつくり出す模擬的空間はもとより、ドローンや飛行車などを活用すれば、実体験においても、まったく新たな混乱状態を新たにつくり出すことができるでしょう。

以上のように考えてくると、今後の「混乱」手法には、公共的な装置はもとより、公聴会、市民集会といった、社会的なイベントにおいても、積極的に興奮や熱狂をつくり出すような、斬新な仕掛けが必要になってきます。

５，差戯化戦略のポイント

３つの仕組み

差戯化手法の本質は言葉のつくり出す、さまざまな虚構を対象にして、嘘そのものを楽しめるような仕掛けをつくることです。

虚構の中には、浪費や蕩尽《とうじん》、虚脱や混乱、戯化や模擬、ゲームや競争などが含まれていますが、いずれも言葉の持つ規範性を無視したり変更していく点では共通しています。

それゆえ、虚構空間に滑り込んでいくと、日常とは別種の緊張へ身を委ねる事態も生まれてきます。遊戯内での架空ルールへの戯れ、模擬空間への心酔、体感的な混乱、怠惰での後悔など、さまざまな虚構願望に溺《おぼ》れるケースも出てくるからです。

しかし、前節で述べた通り、怠惰な状態をずっと持続していると、誰もが次第に苦痛になり、やがて飽きてきます。そこで、しばらく弛緩と遊びを味わった後は、今度は再び気持を引き締めようと、自ら「規範」をつくり出したり、新たな「目標」を掲げて、日常生活へ戻っていくことになります。

このように、虚構空間とは一見不真面目な世界にみえますが、それ自体で独立しているわけではなく、日常界や真実界と常に接点を保持し、互いに流動しているものです。そう考えると、差戯化手法を成功に導くためには、次の諸点に留意することが必要でしょう。

第1は、言葉のつくり出す意味や目標を意図的に緩めて、日常生活では味わえない虚構空間をつくり出すことです。

第2に、浪費や蕩尽《とうじん》の虚無感や模擬や遊戯の高揚感など、徹底した解放感、あるいは昂揚《こうよう》感を提供する仕組みづくりが求められます。

第3には、怠惰や無為などの自堕落的な行動や、めまいや混乱などの体感的な遊びを提供するだけでなく、ルールや競争などで虚構の目標をつくり出し、虚脱要素と闘争要素を巧みに組み合わせることが必要です。

以上の3点に配慮すると、究極の差戯化手法とは、日常界や真実界とはまったく異なる世界へ入り込むものではなく、むしろ虚脱や弛緩、闘争や模擬を通じて、再び日常界や真実界での暮らしをリフレッシュさせるものだ、といえるでしょう。

虚構と日常を取り結ぶ

こうした方向を人口減少市場に応用すると、「超日常」向けでは身近な遊戯商品、家庭内遊戯用具、日常生活遊戯化商品、遊戯志向マルチハビテーションなど、「超年齢」向けでは幼・少年向けの職業疑似体験型遊園地、シニア向けゲームセンターなど、「超家族」向けではお独り様専用カラオケ、一人旅限定旅行・ホテルなどが有望になってきます。

例えば、日常生活遊戯化商品では、さまざまな道具や食品について、それぞれの実用的、本質的な効用に加え、遊びやゲームなどの要素をカラー、デザイン、イラストなどで付加し、ユーザーに遊び心や楽しさを提供していきます。

日常生活の上に遊戯生活を加えることで、一人ひとりのユーザーに対し、暮らしの意味づけを豊かにするという視点が必要です。

また幼・少年向けの職業疑似体験型遊園地については、逆説的な応用も可能です。遊園地という虚構空間では誰もが模擬的な体験を味わえますから、これを活用して、日常的な職業をも体験できるという、リアルな仕組みが売り物になります。

とすれば、それぞれの模擬体験がどこまで真実に近づけるかという、厳しいルールづくりによって、ユーザーに緊張感を与えることが必要ですが、他方では終了した後の反省会や交歓会などによって、体験そのものを楽しさに変えていく仕組みも求められます。

お独り様専用カラオケでも、ユーザーがステージに立つという虚構空間をできるだけリアルに提供することが必要です。そのうえで、幻想的な昂揚感を味わわせるとともに、終了後にはある種の虚脱感を与えることで、なだらかに日常生活へ戻っていくきっかけを提供していく仕組みが必要なのです。

以上のように、差戯化戦略では、虚構と真実の間、あるいは虚構と日常の間で、商品やサービスのネウチをさまざまに多様化していくことが成功の秘訣といえるでしょう。

Ⅳ部　人減先進国・日本をめざして

序章では人口減少に伴う、さまざまな需要変化を予測し、Ⅰ部では量的変化＝3縮化への対応を、またⅢ部では質的変化＝3超化への対応を、それぞれ提案してきました。

しかし、日々深化していく人口減少市場を的確にとらえるには、個々の戦略だけでは不充分かもしれません。6別化戦略と6差化戦略の、幾つかを重ね合わせたり、巧みに連結させるような、マーケティング戦略の統合化も求められます。

さらには、業種業態への対応を大きく超えて、産業界全体の構造革新もまた、大きな目標となってきます。それこそが人口減少に適応する先進国、つまり「人口減先進国」への挑戦といえるでしょう。

Ⅳ部では、人口減少社会のマーケティング戦略が目指すべき、究極の方向を考えていきます。

10章　産業を革新する「多重化」戦略

1，12戦略を組み合わせる

6別化×6差化

Ⅱ部で提案した、日常市場の必需品に向けての6別化戦略（別能化、別額化、別数化、別層化、別接化、別業化）と、非日常市場の選択品に向けての6差化戦略（差異化、差元化、差延化、差汎化、差真化、差戯化）は、それぞれの目標に対する、最も基本的な市場戦略になる、と述べてきました。

これら12の戦略については、そのいずれについても独自の効果が期待できるからです。

しかし、人口減少社会の需要変動は、予想を上回る速度で展開していきます。こうした事態に的確に対応していくには、必需品の更新と選択品の創造という課題をさらに超えて、必需品と選択品の相互乗り入れ、あるいは融合といった、新たな課題が浮上してきます。

これに応えるためには、市場戦略においてもまた、6別化と6差化をクロスしたり、あるいは重ね合わせるという段階へ、もう一歩コマを進めていかなければなりません。

そこで、6別化戦略と6差化戦略を2重、3重に組み合わせた戦略を「多重化戦略」と呼ぶ

図表46　12のマーケティング戦略

必需縮小化

量的縮小に対応するマーケティング
6別化戦略

別能化・・・新機能化、高性能化、高品質化

別額化・・・低額化、定額化、高額化

別数化・・・複数化、リピート化

別層化・・・エイジレス化、ユニセックス化、
　　　　　ユニバーサル化、ステートレス化

別接化・・・間接接触化、直接接触化

別業化・・・分野拡大化（業種見直し化）、
　　　　　本業深耕化（業態見直し化）

×

質的変化に対応するマーケティング
6差化戦略

差異化・・カラー化、デザイン化、ネーミング化、ストーリー化

差元化・・・体感化、象徴化、神話化

差延化・・・私仕様化、参加化、手作り化、編集化、変換化

差凡化・・・新規化、流行化、権威化

差真化・・・自学・自習化、自強・修行化、作法・儀式化

差戯化・・・競争・ゲーム化、模擬・戯作化、混乱・めまい化

売上維持・拡大

ことにしましょう。

多重化戦略では、

①6別化の6つの戦略を2つ以上組み合わせる

②6差化の6つの戦略を2つ以上組み合わせる

③6別化と6差化の合計12戦略の中で、2つ以上を組み合わせる

といった3つの方向が考えられます。

この章では、豆腐、トイレットペーパー、シェアハウスの3市場を事例として、それぞれの戦略の実例を紹介したうえで、多重化の可能性を考えてみましょう。

2，豆腐を拡販する

進む別能化

最初の事例として、豆腐を取り上げてみましょう。豆腐は私たち日本人にとってかなりポピュラーな食品であり、一般的な木綿豆腐や絹豆腐は1丁約300グラムが80～100円で売られています。

しかし、人口減少による需要低下に原料高などが加わって、中小企業が多い豆腐メーカー(4人以上の事業所)は、2000年の6,766から2019年の2,416へ、6割も減少しています。その一方で、1事業所あたりの出荷額は5,800万円から13,000万円へと、2・24倍に増加しており、大規模化が進んでいます(経済産業省・工業統計・2020年確報)。

とすれば、豆腐市場の需要規模を今後も維持し、さらに売り上げを増やすためには、6別化や6差化の個々の戦略はもとより、両者を組み合わせた多重化戦略を強力に実施していかなければなりません。すでに豆腐業界では、さまざまな試みが行なわれていますので、戦略別に眺めてみましょう。

最も基本となる6別化戦略のうち別能化では、新製法や新製品が試みられています。

九一庵食品協業組合(長崎県大村市)が、2013年に発売した「九州産 木綿豆腐」は、新製法で作られています。

従来の製法では、水に浸して軟化した大豆をすりつぶし、蒸した後で豆乳を絞りますが、新製法では大豆を水に浸さず、2回に分けて破砕《はさい》します。最初の破砕で8分割程度に砕いて皮を除去し、次に水と混ぜて細かく裁断しペースト状にします。これを釜に入れ、中と外から水蒸気を当てて過熱ムラをなくします。

大豆を水に10時間以上浸す旧製法に対し、新製法では20分と大幅に短縮できますから、見込み生産による生産過剰を避けられるうえ、栄養やうま味の流出も防げます。

さとの雪食品㈱（徳島県鳴門市）は、2021年に常温で120日間保存できる「ずっとおいしい豆腐」を発売しました。国内で冷蔵販売が義務付けられていた豆腐は、18年に無菌充てん豆腐であれば常温流通・販売が可能になりました。この製品では製造工程における「2つの無菌化」に成功し、常温で長期間の保存を可能にしました。

井村屋㈱（三重県津市）は、2022年に「そのまま食べて美味しい豆腐」を発売しています。滋賀県産大豆を100%使用した、こだわりの豆腐商品であり、創業以来50年間の製造ノウハウと、新たな製造技術を巧みに融合させた新製法によるものです。

ネーミング・デザイン・開運

6差化を代表する差異化戦略では、カラーやデザインなどの意匠、あるいはネーミングやストーリーなどの言葉で差をつけますが、その代表事例が、男前豆腐店㈱（京都府南丹市）の「男前豆腐」や「風に吹かれて豆腐屋ジョニー」です。

「男前豆腐」はもともと、同社の社長がかつて在籍していた三和豆友食品㈱（茨城県古河市）から、2003年3月に発売された商品です。

寄せ豆腐を二重底の容器に入れ、出荷後に徐々に水が切れて固くなる「水もしたたるいい豆腐」を、「水もしたたるいい男」とかけて「男前豆腐」とネーミングしました。これが話題となって、1丁300グラム240円と高額にもかかわらず、ヒット商品となりました。

意匠や言葉などコトの差を作る差異化に対して、モノそのものへの回帰を目指す差元化では、体感や無意識、神話や伝説で差をつけていきますが、この分野でも新食感や開運を付加した先例があります。

喜平商店（富山県南砺市）の「五箇山とうふ」は、豪雪地帯の五箇山地方で保存食として受け継がれてきた伝統的な製法で、「縄でしばっても崩れない」固さを売り物にしています。普通の豆腐より水分を抜いて作られるため、小さく切っても形がくずれにくく、刺身はもちろん、冷奴、煮物、田楽などにも最適です。一角（約800グラム）で500円です。

また加来豆腐店（熊本県菊池市）の「豆腐の味噌漬」も、筑後地方で800年の歴史を持つ製法を現代風にアレンジし、チーズのような食感と甘辛い味噌の風味を楽しめる商品です。1パッケージ550円です。

開運や縁起担ぎを付加する伝統回帰でも、相模屋食料㈱（群馬県前橋市）が２０１３年に㈱旺文社とタイアップして、受験生向けに「合格だるま豆乳湯とうふ」を販売しています。パッケージには縁起物のだるまをデザインし、目の部分は空白にして合格祈願の仕様にしました。電子レンジで３分３０秒温めるだけで、１人でも食べきることができるサイズですから、受験生の夜食にも最適です。

１パック３００グラム１９８円で、２０１７年には１２月１４日から２０１８年2月２８日までの期間限定で発売されました。

より本格的には、2月3日の節分に豆腐を食べようというムーブメントも始まっています。全国の豆腐製造業者有志の会「べに白会」が推進する「立春大吉豆腐」です。

２００３年頃、出雲大社相模分祠の分祠長が古文献に「節分の豆腐は身を清める」との記述を見つけ、「立春（2月4日頃）と夏越（6月３０日頃）に豆腐を食べよう」と提案したことから始まりました。

立春の前日（2月3日）に食べる豆腐は、それまでの罪や穢《けが》れを祓《はら》い、立春当日（2月4日）に食べる豆腐は、健康な身体に幸福を呼び込むといわれています。現在、同会の参加企業が個々に商品化を検討していますが、恵方巻よりいっそうポピュラーな商品ですから、適切に対応すれば、大きく伸びることが予想できます。

一方、個々のユーザーの独創的な用途を創り出す差延化では、幾つかの会社が手作り豆腐キットを発売しています。

アウベルクラフト㈱(愛知県岡崎市)の「手作り木綿豆腐・温度計付きキット」には、檜《ひのき》製の豆腐箱(2丁分)、塩田産液体にがり(8丁分)、国産大豆(2丁分)、こごし袋1枚、仕上げ袋1枚、温度計1本、作り方説明書が入っており、3,050円で約2丁分の豆腐が作れます。

かわしま屋(東京都武蔵村山市)の「豆腐手作りキット」には、尾鷲ヒノキの豆腐型箱、北海道産大豆、大島の海精にがり、さらし布・こし袋に豆腐の作り方レシピがついており、「自分なりの豆腐を作りたい、ユニークな豆腐を食べたい」というユーザー自身の差延化願望に積極的に応えようとする商品として、約1丁半分が3,980円です。

ヘルシーやキャラクターへ

健康志向に応える差真化では、病気を予防する豆腐が登場しています。㈲美川タンパク(石川県白山市)が1997年に発売した「美川美人」は、EM(有用微生物群)を配合したヘルシー食品です。

ＥＭとは有用微生物群（Effective Microorganisms）の略で、パンやヨーグルトや納豆など発酵食品の加工に利用されている有用菌を中心に、乳酸菌、酵母菌、光合成細菌などの微生物を共生させた「微生物群」のことです。

複数の安全な微生物が相互に作用して、有機物の有用発酵を促し、体内を浄化します。ビタミン、ミネラル、良質のタンパク質がバランスよく配合されており、１丁３４３円です。

旭松食品㈱（大阪市）が２０１０年代に発売した「小さなこうや 減塩」は、塩分を２５％カットした商品です。

こうや豆腐を柔らかくする重曹を炭酸カリウムに切り替えて、食塩相当量ほぼゼロを実現し、さらに塩分の排出を助けるカリウムを、一般的なこうや豆腐の約２６倍に増やすことに成功しました。「新あさひ豆腐　減塩粉末調味料付5個入」という名称で、３６５円で発売しています。

遊び志向に応える差戯化では、アニメやキャラクターの応用が目立っています。９章で述べたように、相模屋食料㈱が２０１３年3月に発売した「ザクとうふ（ＭＳ―０６ ザクとうふ）」は、テレビアニメ「機動戦士ガンダム」に登場するジオン公国の人型機動兵器モビルスーツザクⅡをイメージした商品です。

鮮やかな緑色の枝豆豆腐で、ザクの頭部を模したパッケージやジオン軍章をプリントした密閉フィルムなど、遊び志向が徹底しています。１９０円とやや高額でしたが、大ヒットしましたので、その後はさまざまな架空兵器をモチーフにした商品がシリーズ化されています。

さとの雪食品㈱が２０１３年６月に期間限定で発売した「リラックマごゆるり絹とうふ」も、幼児向けの人気キャラクターを付加した商品です。

リラックマとは着ぐるみのクマのことですが、醤油をかけると可愛いクマの顔が豆腐の表面に浮かび上がり、楽しく食べることができます。顔の表情には４種類あり、単品販売はもちろん、１２個セットでも発売されています。１６０グラム４個で１０８円でした。

豆腐を多重化する

これまで述べてきた、幾つかの戦略を相互に重ね合わせると、６別化の基本である別能化戦略をベースにして、次のような多重展開が可能になってきます。

別額化では、㈱おとうふ工房いしかわ（愛知県高浜市）の「スプーンで食べる究極のとうふ」や、㈲五木屋本舗（熊本県五木村）の調味料として使える「山うに豆腐６種類詰め合わせ」が、新機能（別能化）で１丁当たり２７０〜６８４円、㈲とうふ工房矢代（新潟県妙高市）のハレの日を祝う「一升祝い升豆腐」がギフト化（差汎化）で1丁当たり約5，000円、男前豆腐店㈱の「男前豆腐」がネーミングとデザイン（差異化）で1丁当たり280円など、高額化を達成しています。

別数化では、㈲美川タンパクの「美川美人」や旭松食品㈱の「小さなこうや　減塩」が、ヘルシー対応（差真化）でリピート客を増やし、「べに白会」の「立春大吉豆腐」も、節季商品化（差元化）で購買機会を増やす可能性があります。

別層化では、さとの雪食品㈱の「リラックマごゆるり絹とうふ」がキャラクター化（差戯化）で幼児層を、相模屋食料㈱の「ＭＳ―０６」がアニメの応用（差戯化）でコミックマニア層を、同社の「合格だるま豆乳湯とうふ」がお守り化（差元化）で受験生を、それぞれ新たな顧客層として開拓しています。

別業化では、㈲五感（大阪市）のデザート風お豆腐「豆富花」や㈲藤倉食品（秋田県横手市）のお菓子「豆腐かすてら」が、スイーツ化やケーキ化（差汎化）で女性層へ顧客を広げるとともに、豆腐製造から菓子製造へと業態を拡大しています。

別接化では、アウベルクラフト㈱の「手作り木綿豆腐キット」や、かわしま屋の「豆腐手作りキット」が、自給自作志向者（差延化）という新たな客層へ接点を増やしました。

以上のように、多重化戦略を駆使すれば、縮小する豆腐市場にも革新と拡大の可能性が生まれてきます。

3，トイレットペーパーを伸ばす

増える新機能

２つ目の事例はトイレットペーパーです。これまた典型的な必需品ですから、人口が減れば、まさしくそれに比例して需要量も減っていきます。

需要が減れば価格も落ちるはずですが、昨今では原料や輸送費の高騰で値上げが続いています。１ロールの価格は２０１５年の２４円から２０２４年には６６円へ、２・８倍ほど上昇しています。

こうした市場環境にもかかわらず、トイレットペーパーを供給する製紙業界では、２０年も前から、さまざまな対応策を展開してきました。販売量を維持するため、品質を上げたり、付加価値を付けて、販売規模を維持、あるいは拡大していこうという戦略です。

まず別能化では、機能や品質を更新した、さまざまな商品が開発されています。例えば林製紙㈱（静岡県富士市）が２００７年に発売した「メジャー付きトイレットペーパー」は、メタボ対象者向けに、トイレットペーパーで自分の腹まわりを採寸できるという商品です。トイレの中で簡単に測れるうえ、内蔵脂肪の燃焼に役立つエクササイズ方法などもプリントされており、１ロール１４３円です。

大王製紙㈱が２０１３年３月に発売した「エリエール消臭＋トイレットティシュー」は、トイレットペーパーの芯に消臭機能を備えた商品です。

「トイレを、悪臭を感じる事がなく、清潔で快適に感じられる空間にしたい」という要望に応えて、消臭芳香剤を使用しなくても、ロール１つでトイレ内のアンモニア臭を取り除く商品を開発しました。

「芯」の部分へ天然消臭成分を塗布したうえ、フレッシュクリアの香料を加え、爽やかな香りを広げます。１ロール１８０～２００円です。

これらの新機能によって、新型トイレットペーパーは新たな市場を創り出したうえ、ユーザー層を広げたり（別層化）、より高額で販売する（別額化）ことが可能になりました。

インテリア・ストーリー・グッドラック

カラーやデザインなどの意匠、あるいはネーミングやストーリーなどの言葉で差をつける差異化もまた、トイレットペーパーへ応用されています。

ポルトガルの製紙会社メーカーRenova（レノヴァ）社が２００５年に発売した「Renova Black（レノヴァ・ブラック）」は世界最初の黒いトイレットペーパーです。ヨーロッパの富裕者層に受け入れられてヒットしたため、レッド、グリーン、オレンジの３色を追加して、アメリカ、オーストラリア、ドバイなどにも拡販し、今もなおロングセラーを続けています。

日本でも２００７年６月に発売され、１ロール３２０～３３０円と高価ですが、トイレ空間をスタイリッシュに演出できる、印象的なインテリア小物としても評価されています。

先に紹介した林製紙㈱も、差異化戦略を経営の基本としており、ストーリー戦略でもヒット商品を出しています。「金運が上るお金シリーズ」「娯楽用おもしろシリーズ」「ＳＤＧｓ貢献シリーズ」など、ユニークな商品を発売しています。

２００９年６月には、ホラー小説で有名な作家の作品をプリントした「鈴木光司のトイレで読む体感ホラー　ドロップ」を１ロール２００円で発売し、２年間で３０万巻を超えるヒット商品にしています。

もうひとつ、望月製紙㈱（高知県土佐市）が２０１０年に発売した「龍馬からの恋文　トイレットペーパー」もストーリー戦略の傑作でした。ＮＨＫの大河ドラマ『龍馬伝』にちなんで開発したもので、トイレットペーパーに竜馬の恋文がプリントされています。

龍馬から贈られた「人生の応援歌、処世訓、激励」というべきものですが、おおむね2連ごとに点線状の切れ目が入っており、人生の悩みにも〝ふん〟ぎりをつけて切り離し、水に流して解消することができます。１ロール３１２円ほどとかなり高価です。

差異化の逆を狙う差元化では、体感や無意識、神話や伝説で差をつけていきます。体感対応では、王子ネピア㈱（東京都中央区）が２０１６年に発売した「おしりセレブ　トイレットロール」が、しっとりやわらかな肌ざわりを訴求して、ヒットしています。

ロール紙に独自のトリプル保湿をしたうえ、天然由来のスクワランとベビーオイルを配合し、極上の肌ざわりを実現しました。１ロール１００円ほどです。

一方、神話や伝説を応用した商品では、前述の林製紙㈱が２００５年から発売している「運のつくトイレットペーパー・シリーズ」が好例です。招福招き猫、招福ダルマ、開運招福・おみくじ付き（いずれも１ロール１４０～８００円）などがあります。

２００８年からは正月の縁起担ぎ用として毎年の干支をデザインしたパッケージの商品も販売しており、１ロール９０円ですが、２０１４年の辰バージョンは２８万個以上を売り上げています。

オーダー化

一方、ユーザーの個性的な用途を創り出す差延化では、オーダー・トイレットペーパーが展開されています。

ツユキ紙工㈱（静岡県富士市）では、２００１年から企業や個人からオリジナルデザインのトイレットペーパーを受注するサービスを始めています。大手のメーカーでも１回の注文が数万ロールあればオーダーできますが、同社では１００ロールからの注文に応じています。

幅８・５センチ、長さ７０センチまでに、好きな文字やイラストが印刷できます。基本印刷色はピンク系、又はブルー系の１色印刷で、価格は１ロール当たり５，０００個で８９円、１０，０００個で７９円です。

「店の記念品」「商品の宣伝用」「ノベルティー」など企業からの注文はもちろん、個人からも結婚式の引き出物用に新郎新婦の似顔絵や、携帯でピピッとアクセスできる二次元コードつきのペーパーなど、多様な注文に広がっています。

㈱佐野包装（静岡県富士宮市）でも、２００２年から「訴求するオリジナル・トイレットペーパー」を受注しています。会社のコマーシャルやユーザー個人のデザインを、トイレットペーパーにプリントし、依頼があれば外装にもお気に入りの名入れをしています。

基本仕様としては、再生紙１００％のロール紙に１色印刷で、外包装も２～１２ロールの透明ポリ袋にオリジナル印刷ができます。紙巻包装で１～４色ラベル印刷の場合、１ロール約２１８円から、となります。

企業からの発注が中心ですが、個人ユーザーも多いようで、「感謝を伝える言葉」「おトイレを可愛くするデザイン」「お父さんに伝える言葉」など、純個人的な用途を作り出しています。

学び化・遊び化

日常品を勉学やトレーニングのための道具に変えてしまう差真化も、トイレットペーパーに応用されています。先に挙げたツユキ紙工㈱では１９９０年から印刷機を導入し、独自のトイレットペーパーを発売してきました。勉学用では「おべんきょしましょう！ことわざシリーズ」で、１ロール４４～５５円などがあります。

林製紙㈱も2009年から「おもしろトイレット 英語編」を発売しています。英語に関心のあるユーザーや受験生に向けて、トイレの中でも勉強ができる、という逸品です。1ロール100~110円です。

また同年に発売した「しりべんトイレット 健康編」には、アロマテラピー、足つぼ、体力年齢チェック、飲む健康法、水分補給、トイレマッサージ、うんちチェックなど、健康に関する諸情報がプリントされており、1ロール95~100円です。

天文天体物理若手の会「天文学とプラネタリウム」が、2005年から全国の科学系博物館などで発売している「Astronomical Toilet Paper（アストロノミカル・トイレットペーパー）」は、長さ70センチの中に標準的な星の一生（100億年）をぎゅっと濃縮したトイレットペーパーです。

ハッブル宇宙望遠鏡などの観測成果をもとに、壮大な宇宙の営みをプリントしたもので、トイレの中で宇宙や天体の勉強ができます。青1色の4個セットで1，170円、1ロール当たり293円でした。

一方、日用品を遊び道具に変える差戯化戦略でも、丸富製紙㈱（静岡県富士市）が「monpoké（モンポケ）」や「ミッフィー」などのキャラクターブランドを、1ロール50円ほどで、子ども向けに発売しています。

林製紙㈱も、「七福神！・運だめしロール」「トイレの神様」「ねこたつの魚漢字クイズ」「幸せのクローバーを探そう！」など「おもしろトイレットペーパー」シリーズを1ロール80～100円で発売しています。

日用品や消耗品と思いがちなトイレットペーパーにも、意外なネウチを加えることができるのです。

トイレットペーパーを多重化する

6別化戦略の基本である別能化をベースにして、さまざまな戦略を組み合わせると、次のような多重展開が可能になってきます。

別額化戦略では、林製紙㈱の「メジャー付きトイレットペーパー」が計測（別能化）で1ロール143円、同社の「おもしろトイペ　迷路編」がゲーム化（差戯化）で1ロール126円、Renova社の「Renova Black」がブラック色（差異化）で1ロール320～330円、望月製紙㈱の「龍馬からの恋文」がストーリー化（差異化）で1ロール312円、「Astronomical Toilet Paper」が科学（差真化）で1ロール293円と、それぞれ高額化を実現しています。

別数化戦略では、大王製紙㈱の「エリエール消臭＋トイレットティシュー」が消臭機能(別能化)で、望月製紙㈱の発売している「羽二重」が高感度の肌触り(差元化)で、各々リピート化を達成しています。

別層化戦略では、ツユキ紙工㈱の人気キャラクターシリーズや林製紙㈱の「トイレットペーパー折紙」(ともに差戯化)が幼児や少年層を、ツユキ紙工㈱の「おべんきょしましょ！英語シリーズ」や林製紙㈱の「おもしろトイレット 英語編」(ともに差真化)が受験生を、望月製紙㈱の「龍馬からの恋文」や林製紙㈱の「トイレで読む体感ホラー ドロップ」(ともに差異化)がヤング層を、林製紙㈱の「メジャー付きトイレットペーパー」(別能化)がメタボ層を、ツユキ紙工㈱の「しりべんトイレット 健康編」(差真化)が中高年層を、それぞれ新たな客層として開拓しています。

別業化戦略では、Renova社の「Renova Black」や林製紙㈱の「黒紙トイレットロール」がカラー(ともに差異化)でインテリア商品へと、各々業態を拡大しています。

別接化戦略では、ツユキ紙工㈱のオリジナルデザインのトイレットペーパーや㈱佐野包装の「オリジナル・トイレットペーパー」が自作対応(差延化)で、ともに自己表現を求めるユーザーへ向けて、接客面を広げています。

以上のように、トイレットペーパーでも6別化と6差化を重ね合わせると、より高度な対応戦略が展開できる可能性が生まれてきます。

4, シェアハウスを伸ばす

大胆な機能転換

最後に、3章でも紹介した、新たな共住形態であるシェアハウスを取り上げてみましょう。この市場でもすでにさまざまな付加価値戦略が行なわれていますが、新しい機能・品質・性能で拡販を図る別能化でも、大胆な機能転換が試みられています。

例えば(一社)ＨＡＨＡ(ハハ：東京都目黒区)が2009年から運営する「グレンデール自由が丘」は、東急東横線自由が丘駅の徒歩圏内にある母子シェアハウスで、施設内に多世代ホームがあり、居住者の協力を得ながら子育てができます。

平日には手作りの夕食が用意されますので、子どもとの時間を余裕をもって過ごすことができ、子育て経験豊かなスタッフの協力や、まわりに保育園が多数あることなども好条件となっています。

さらに、施設スタッフの作った食事を盛り付けて高齢者に提供したり、洗い物をするなど、簡単なお手伝いを担うことで、近隣の賃貸物件と比べて、かなり安価に住むことができます。

母子とはいえ、シングルパパや単身者も入居可能で、休日には高齢者と共に誕生日、クリスマス、ハロウィンなどのイベントを楽しむことができます。こうした環境であれば、シングルママやシングルパパであっても、週2回ほどの残業も可能で、家庭的な環境で子どもを育てられます。

もともとは、仕事をしながら3人の子どもを育てた先輩ママがつねづね望んでいた、支え合う仕組みを目指してオーナーとなり、この地で実現したものだそうです。

賃料は50，000円から93，000円で、入居時には保証会社利用料や家財保険料が必要です。毎月の共益費は22，000円で、公共料金(水道・電気・ガス)やWifi代が含まれています。また月額26，000円で親子2名分の夕食(5日分／週)も提供されています。

記号か体感か

情報・カラー・デザイン・ネーミング・ストーリーなど、いわゆる「記号」で差をつける差異化では「トキワ荘プロジェクト」のストーリー戦略が有名です。

ＮＰＯ LEGIKA（レジカ：東京都豊島区）が２００６年８月から運営するシェアハウスで、トキワ荘というのは、かつて豊島区に実在した木造アパートの名前です。ここには手塚治虫、藤子・Ｆ・不二雄、石ノ森章太郎、赤塚不二夫、水野英子など、日本のコミック文化を代表する漫画家たちが住み込んでおり、〝漫画の聖地〟として有名でした。

プロの漫画家を目指す若者の多くは、都内でアルバイトしながら生活費を稼ぎ、残りの時間に漫画を描いています。彼らを支援するため、このプロジェクトでは都内の一軒家をシェアハウスに改造し、格安で部屋を貸してきました。

２０２１年に開業した「多摩トキワソウ団地」（東京都日野市）の場合、男女５３名の漫画家志望者が住む交流強化型のシェアハウスで、賃料は管理費と合わせて５５，０００円ほどです。

これには水道、ガス、電気、インターネットの利用料や清掃費用も含まれています。家賃の安さに加え、志を同じくする仲間とコミュニティを作り、互いに切磋琢磨《せっさたくま》できることが大きなメリットです。

この試みは漫画家志望者の間で大きな支持を集め、２０２４年現在、東京と千葉に６拠点、累計663人が入居していますが、そのうちの2割がプロデビューしたそうです。

一方、記号よりも体感を重視する差元化戦略では、ゆめプロ㈱(神奈川県川崎市)が2012年から経営している「しかくい空」(川崎市多摩区)が好例です。

「自分らしく生きること」をコンセプトに、25歳以上、有職の女性を対象にした新築12室のシェアハウスですが、最大のこだわりは風の通り道で、53個の窓があり、天窓のある部屋からは星空も見えます。

中庭を挟んでリビングとキッチンが設けられ、いつでも緑が見えますし、玄関を出るとハーブ園と野菜畑が広がっています。新宿から電車でわずか20分の立地ですが、まわりは大自然に囲まれています。

もうひとつの売り物は、体感系の習い事ができることです。アロマテラピー、メディカルハーブ、マクロビオティック料理、骨盤ケアなどのレッスンが、シェアハウスのリビンググルームで開催されています。

さらに併設の「よもぎ蒸しサロン」を1カ月に1回無料で体験できますから、ハーブの香りの中で温まってリラックスし、自分の部屋に戻ってぐっすり眠ることもできます。賃料は57,000~65,000円、共益費18,000円、保証金30,000円です。

ＤＩＹ派も

他方、社会的な用途よりも自分だけの効能を求めるユーザーに向けて、私仕様や手作りなどを提供する差延化も広がっています。

例えば㈱シェアカンパニー（東京都渋谷区）が、２０１４年の春から運営する「COURI 009 CAMP!（コウリ００９キャンプ）」は、ＤＩＹで自由に改装できるシェアハウスです。

東京台東区にある元印刷工場だった雑居ビルをリノベーションしたもので、コンセプトは「various artists（多様な芸術家たちへ）」です。１階を設計事務所や家具デザインなどが集まるシェアオフィスに、２～３階をアパレル企業などに貸したうえ、４～５階をシェアハウスに改造しました。

内装は剥き出しの天井や壁、合板を使った壁・床など、共有スペースの家具や家電は最低限に抑えています。入居者が家具や家電を搬入したうえ、必要に応じて自由に改装することができる、相互補完型の空間を売り物にしています。

ＤＩＹに興味はあるが１人では不安、などと思っているユーザーや日曜大工の愛好者にとって最適なハウスです。部屋数８部屋で、賃料は５４，０００～５７，０００円、共益費１５，０００円などです。

もうひとつの事例は、㈱シェア180（名古屋市）が2016年に開業した「DIY SHARE 180°藤が丘」（名古屋市）です。住宅街にある3階建てのビルを改装した、DIY専用アトリエ付きシェアハウスですが、木の温もりとシャンデリアが目立つラウンジに囲まれて、DIYで自由に改造できる、5つの個室で構成されています。

専用アトリエには、入居者自身では揃えるのが難しい、DIYに必要な工作機や工具類、専門書などが揃っており、時々開催される専門家の講習会によって、ますますDIY意欲が掻き立てられます。賃料は34，600～39，600円、共益費は4，400円、電気・水道などライフライン料は13，567円、保証金1カ月です。

英会話・起業・プレイルーム

差真化は学習・訓練・作法・儀式で差をつける手法ですが、ここでは英会話レッスンや起業家育成のためのシェアハウスが広がっています。

㈱リログループ（東京都新宿区）が2013年に開業した「クロスワールド大森」（東京都大田区）は、活きた英会話力を養えるシェアハウスです。30室の居住者に対し、2名の外国人マネージャーが日常的に英会話をサポートし、週に2回はレッスンも開催しています。

共用ラウンジでは英語での会話がルール化されており、「英語で映画鑑賞会」や外国人の友達を招いた国際交流パーティーなど、さまざまなイベントも行なわれています。短期間に上達したい居住者には、自室でプライベートレッスンを受けるオプションもあります。

賃料は30，000〜75，000円、共益費15，000円、礼金1カ月ですが、電気、水道、インターネット、各種イベントや英会話のレッスン料は、すべて共益費に含まれています。

㈱東都（東京都狛江市）が2012年から運営する「x-garden（クロスガーデン）桜台」（東京都練馬区）は、起業家を目指すユーザーのためのシェアハウスです。

40室の個室と同人数を収容できるセミナールームを併設しており、企業を興したい人、ビジネススキルを伸ばしたい人、あるいは社会人の生の声を聞いて就職活動に活かしたい学生などが、さまざまな支援を受けられます。

セミナールームでは、起業に必要な会計・税務・ベンチャー支援制度などの紹介講座、社会人向けのビジネススキル講座、初心者のための英会話など、外部から招かれた講師が幾つかの講座を開いており、入居者は無料で受講できます。

セミナー後に講師と語り合う座談会も開かれており、質疑によって理解を深めたり、同じテーマに関心のある受講者を結びつけてくれます。また入居者が自分で起案して、セミナーを開くこともできます。

賃料は63,000〜66,000円、共益費15,000円で、電気、水道、インターネット、セミナー受講料、サービス利用料はすべて共益費に含まれています。契約時に初期費用として施設利用料45,000〜55,000円、保証料20,000円が必要です。

一方、遊びや趣味を満足させる差戯化でも、幾つかのシェアハウスが先行しています。

新生地所㈱（東京都港区）が2017年頃に開設した「Companheira（コンパニーラ）」（東京都中野区）は、カラオケ完備の女性専用・完全個室シェアハウスです。遮音性抜群のカラオケルームは、楽器の練習やボイストレーニングなど、さまざまな用途で利用できます。

12室の賃料はいずれも39,000円、共益費が20,000円、火災保険が12,000円（2年）で、保証料（通常賃料＋共益費）の50％と退去時のクリーニング費用が38,500円です。

また㈱オークハウス（東京都渋谷区）が2013年に開設した「シェアリーフ西船橋グレイスノート」（千葉県船橋市）は、85部屋の大型シェアハウスですが、本格的な音楽スタジオが3部屋も設置されており、音楽活動をする人には絶好の物件です。

プロジェクター付きの多目的ルームにはテレワークにも使えるデスクを完備し、最上階にはスカイラウンジもあって、誰もがゆったりとした時間を過ごせます。

賃料は56，000～84，000円、共益費が18，000円で、男女、外国人のいずれも入居が可能です。

シェアハウスを多重化する

これまで述べてきたさまざまな戦略を、6別化の基本である別能化戦略に組み合わせると、シェアハウスでもさらに積極的な多重展開が可能になってきます。

別額化戦略では「トキワ荘プロジェクト」が「漫画家志望の若者に低家賃の住宅を」というストーリー化（差異化）で低額化を、また「グレンデール自由が丘」が「高齢者補助サービスへの参加」という手法（別能化）で、賃料を近隣の物件より安くするなど、低額化を進めています。

一方、「しかくい空」は「よもぎ蒸しサロン」（差元化）によって賃料を7万円台に、また「シェアリーフ西船橋グレイスノート」は音楽スタジオ（差戯化）で8万円台と、通常のシェアハウスを上回る高額化を実現しています。

別数化戦略では「クロスワールド大森」が「英会話力の向上サービス」（差真化）で、また

「Companheira」が「カラオケ完備の女性専用ハウス」（差戯化）で、それぞれ入居者を増やしています。

別層化戦略では「トキワ荘プロジェクト」が「漫画家志望の若者向け低家賃住宅」（差異化）で低所得若年層を、「シェアリーフ西船橋グレイスノート」が「本格的な音楽スタジオ」（差戯化）で外国人を、それぞれ新たな顧客として獲得しています。

別業化戦略では「トキワ荘プロジェクト」が「シェアハウスを相互練磨の場へ」（差真化）で、「x-garden桜台」が「起業家の育成」（差真化）で、また「しかくい空」が「アロマテラピーやメディカルハーブサービスと連動」（差元化）で、いずれも一般的な貸室業に新たな業態とサービスを加えています。

別接化戦略では「COURI 009 CAMP」や「DIY SHARE 180°藤が丘」が「DIY派への訴求」（差延化）で、「グレンデール自由が丘」が「シングルママからシングルパパまで」（別層化）で、それぞれユーザーとの接点を拡大しています。

以上のように、6別化戦略と6差化戦略を重ね合わせると、シェアハウス市場においても、さらなる効果が期待できます。

3つの戦略群で対応する

豆腐、トイレットペーパー、シェアハウスの3市場について、6別化と6差化のさまざまな戦略がどのように展開され、いかなる形で掛け合わされているのか、を眺めてきました。

ここから浮かび上がってくるのは、個々の戦略のユニークさが新たな市場を生み出していくという傾向とともに、他の戦略と絡み合った時には、さらなる成果が期待できるという実態です。

人口減少で進行する3縮化と3超化へ積極的に対応していくには、この3つの戦略体系、つまり6別化、6差化、多重化の採用に向かって、いっそう柔軟に取り組むことが必要ではないでしょうか。

なぜなら、人口減少という社会変動は、終章で述べるように、新たなビジネスを生み出す、絶好の機会でもあるからです。

11章　産業の未来を創る

1，3つの社会的課題

12戦略の応用を広げる

前章では、人口減少で大きく変動する生活市場に対し、新たなマーケティング戦略として、12の手法とそれらの組み合わせを提案してきました。

量的という「3縮化」現象に対しては、物量的手法を細分化した「6別化戦略」を、質的濃縮という「3超化」現象に向けては、記号的消費を細分化した「6差化戦略」を、そして量と質が共に変わる「縮超化」に対しては、6別化と6差化を組み合わせた「多重化戦略」を…という対応です。

このような戦略は、さまざまな業界向けのマーケティング手法として提案したものですが、応用範囲はそこに留まるものではありません。少し視野を広げて、産業全体のさまざまな課題にも適用してはどうか、と思います。

農業や漁業の未来が最先端のサービス産業に脱皮していくとか、製造業や建設業の明日もまたＩＣＴ産業の一角になるとか、さまざまな企業にも既存の産業区分を超えた、新たな展望がまたみえてくるからです。

そこで、この章では、3種類のマーケティング戦略を、産業全体に広げてみたいと思います。人口減少で変わっていく日本社会の、今後の課題を探り出したうえで、12戦略の応用の可能性を考えていきます。

人口減少社会・3つの期待

日本の人口は、序章で述べた通り、2120年には約5,000万人にまで減り、100年間でほぼ4割になる、と推測されています。さまざまな危機が叫ばれていますが、この推測がほぼ避けられないものだとすれば、むしろ適切な対応策を検討することを優先すべきだ、と思います。

適切な対応策とは何でしょうか。人口減少という現象が、序章で述べたような要因によるものである以上、人口容量をできるだけ維持しつつ、その容量を減っていく人々が適切に享受し、方向にふさわしい社会に創り上げていくことです。

経済面でいえば、現在の経済規模を100年後も何とか維持し、誰もが1人当たりの所得を増加させて、その分、消費額も拡大していく、という方向でしょう。

図表47　飽和・濃縮社会の３つの課題

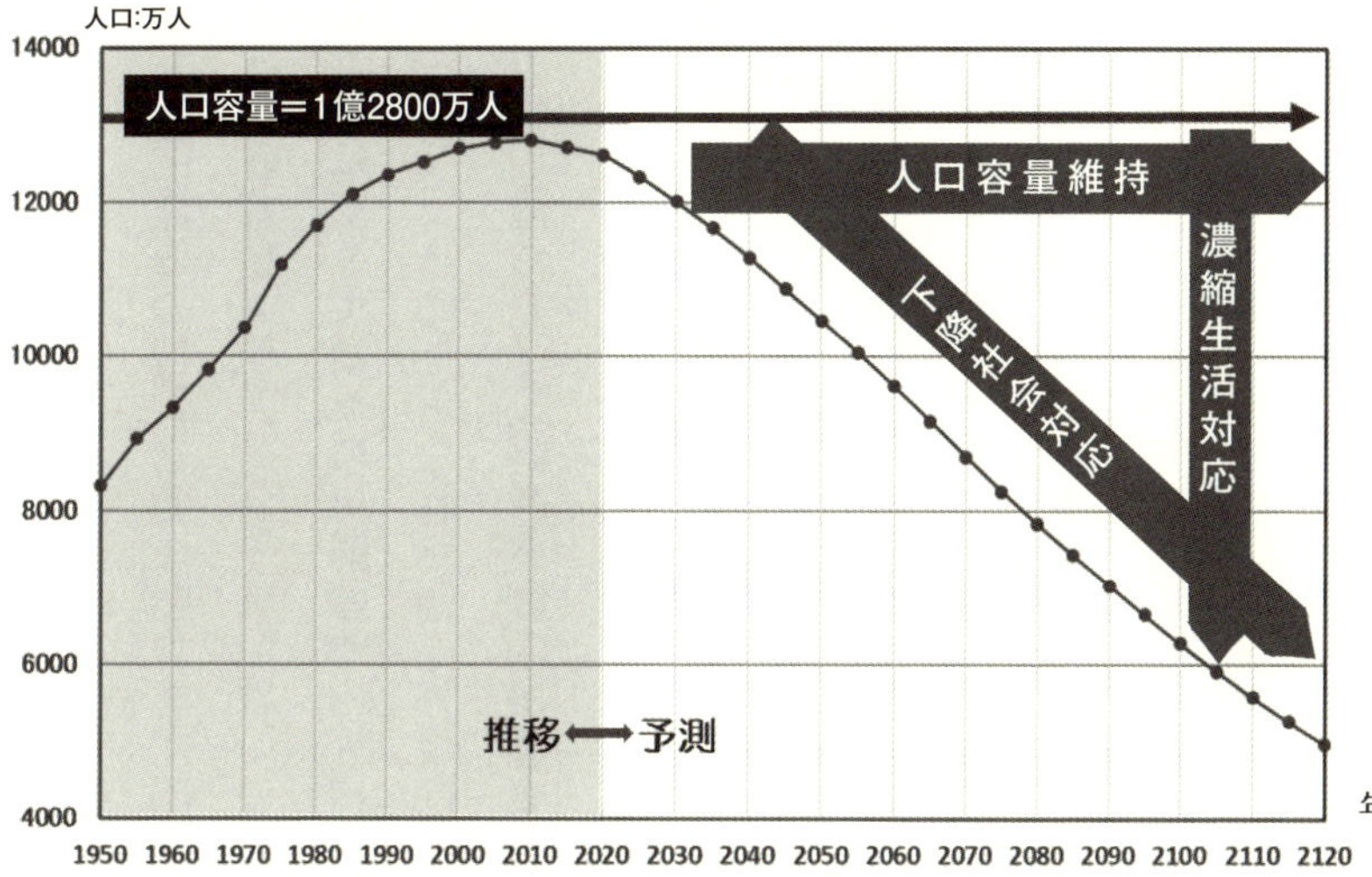

データ出所:1950～2020年:国勢調査、2025年～:国立社会保障・人口問題研究所2023年推計・中位値

もっとも、それを実現していくには、15～74歳の国民の一人ひとりが、現在の3～5倍の生産性を上げなければなりません。

同時に従来の成長・拡大型社会に適応した産業構造を大きく超えて、人口減少に見合った飽和・濃縮型の構造へ転換していくことが必要です。

飽和・濃縮型とはいかなるものなのでしょうか。

人口減少時代の産業に求められる、基本的な課題を考えてみると、**図表47**に示したような、3つの方向が浮上してきます。

1番目は人口容量の維持です。人口容量1億2，800万人の基本構造をできるだけ維持していくには、空気・水・寒暖など自然環境を維持・保存し、食糧や生活資源の確保、国土や居住環境の持続などに向けて、国内での対応はもとより、国際的な対応の進展もまた必須となるでしょう。

2番目は濃縮生活への対応です。人口が減っても、人口容量がなんとか維持されれば、生活者一人ひとりに与えられた個人容量は増えていきますから、それらを精神面や生きがい面など、内面的な充足に向ける傾向が強まってきます。

これにより、社会全体に「濃縮」ムードが高まりますから、産業界にもこれに対応する、新たな生活産業が期待されます。

3番目は下降社会への対応です。超長期的な人口波動の視点からみると、人口が増加する上昇時代には、物質的な技術が主導し、人口が減少する下降時代には、情報的な技術が充実する傾向が読み取れます。

今回の人口減少時代もまた、物質面から情報面へと、技術開発の重点が移行していくと思われます。それに伴って、ＩＣＴやＡＩなどの進展に対応する、新しい産業の振興が求められます。

以上のような、3つの課題に向けて、産業界全体はもとより、個々の企業もまた積極的に

図表 48　人口容量を維持する構造

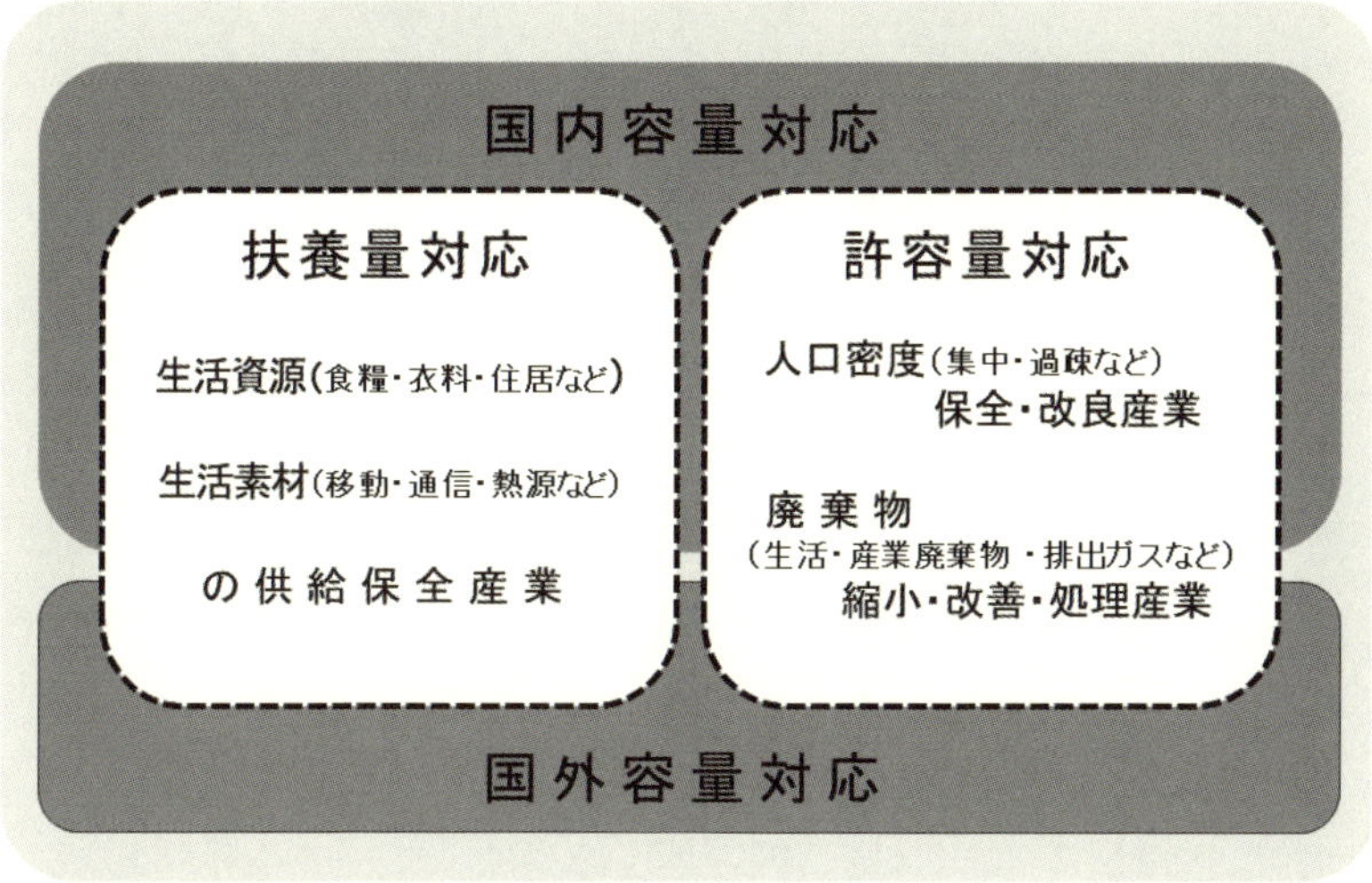

取り組むことができれば、従来の体制を大きく超えて、新たな産業構造が生まれてくるでしょう。

2，人口容量を維持する

人口容量を維持するには

最初に「人口容量の維持」に関連する産業の構成について考えてみましょう。

人口容量1億2，800万人の基本である生活資源の規模を維持していくには、**図表48**に示したように、扶養量と許容量の両面への対応が必要であり、両方を確保していくには、国内での生産と国外からの調達の両方向があります。

ひとつは扶養量対応産業です。国内の人口を扶養していくためには、生活資源(食糧・衣料・住居など)や生活基盤(熱源・移動・通信など)といった、生活基礎物質を確保する産業の維持が求められます。

従来の人口増加社会では、これらの資源や基盤の大半を国外からの輸入に頼ってきました。しかし、21世紀後半の地球は、まもなく人口容量の上限に達し、需給環境が極めて不安定化していきますから、自国の自給率を高めていかなければなりません。

それゆえ、食糧はもとより衣料素材や金属原料などについても、国内での生産量を増やし、可能な限り自給していくような産業の振興がまずは必要となります。外国との価格競争を超えて、国内産であるがゆえに必需財として認められるような商品を、なんとか生み出していかなければならないのです。

しかし、どうしても国内で調達できない資源や素材については、国外からの調達を続けていかなければなりません。それらの輸入対価に対応するだけの輸出製品を生産する、さまざまな産業の振興もまた必要になります。

その時、新たな輸出商品としては、従来の成長・拡大型商品は勿論ですが、それらに加えて、後述するような濃縮生活対応商品への期待が高まってきます。世界中の国々が人口減少により濃縮化へ向かうからです。

とすれば、濃縮に適した商品を開発する産業こそ、国内需要を超えて、世界的な産業構造をリードしていくことになるでしょう。

もうひとつは許容量対応産業です。許容量対応では、人口密度(過密・過疎など)の居住限界や廃棄物(生活・産業廃棄物・排出ガスなど)の処理限界といった、さまざまな制約を緩和する産業が求められます。

過密・過疎など居住環境の限界を調和する、土木・建築などの生活環境改善産業では、成長・拡大型の新規事業を抑えて、既存の国土・都市環境をいかにして保存・改善していくか、という飽和・濃縮型需要への対応が、新たな産業需要となってきます。

新たな鉄道やニュータウンの建設よりも、消滅鉄道の運営改善や住宅団地のリフレッシュなどに、積極的に取り組んでいくことが求められるでしょう。

一方、大気汚染・水質汚染・廃棄物増加などへの環境改善産業では、国内での対応はもとより、国際的な環境保全需要に対応する、さまざまな産業の育成が求められます。その意味では、国際連合の提唱する「ＳＤＧｓ１７」目標のうち、地球環境対応の5目標に連動するともいえるでしょう。

5目標とは、⑦エネルギーをみんなに そしてクリーンに、⑪住み続けられるまちづくりを、⑬気候変動に具体的な対策を、⑭海の豊かさを守ろう、⑮陸の豊かさも守ろう、の5つです。

以上のように、人口容量をできるだけ維持していくには、生活者の生活必要面と生活環境面の両面から柔軟に対応していく、新たな産業構造が求められます。

6別化戦略を応用する

両面からの課題に対し、12の戦略はどのように活用できるのでしょうか。扶養量維持への対応についいては、人口減少で生産人口も大幅に減っていきますから、生産力をできるだけ維持していかなければなりません。

そこで、生産能力維持、生産性向上、生産力の融通化などの課題に向けて、さまざまな対応が必要になりますが、これには新たな技術革新、とりわけハイテクツールを応用した6別化戦略が有効だと思います。主な産業別に考えてみましょう。

第1次産業では、農林水産業などにおいて、少なくなった従事者で生産規模を維持していく、新たな機能を持った器具の開発(別能化)がまずは求められます。

それには、シニア層や在留外国人などでも扱えるような器具の改良（別層化）はもとより、異業種からの参入促進（別業化）などが期待されます。例えば農業用ロボットやドローン、コンビニチェーンの農業参入などです。

第2次産業では、製造業や建設業などに対し、3縮化に伴う国内需要の変化に敏感に対応して、育児用やシニア向けの家事ロボット、メンテナンス縮小住宅など、新たな生活用品の開発（別能化）が求められます。

そのうえで、減少労働力に対応する省力化システムの創造（別能化・別層化）、資源・エネルギーの負荷減少に向けての改善（別能化・別数化）などが有効となるでしょう。

第3次産業では、商業、金融業、情報通信業などにおいて、やはり省力化のためのシステム開発（別能化、別接化）が急務でしょう。それに合わせて、顧客層の3縮化、とりわけ家族や若年に対応する業態改革（別能化・別業化・別層化）が、デジタルによる無人化や、シニア向け簡易サービス化などで求められるでしょう。

また外国人旅行者や在留外国人などの増加に対して、高度通訳・対応システムの簡易化や、順応教育サービスの適合化（別層化）などが必然となります。

一方、許容量維持への対応についても、次のような戦略の応用が求められるでしょう。

第1次産業では、森林保護や緑化促進などの推進(別能化・別業化)が、第2次産業では、製造業や建設業などで、廃棄物や環境保全などの技術的改善(別能化)が、さらに第3次産業では、商品ロスや廃棄物などの減少や有効活用(別能化・別接化・別業化)などを、積極的に推進していかなければなりません。

例えばコンビニチェーンの最先端は、リサイクル再生業を兼業し、廃棄物の少ない、斬新な新商品メーカーとして、多角的に進展していくのです。

以上のように、人口容量を維持していくためには、6別化の幾つかの戦略もまたそれなりに応用できると思います。

3, 濃縮生活に対応する

濃縮生活が進行する

続いて「濃縮生活」、いわゆる「コンデンシング」への対応を考えてみます。

人口減少が100年間続くとすれば、人口増加を前提に、生活者1人当たりの物質的な需要だけを成長・拡大させ、生活市場を拡大させるというような産業対応は、もはや通用しません。

人口は減っても、生活者一人ひとりに与えられた個人容量は増えていきますから、そのゆとりを精神面や生きがい面など、内面的な濃縮性の充足に対応させれば、消費量を倍増させることも不可能ではありません。これに対応できるのは、どのような産業なのでしょうか。

人口減少時代の生活様式は、上昇志向、物的拡大、自己顕示といった人口増加時代の様式を超えて、足元志向、心的充実、自己充足などを目指すものとなります。ひと言でいえば、濃縮な生活、つまりコンデンシングライフこそ、新たなライフスタイルになってくるのです。

コンデンシングライフとはいかなるものなのか、生活者の生活構造から考えてみましょう。私たちの生活構造は、**図表22**で述べたように、3つの軸を基盤とする、7つの球体で表現できます。

3つの軸が交わる、真ん中の日常界を中心として、その周囲を6つの球が取り巻いているのです。このような構造を前提にすると、従来の膨張型生活から、今後の濃縮型生活では、次のようなトレンドが強まってきます。

1つ目は社会(交換・同調・価値)よりも、個人(自給・愛着・効用)を重視することです。

図表22（再掲）　生活世界の球体構造

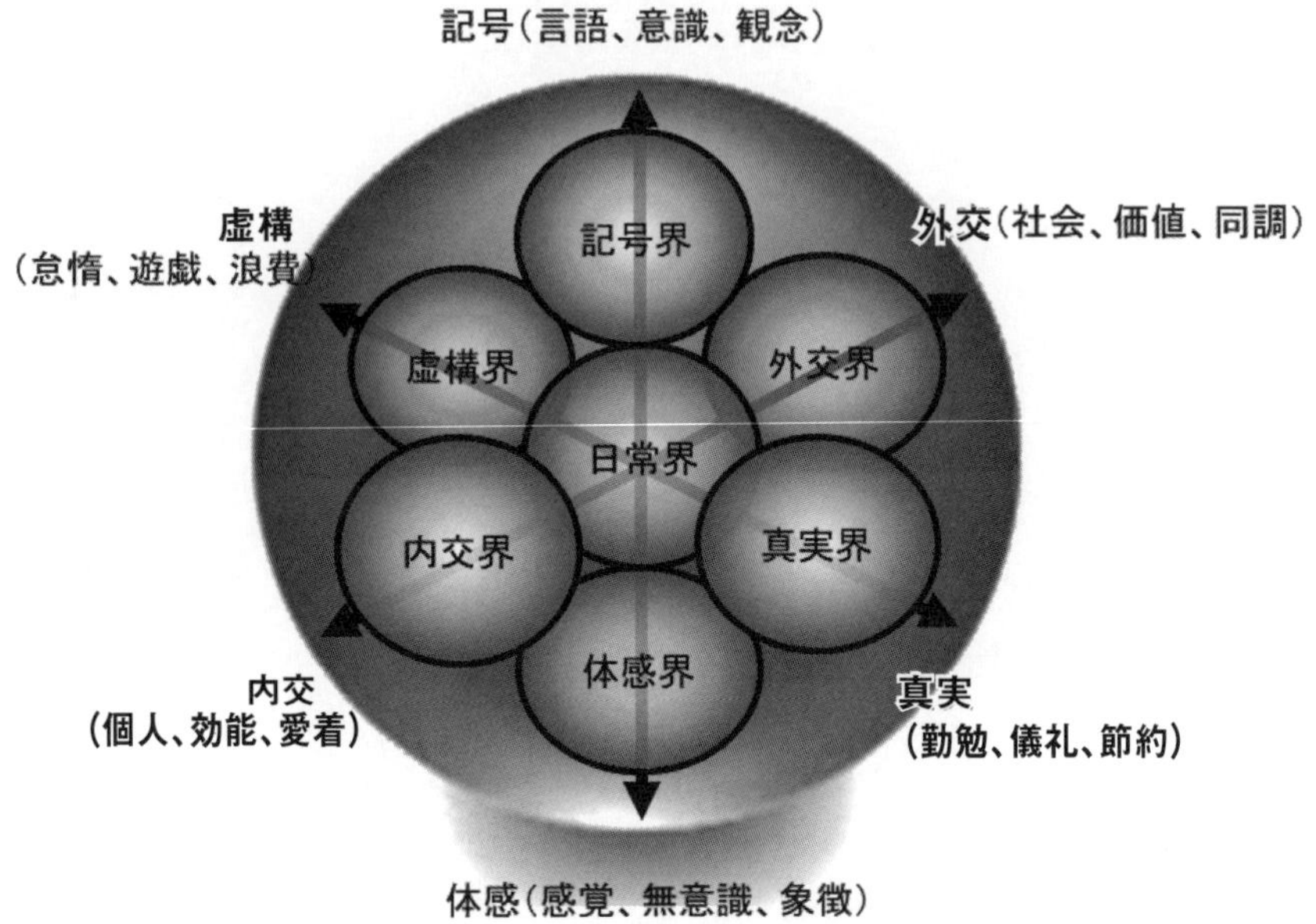

果実でいえば、売れるか否かよりも、自分の好みや馴染みを重視するのです。

２つ目は言語（理性・観念・記号）よりも、感覚（体感・無意識・象徴）を重視するようになります。

衣類でいえば、デザインやブランドよりも、着心地や保温を重視するのです。

３つ目は真実（儀礼・学習・訓練）と虚構（遊戯・怠慢・弛緩）の、両方の密度を高めることです。勉強の中身を深めるとともに、遊びの中身も濃くしていくのです。

４つ目に、日常界での「日常・平常」

な生活もまた、肥大化よりも濃縮化へ向かっていきます。つまり、暮らしの規模は、量的な拡大よりも、質的な充実を目指すようになります。

このような4つのトレンドに対し、産業界は今後、どのように対応していけばいいのでしょうか。

6差化戦略を応用する

濃縮型のライフスタイルが強まっていく未来社会では、日常的な6別化戦略よりも、非日常的な6差化戦略が有効になってきます。

第1次産業でいえば、生産性の向上を超えて、生活者の生き方にかかわる手法が求められます。農林水産業を例にとれば、生産活動を通じて自然回帰、感性力再生、自立力確認など、ユーザー自身の生命力をアップさせるような、新たな対応が期待されます。

そこで、自然回帰機会の提供(差元化)、自作自給行動への支援(差延化・差汎化・差真化)、自作農向け教育の提供(差真化)、農林水産の観光資源化(差戯化・差異化・差汎化)などが有効でしょう。

第2次産業では、機能・効率型の商品を超えて、心理的・感性的な要素の高い商品づくりが期待されます。

製造業でいえば、感覚・感性充足型商品の開発（差元化）、自作家電・家具など手作りファッションや手作り手芸などユーザー参加型商品の開発（差延化・差汎化）、学習・勉学支援商品の拡大（差真化）、遊戯・観光商品の拡大（差戯化）、ハイテクツールによる商品価値の柔軟化（差延化・差汎化）などの方向です。

また建築業やインテリア産業などでは、自然重視住宅の開発（差元化）、自作住宅や自作インテリアの拡大（差延化）、自作建築・家具製造などの教育促進（差真化）、別荘・キャンプ施設など遊戯商品の拡大（差戯化）などが考えられます。

第3次産業になると、いっそう6差化への期待が高まってきます。カラー、デザイン、ファッション、ブランドなどの差異化はもとより、感覚への差元化、個性への差延化などが求められるでしょう。

商業でいえば、感覚・感性充足型商品やサービスの拡大（差元化）、自作支援サービスの拡大（差延化・差汎化）、自作支援教育の拡大（差真化）、感覚・感性遊び商品・サービスの拡大（差戯化）などが有効だと思います。

さらにサービス業では、マッサージや指圧など、新たな体感刺激のサービス拡大（差元化・

差汎化）、ヨガやピラティスなど五感刺激法のサービスや指導の拡大（差延化・差元化・差真化）などが、また情報産業では、ハイテクツールを活用した自己実現の支援（差延化・差真化・差戯化）、手作りネット化の支援（差延化）、五感関連情報サービスの拡大（差真化・差元化）、五感遊戯情報の拡大（差戯化）といった手法への期待が高まるでしょう。

コンデンシングライフの浸透に対応していくには、産業界においても、6差化を中心とするマーケティング戦略の、積極的な応用が期待されます。

4，下降社会に対応する

ラストモダンへ向かって

最後に「下降社会」への対応を考えてみます。今、世界が向かいつつある人口減少社会では、増加時代の物量的拡大とは異なり、心理的、情報的な充実を求める時代へ移行していきます。

増加時代の生活意識は、人口容量の増加を目指して物質的な拡大を推進してきましたが、容量が満杯に近づき、人口が減少し始めると、量よりも質を追い求めるようになるからです。

1980年代以降、急速に進んできたICT（情報通信技術）という現象自体が、科学技術によって物的拡大を推進する時代が終わりに近づき、質的充実へと転換したことを如実《にょじつ》に示しています。

それゆえ、モダン社会もまた近代社会の最終段階、いわば「ラストモダン」とでも呼ぶべき時代へ向かっているのです。ラストモダンとは、どのような時代なのでしょうか。この言葉もまた筆者が創った造語です。

「約120年間続いた近代中期は、もっぱら成長・拡大型の社会であった。しかし、あと10年後に迫った近代後期は、かつてジャポニスムを生み出した、江戸中期100年間の停滞型社会と同じように、物質的には停滞するものの、精神的には爛熟化する文化の時代となるのではないか。（中略）そう考える時、私たちが今、向かっているのは『ポストモダン』ではなく、『ラストモダン』なのだ」（日本経済新聞・生活ニューウエーブ・1990年2月26日）。

これを継承して、著作の中でも、次のように述べています。

「従来の成長・拡大社会をミドルモダン、90年代の転換期をポストモダンとするならば、21世紀の飽和・凝縮社会はまさしくラストモダン（近代後期）なのである。…とすれば、ラストモダンとは、決してモダンの終わりを意味するのではなく、むしろモダンの集大成を意味している」（『人口波動で未来を読む』１９９６）。

すでに２０数年を経て、幾つかの書物のタイトルや副題に採用して頂いておりますが、この言葉の意味する展望はほとんど的中していると思います。

要するに、ラストモダンとは、近代という社会が最終段階に入った、ということです。序章で述べた人口波動でいえば、５番目の工業現波が上昇期―飽和期を過ぎて、下降期に入ったことを示しています。

下降期の社会では、物的拡大より質的充実が求められます。過去の４つの波動を振り返ると、いずれの波動でも下降期には、質的充実を求めて、新たな情報技術が振興しています。第１次の石器前波末期（旧石器の用具から祭具へ）、第２次の石器後波末期（縄文土器の用具から装飾具へ）、第３次の農業前波末期（宗教の出現）、第４次の農業後波末期（木版印刷の出現）というわけです。

いずれもそれまでの文明を乗り越えて、新たな文明を切り開くきっかけとなった技術革新でした。

そうなると、第５次の工業現波末期、ラストモダンにも当然、情報化が進展します。「第５次情報化」というわけですが、これによって、次の文明を準備する社会的な基盤が形成されていくでしょう。

昨今のＡＩ化急進については、マスメディアの多くが「第４次産業革命」などと表現しています。第１次（水力や蒸気機関による工場の機械化）、第２次（電力による大量生産）、第３次（電子工学や情報技術によるオートメーション化）に続く第４次（ＩＣＴ、ビッグデータ、ＡＩによる生産革命）という位置づけです。

しかし、人口波動という、より長期の視点に立つと、むしろ「第５次情報化」とも呼ぶべきではないでしょうか。

とすれば、ラストモダンでは、これまでの科学技術という基本観念への、さまざまな反省も試みられ、次の時代を創り出す、新たな時代精神への模索も行なわれるようになります。

こうしたトレンドに乗って、さまざまな産業もまた、新たな次元へと突入していきます。

つまり、今後の人口減少社会で急速に進んでいく情報化やＡＩ化とは、工業現波末期＝ラストモダンを象徴する「第５次情報化」を意味しているのです。

産業の未来が変わる

第５次情報化が進むと、情報産業はもとより、さまざまな産業もまた、生産や経済構造の進化を担うという次元を超えて、やがては科学技術という時代精神そのものを見直すという方向を目指すようになるでしょう。

その方向とはいかなるものでしょうか。３つの次元で大まかに展望してみましょう。

第１はいうまでもなく、電子情報活用産業の拡大です。ＩＣＴ、ＡＩ、メタバースなど、急速に進展するソフトなハイテクツールを、生産・流通・サービスなどの分野へ能動的に応用して、濃縮型のライフスタイルに対応する、新たな産業や斬新な供給形態を柔軟に創造していくことです。

第２は認識転換の推進です。電子情報化の浸透に伴って、私たちの感覚次元では、仮想空間の中で感じる視覚・聴覚の変化、ハプティクス(触覚操作)が加わった触覚や空間知覚の変動などで、感覚的な認知行動にも大きな変化が進んでいきます。

これらの変化が広がるにつれて、私たちの理知的な精神行動にも、かなりの変化が生まれてきます。科学的認識という次元に留まらず、より広い認知を求めるようになります。世界環境に対する認知行動そのものが変わるとすれば、それらに積極的に対応する、新たな産業の創造が期待されます。

第３はラストモダンの推進です。新たな認知・精神行動によって、環境世界のとらえ方が変革されてくると、それに対応して時代精神の変革も進んでいきます。ラストモダンの第5次情報化が進むにつれて、現在の工業現波の次に来るべき人口波動を生み出す、新たな時代精神が形成されていくのです。

それは、中世後期のルネサンスが生み出した「科学(サイエンス：Science)」という時代精神を超えて、ラストモダンが育て上げる新たな知性、「新科学(オムニシエンス：Omniscience)」とも呼ぶべき時代精神でしょう。このような新たな世界観の形成に対応して、それらを応用する新産業もまた生み出されていきます。

以上のように、下降社会対応では、産業構造についても、従来の電子情報産業の進展を促進するばかりか、その範疇《はんちゅう》を大きく超えて、「新科学」ともいうべき、新たな時代精神の育成を助長する、さまざまな産業が期待されます。

多重化戦略を応用する

下降社会が以上のように進展するとすれば、産業界はどのように対応していけばよいのでしょうか。

時代精神そのものが「科学」から「新科学」へ向かって大きく変化し始める以上、産業構造においても根本的な変革が求められます。

6別化、6差化、多重化といったマーケティング戦略の次元を大きく超えて、第1次産業、第2次産業、第3次産業といった産業区分もまた、飛躍的に変えていかなければならないのかもしれません。

とはいえ、一挙にそこまで進むのは困難だと思います。まずは各産業の中味を吟味し、新たな時代に適合したような方向へ、徐々に転換していくのが望ましいでしょう。

そうだとすれば、日常的な6別化戦略はもとより、非日常的な6差化戦略も適用し、両者をクロスした多重化戦略もまた応用していくことも有効でしょう。例えば、次のような方向が考えられます。

第1次産業では、農業、林業、漁業などにおいて、6別化戦略によって物量的な生産形態を革新していくとともに、6差化戦略によって、流通業や情報業としても、新たな位置づけを進めていきます。

例えば、ハイテクツールの大胆な活用で生産や営業の無人化を目指すとともに、ネット通販などを自ら行なう販売業も兼業し、さらには生産物のさまざまな育成情報を個別ユーザーに提供する教育業へと転身していくのです。

第2次産業では、製造業、建設業、鉱業などにおいて、物質的な6別化戦略に情報的な6差化戦略を加算することで、情報的物質性を高めた産業への脱皮が可能になるでしょう。

自動車や家電産業などでは、すでに先端的なハードツールによる商品革新が進んでいますが、その延長線上には、無人操作や空中運転などで人手不足を補いつつ、ユーザーの頭脳と密接に連動してさまざまな作業を行なう、新たな情報実行産業が浮かんできます。

第3次産業では、流通業、金融業、情報通信業、サービス業などにおいて、6別化の推進による業態の細密化を進めながら、ハイテクツールの応用によって6差化を徹底し、人力とＡＩが結合した、新たなソフト産業への転換を進めていきます。

流通業や金融業を例にとると、デジタルツールの徹底した応用によって、個々のユーザーのより細分化されたオーダーに的確に対応したサービス体制を充実するとともに、食糧やエネルギーなどの生産・販売へもじかに進出していきます。

幾つかの事例を挙げてきましたが、このような業種を超える転換によって、22世紀の未来社会を支える、新たな産業構造が徐々に準備されていくことになるでしょう。

5, 人減先進国へ向かって

人口減少は世界的トレンド

人口減少の進行に伴って、今後大きく転換すると思われる、さまざまなビジネスの行方を展望してきました。

もしこのような転換が着実に進んでいけば、わが国はやがて人口減少に的確に対応した国家といわれるようになるでしょう。となると、人口減少国とは停滞国や後進国などではなく、むしろ新たな時代への先導国、つまり「人減先進国」とみなすべきではないでしょうか。

世界の状況を見渡せば、すでに幾つかの国々で人口減少が始まろうとしています。人口減少は、もはや日本だけの課題ではなくなっているのです。

世界全体の人口については、国際連合・社会経済局の人口推計(The 2022 Revision of World Population Prospects, World Population Prospects 2024)やワシントン大学・健康指標評価研究所の推計(2020年版)が、さまざまな展望を行なっています。

コロナ禍の影響まだはっきりしませんが、もし織り込むとすれば、これらの推計値の中の

図表49　世界人口の予測

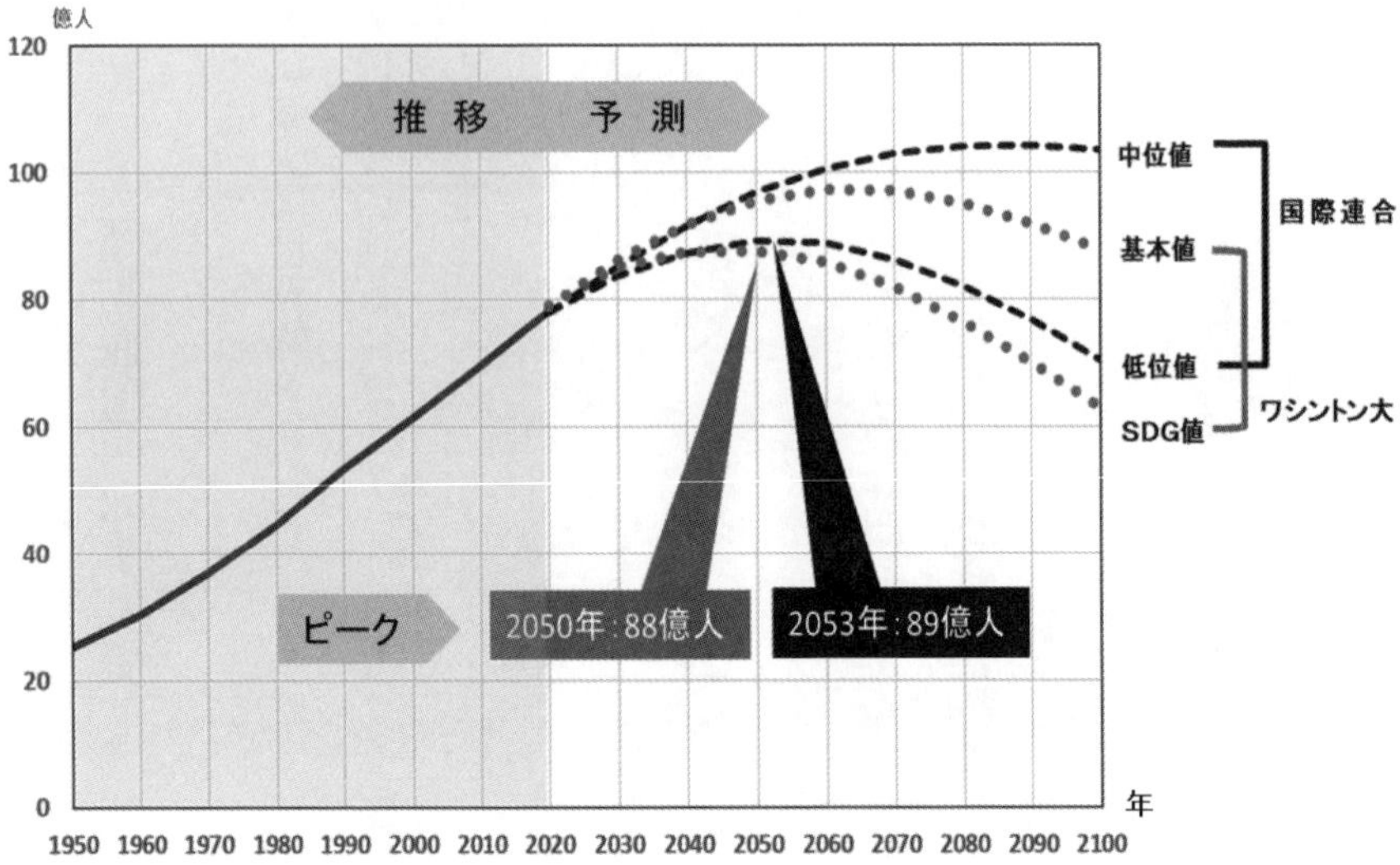

データ出所：①UN,World Population Prospects 2022,　②Washington Univ. IHME, Forecast,2020

最低傾向を辿《たど》る可能性が高まってくる、と思われます。

もし〝最低値〟へ向かうとすればどうなるのか、**図表49**に示したように、両者の予測値を比較してみましょう。

①国連予測の最低値では、２０５３年に８９億人でピークに達し、２１００年には７０億人まで減る。

②ワシントン大予測の最低値（ＳＤＧ値）では、２０５０年に８８億人でピークに達し、２１００年には６２億人まで減る。

要するに現在８０億人に達した世界人口は、２０５０年代にピークに達します。

その後は減少過程に入り、２１００年には６０～７０億人台に落ちるということです。現在の８１億人より１０～２０億人ほど減っていくのです。

こうした展望に対し、マスメディアの多くが「人類史、迫る初の減少」とか「一旦《いったん》減少に転じると、二度と増えることはない」などと、いささか暴論を述べています。いずれも現状膠着《こうちゃく》的、あるいは近視眼的な見方ではないでしょうか。

視野をもっと広げ、より長期的な見方をすれば、世界人口は何度も増加・減少を経験してきており、今回もまたその一環にすぎません。

序章で述べた「人口波動」説からいえば、ひとつの文明が作り出した「人口容量」が限界に達したからだ、ということです。科学技術文明という近代社会を支えてきた容量が、すでに満杯に近づいてきたため、容量に余裕のない国から順番に減り始めているのです。

そう考えると、人口減少を恐れるのではなく、容量に適応した方向を目指して、社会のあり方を変えていくことが求められます。さらには次の容量革新へと向かって、新たな挑戦が求められる時代が来ているのです。

続出する人口減少国家

２１世紀の世界では、地球上の大半の地域の人口が前半の間にピークを迎え、それ以降は減少していきます。それぞれの地域に属する国家は、どうなっていくのでしょうか。国連の人口推計の最低値（２０２２年推計）に基づいて、大胆に展望してみましょう。

①１０億人以上を誇る国々では、中国が２０２１年、インドが２０４５年と、ともに２０５０年より前にピークを迎えます。

②１～５億人の国々でも、日本が２００８年、ロシアが２０１７年とすでに減少過程に入っており、今後はブラジルが２０３７年、インドネシアが２０３８年、アメリカが２０４０年、バングラディシュが２０４６年と、各大陸の主要国も２０５０年より前にピークに達します。

③ヨーロッパでは、ロシアに加え、ウクライナ、ポーランドなどの東欧諸国、ギリシャ、イタリアなどの南欧諸国が、２０２０年以前に人口減少を始めています。

ドイツ、スペインもすでにピークを迎えており、少子化対策などで高く評価されているフランス、オランダ、イギリスなども、２０２５年前後から減少に入ると予想されています。出生率の改善だけでは減少は止められないのです。

④東アジアや東南アジアでは、すでに人口減少に入った日本、韓国、中国に続いて、ベ

トナム、ミャンマー、インドネシアなどが２０３０年頃から、カンボジアやマレーシアも２０４０年頃からそれぞれ減少していきます。

⑤２０５０年以降にピークを迎える主要国は、エジプトが２０７０年、パキスタンが２０７２年、エチオピアが２０８４年と、南アジア、アフリカの国々だけです。

こうしてみると、国連予測の最低値では、主要な先進国はもとより、人口大国といわれているインドもまた、今後２０～３０年ほどの間に人口減少を迎えることになりそうです。

主要国は人口減少へ！

現代の世界をリードする国々はもとより、後進国やグローバル・サウスとよばれる国々もまた、今後３０～５０年ほどの間に人口減少国となっていきます。

とすれば、人口減少をなんとかせき止め、人口維持や人口増加を目指すというのは、ほとんど的外れの方向といえるでしょう。それよりもこれから半世紀の間に、世界の主要国はいずれも人口減少への対応を迫られることになります。

これまで世界中の近代国家では、人口の増加を前提に、消費の拡大と生産の拡大、税収の増加と社会福祉の拡大、居住地の拡大とインフラの拡充などを目標に、それぞれの社会・経済政策を進めてきました。しかし、もはやそういう時代は終わったのです。

今後は人口の減少を前提に、消費の縮小と生産の適合、税収の見直しと社会福祉の変革、居住地の再配とインフラの適合化などを、新たな国家目標として、社会・経済政策を進めていくべき時代になったのです。

歴史を振り返れば、人口の推移には、序章で述べたように、増える時代と減る時代が何度か繰り返されています。その都度、各時代各国の人々はそれぞれに対応する社会をつくり上げ、新たな時代への橋渡しをしてきました。人口変化にいち早く対応する国こそ、次の時代を切り拓く先進国なのです。

そう考えると、19~21世紀前半の世界をリードしてきた人口増加・成長・拡大型国家、アメリカや中国はもとより、人口維持を目指す福祉国家、イギリスやスウェーデンなども、このままの対応状況では、もはや先進国とはいえなくなるでしょう。いずれの国もまた人口減少化、つまり「日本化」していくからです。

いいかえれば、21世紀後半の世界をリードするのは、人口減少に積極的に対応する国、つまり「人減先進国」という、新たな国家なのです。

超先進国へ向かって

日本こそ「人減先進国」であるとすれば、わが国の産業界には一刻も早く視点を転換させ、人口減少社会に見合った新商品や新サービスを創造することが期待されます。

それができれば、内需の量的な減少を質的な増加でカバーできるうえ、供給力の減少もまた知的・創造的生産性の高さによって補うことも可能になります。さらには新しく創造した商品やサービスによって、輸出力を高めることも不可能ではありません。

なぜなら、21世紀の貿易環境は、食糧や資源の逼迫化に加えて、各国との輸出競争もますます激化し、いっそう厳しくなっていくからです。単に優れた工業製品だけでは対応できず、知識、情報、ノウハウ、サービスなどを総合的に組み合わせた商品やサービスを、積極的に輸出することが必要になってきます。

アジア、アフリカ、中近東などの、主な国々も間もなく人口減少へ突入していく以上、少産・長寿化、省資源・脱炭素などに対応する新生活様式や、飽和・濃縮型の生活価値観や生活作法に基づいた商品やサービスが一斉に求められるでしょう。

こうした需要に応えるには、機能性や効率性に加えて、地球環境や食糧・資源危機にも対応する、新たなライフスタイルこそ、最大の付加価値になってきます。それには、記号性、愛着性、心理性、勤勉性、遊戯性など、心理的な成熟度を付加した商品やサービスを創造していくことが必要です。

今後の日本は、人口減少社会の先行者という立場を最大限に活用して、工業製品や生活サービスはもとより、流通や観光、ファッションやデザインなどでも、人口減少に適合した市場を創り出すという、強力なパラダイムを展開していかなければなりません。

こうした対応に成功した時こそ、今世紀末のわが国は、人口減少というマイナス現象を、一転してプラスに変えた〝超先進国〟と呼ばれるようになるでしょう。

終章　チャンスをつかむ10大発想

新たな視点と発想力を手に入れよう！

人口増加から人口減少への移行は、何度も述べてきましたように、単なる「少子・高齢化時代への転換」でも「経済停滞時代への移行」でもありません。

それは「人口容量の飽和化」に起因する「現代文明の転換期」を意味しており、これまで約２００年間続いてきた成長・拡大型社会が終わって、新たに飽和・濃縮型社会が始まることを示しています。

とすれば、社会や経済を読み解く知性もまた、大きく変わらなければなりません。従来の成長・拡大型社会を解読するには最適であった経済学、社会学、経営学などの社会科学も、このまま今後の社会・経済に適用できるとは限りません。そればかりか、従来の固定的な発想に囚《とら》われるあまり、不正確な認識や間違った対応に走るケースも起こり得ます。

現に政府諸機関の施策やマスメディアの論調の中には、そうした事例がいくらでも発見できますし、高名な学者たちの発言にも、的外れな指摘がしばしば見受けられます。いずれも、時代の大きな変化を見誤っているからです。

旧来の発想や視点に従っている限り、数多くの経営者がそれぞれの企業の取り舵を的確に行なっていくことは困難になります。それ以上に、自分自身が生き抜いていくことすら無理になってきます。

それゆえ、新しい時代を切り開こうとする経営者にとって、今一番必要なことは、従来の固定的な発想をいち早く脱し、できるだけ柔軟な視点から、世の中のさまざまな現象を的確に見分けられる能力を身につけることです。

とはいえ、新しい発想力はそう簡単に身につくものではありません。従来の常識が邪魔しますし、見方を変えること自体に恐怖がつきまとうからです。

しかし、そこに留まる限り、新たな発展も繁栄もありません。勇気を出して、最初の一歩を踏み出すこと、それが何よりも必要なのです。

そこで、この章では本書の結論として、勇敢な経営者の方々が、新たな視点と発想力へ飛躍していくための、最も基礎的な方法を１０件、提案してみました。

提案1　「言葉」を大切に使おう！

経営者にとって一番大切なことは、社会環境の微妙な変化を敏感に先取りし、それに応じた対応を的確に行なっていくことです。そのためには、何よりも「言葉」を大切に取り扱わなければなりません。

現に「自己責任」「バカの壁」「新しい戦前」などという言葉が使われると、現実の社会の中に、それまで気づかなかった、それらの現象が実際に存在しているかのように定着していきます。これは一体なぜなのでしょうか。

言葉とは、現実の代行指標ではないからです。そうではなく、言葉とは、音声を仕分けると同時に、現実をも仕分けるものです。具体的にいえば、音声を「イヌ」と「ネコ」に仕分けることで、現実でも、ワンと鳴く小動物とニャーと鳴く小動物を仕分けているのです。

もっと正確にいうと、言葉とは、現実の環境世界と人間の認知世界の間に立って、両者を巧みに取り結ぶ〝認識装置〟なのです。

言葉がなければ、私たち人間は現実世界を的確につかむことはできません。その意味で、言葉こそが、人間という動物を、他の動物から分けている、最大の特性といえるでしょう。

それゆえ、本書では、人口減少社会という、新しい現実を正しくつかむために、「少産・多死化」「ハイパーミドル」「超家族」といった新語を敢えて多用してきました。

従来の言葉ではとらえきれない現実が、すでに動き出している以上、新しい言葉を用いなければ、正確な把握は困難と思ったからです。

そればかりか、生活世界を7つに分けたうえで、「欲望・欲求・欲動」「価値・効用・効能」「差延化・差元化・差真化・差戯化」などの戦略論を展開しましたのも、新たな現実に対応するには、新しい言葉による戦略がやはり不可欠と思ったからです。

ともあれ、これからの経営者は、言葉に対してもっと敏感にならねばなりません。もっと正確に、もっと大切に、もっと柔軟に、言葉を使いこなせるよう、自ら努力することが求められているのです。

提案2　既成の言葉に騙されるな！

言葉を大切に使うためには、既成の言葉に騙《だま》されないことが必要です。世の中には、特定の方向への誘導を意図して、さまざまな言葉がつくられ、かつ使用されています。

既存の社会を知るためならばともかく、激変する社会のゆくえや新しい時代の方向を先取りしていくには、そうした言葉に囚《とら》われていると、現実を見誤ることになりかねません。こうした言葉の中で、特に注意を払わなければいけないのは、オヤクショ言葉、マスコミ言葉、ガクシャ言葉の３つでしょう。

「オヤクショ言葉」とは、政府や地方自治体、あるいは関連の審議会や研究機関などが発表する文書や報告書の中で、従来から使われている言葉や新たにつくられる新語ですが、それらが一定の権威に基づいているだけに、とりわけ注意が必要です。

例えば「少子・高齢化」という言葉には、１９６０年体制をなんとか守ろうとする、暗黙の意志が働いています。あるいは６０年体制と現実とのギャップを漫然と放置したミスを糊塗《こと》しようとする、強引な意図さえ感じられます。

「マスコミ言葉」も同様です。中立公正なはずのマスコミの言葉も、必ずしも信用できるものではありません。口先では政治や政府に一定の距離を置くとはいっていますが、実際のところ、社会動向を示す調査結果や統計データなどは、ほとんど政府や自治体の発表を垂れ流しています。

例えば大半のマスコミは、2004年頃には「年金百年安心プラン」という政府見解を、そのまま流していました。しかし、14～5年ほどたっただけで、まったくの虚構だったことが判明しています。最も重要な事象ですら、マスコミ言葉もまた誤っていたのです。

そして、「ガクシャ言葉」にもまた注意が必要です。なぜなら、ほとんどの学者はひとつの学問の専門家ですから、その学問で使っている言葉で現実をとらえようとします。しかし、過去の現実ならともかく、激変しつつある現実は、既成の学術語ではとらえきれません。

それゆえ、現実認識を誤ったり、的外れの対応をします。「人口減少でGDPが下がる」とか「顧客価値や顧客生涯価値を創れ」などが、その典型です。

したがって、私たちはこうした3つの言葉から、まずは自由にならなければなりません。

提案3　常識の裏を読め！

言葉が変われば、現実が変わってきます。新しい言葉を使えば、古い言葉では見えなかった、生の現実が見えてきます。

「新しい言葉に敏感になれ」とは「新しもの好き、流行好きになれ」ということでは決してありません。新しい言葉を使えば、新しい現実が切り取られ、さらには新しい現実が生まれてくる、ということです。

現に「少子・高齢化」という言葉では、15歳未満の子どもが減り、65歳以上の高齢者が増えていく、という現象しか見えません。しかし、2章で述べたように「延子・中年化」という言葉を使うと、25歳未満の子どももそれなりに増え、75歳以上の高齢者は減っていくという、新しい現実も見えてきます。

こうなると、ニュービジネスに挑戦しようとする起業家層には、「縮小していく子ども市場」ではなく、25歳にまで広がった「ハイパーキッズ」向けの「伸びていく子ども市場」が浮かんでくるでしょう。

あるいは、介護、医療、葬儀ビジネスなどへ行く前に、65~74歳の「ハイパーミドル」に向けて、勉学、トレーニング、遊びといった新市場の拡大も読めてきます。

それゆえ、オヤクショ言葉、マスコミ言葉、ガクシャ言葉のつくり出す〝常識〟にとらわれないで、自分独自の言葉で現実をみる習慣をつけることが大切です。

新しいビジネスを興そうとする経営者が、輝かしい成功をつかむ、最も確実な方法は、既成の市場や既存の経営者の裏をかくことです。「人の行く裏に道あり花の山」という相場師の極意は、経営全般に通ずるのです。

世間の常識のまま世の中の動きを見ているようでは、真に新しい発想など絶対に不可能です。表面では常識家のように振舞いながらも、内心では常に常識の裏をかくことを考え続けることが必要です。

そのためには、一方ではオヤクショ言葉、マスコミ言葉、ガクシャ言葉などがつくり出す常識を注視しつつ、他方ではこれらの視点を超えた、新たな言葉を探し出し、新鮮な目で世の動きを見直すことが求められるのです。

提案4　「消費者」でなく「生活者」を大切に！

経済学の言葉の中で現実を一番とらえ損なっているのは、「消費者」という言葉です。未だに「生産者」に対する「消費者」ととらえていますが、現実のユーザーはすでにその定義を乗り越えようとしています。

激変していく社会の中で、新たに生まれてくる生活需要を的確にとらえること、これこそが生活産業の経営者にとって緊急の課題だとすれば、こうしたユーザー像のズレは致命的な欠陥となります。

それゆえ、今から６０年も前の１９６３年、経済社会学者の大熊信行《おおくまのぶゆき》は「消費者という言葉は経済学に返納し、日常生活では私たちは生活者である」と宣言しています（「消費者から生活者へ」）。生身の人間は、需要対供給、生産対消費という経済学の次元の「消費者」をはるかに超えた、もっと全体的な「生活者」である、というのです。

こうした視点を継承し、本書では、「生活者」という言葉で、市場から購入した消費財を生産者の指定した「価値」や「効用」に基づいて使用する「消費者」ではあるものの、それに加えて、自らの工夫でさまざまな「効能」をつくり出し、かつ私用する「生成者」でもある、という立場を打ち出しました。

さらには、意識的・日常的な世界だけでなく、無意識的・深層的な世界へも意図的に下降して、身体的感覚の次元で改めてこの世界を感じ取り、言葉になる前の原始的なイメージによって世界を理解する「体感者」でもある、と考えています。

このように複雑な要素を秘めた人間の本質を多面的、多角的にとらえていくには、経済学や社会学など既存の社会科学の言葉だけでは不可能です。そこで、本書では、言語学や記号学から精神分析学や深層心理学まで、現代思想の成果を幅広く応用した、新しい言葉によって、新たな人間像をとらえ直してみました。

新しい言葉の使用によって、もっと全体的な人間像をつかむことができれば、多くのユーザーが心の深層に抱く、本物の生活願望を綿密に探り出すことが可能になり、それに対応した、新たな商品やサービスの開発が期待できるのです。

提案5　脱トレンド思考で未来を読もう！

もうひとつ、経済学や社会学など既存の社会科学の言葉で読めなくなっているのは、未来への展望です。

もちろん、どんな学問によっても、未来を正確に予測することは不可能です。しかし、社会の変化に対して、できるだけ柔軟な立場でアプローチすることができれば、およその展望は可能になります。

従来の未来予測では、過去のトレンドの延長線上に未来を展望する手法が中心でした。経済学を中心に広く行なわれている外挿法は、統計的予測、計量経済モデル、システムダイナミックスなどですが、いずれも過去の統計や数量的変化を材料に、時間や関連項目間の関係を説明する方程式をつくり、この式で未来の事象を予測しています。

もうひとつ、主に景気予測で使われている循環法は、キチンサイクル、ジュグラーサイクル、建築循環、コンドラチェフ長波など、時代の流れの中に波動を見つけ出して、その動きを追うことで未来を読み取ろうとするものです。

2つの方法はともに、さまざまな事象の過去の動きや因果関係を調べて構造化し、その構造が将来にも続いていくという仮定のもとに、未来を予測しています。いいかえれば、過去からのトレンドが今後も続いていくことを大前提にしています。

しかし、最近の社会状勢は、人口増加から人口減少へ、成長・拡大から飽和・濃縮へと、過去のトレンドを大きく超えて動き出そうとしています。

こうした時代になると、もはや外挿法や循環法といった、単純なトレンド予測で未来を読むことはできません。過去からの社会構造が大きく変わりつつあるからです。

そこで、本書では、もっと長期的な視点に立った人口波動法という予測法を提案しています。環境・文明・人口が一体化してつくり出した人口波動には、社会の動きが全体的に現れていますから、単なるトレンドを超えて、私たちの生きている時代が長い歴史の中でどのような位置にあるのか、を知ることができます。

つまり、社会が激変する時代には、従来の社会科学の言葉ではもはや未来は読めません。短期的なトレンド予測を超えた、長期的な歴史観が必要なのです。

提案6　長期的な歴史観を持とう！

社会が激変する時代の経営者は、常日頃から世の中のゆくえに関心を持ち、変化への対応を準備しておくことが必要です。とはいえ、日々変化する株価や為替などの短期トレンドに、一喜一憂する必要はありません。

もちろん、短期的変化の中には、長期的変化の前兆が潜んでいることがありますから、それを敏感に感じ取ることは必要です。

そうした能力を養うには、社会や経済、科学や技術などに関する知識や判断力を身につけることがまずは必要です。しかし、それだけでは不充分です。もっと大切なことは長期的な歴史観を持つことです。

歴史というと、学生時代にひたすら暗記させられた年号や事件を思い出す人も多いでしょうが、今求められているのはそうした暗記の次元ではなく、この地球に現れた人類がどのように生きてきたか、あるいは日本列島に住みついた人々がどのように生きてきたか、という超長期の歴史観です。

それゆえ、本書では、人類の歴史を「人口波動」という、まったく新しい視点からとらえる手法を紹介してきました。

人口波動とは、環境・文明・人口が一体化してつくり出した、最も長期的な人類の歴史です。こうした歴史観を持つことで、私たちは今どこにいて、どこに向かおうとしているのか、未来への展望が正しく開けてきます。と同時に、日常の些細《ささい》な出来事の中に潜む、未来への予兆を、誰よりも早く見つけることが可能になるのです。

そればかりか、過去の歴史を先例にして、未来を予測することも可能になります。いうまでもなく、歴史は一回限りのものですから、まったく同じことが再び起こることはまずあり得ません。

しかし、何度か繰り返されてきた人口波動をみると、各波動の中の始動・上昇・飽和・下降といった時期には、同じような構造がみつけられます。とすれば、相似性がある時期には、類似の現象が起こること、それは充分あり得るでしょう。

長期的な歴史観を持つことによって、私たちは未来を読み取る能力を養えるばかりか、どのように対応していくべきか、これについて知ることもできるのです。

提案7　時代を読み間違うな！

「歴史を読めば、未来がわかる」からといって、現代の日本を幕末に見立て、維新や第3の開国を目指せ、などというのは大間違いです。

マスメディアの中には「平成維新」、「第2海援隊」、「第3の開国」論などの主張が数多く見られ、また「いでよ、龍馬」などという芝居も何度か演じられてきました。しかし、これらの意見はいずれも的外れです。

なぜかといえば、現代の日本は、人口波動が微減から下降へ移行する段階にあるのに対し、幕末の日本は人口が微増から急増へと向かう時期に当たっているからです。これはまさに正反対の位置です。

幕末期とは、西欧文明の導入で人口容量の拡大見通しが広がり、現状維持の生活に慣れた人々も、将来に向けて明るい見通しを持ち始めた時代です。

ところが、現状維持をもくろむ徳川幕府が、この動きを無理やり抑え込もうとしたため、大衆の鬱積《うっせき》した力がそれをはねのけ、新しい政治体制を創り出そうとしました。これが明治維新だったのです。

一方、現代日本では、国民の多くが各々の膨らみきった生活願望をほとんど満足させ、これ以上生活水準が上昇していけば、間もなく資源不足や環境悪化を招くことを強く自覚するようになっています。

もちろん、政治や行政には強い不満を持っていますが、それは閉塞状況を突破できないからではなく、飽和・濃縮社会へ巧みに軟着陸できないことへの苛立ちなのです。

このように時代の構造が本質的に異なっている以上、現代という時代を幕末にたとえるのはまったく馬鹿げています。龍馬が力を発揮できたのは、世の中一杯に国民大衆の不満が溢れ、一触即発の状態だったからです。膨らみきった不満があればこそ、小さな男のほんのひと突きで、たちまち風船が破れたのです。

しかし、今の時代は違います。今、求められるリーダーとは龍馬や西郷ではありません。人口減少や環境悪化などを前提にしつつ、豊かな国民福祉と、適切な経済成長を両立させるために、まったく新しい舵取りができるリーダー、敢えていえば田沼意次や徳川家斉かもしれませんが、それこそが求められるのです。

提案8　変化はチャンスと考えよう！

人口増加から人口減少への移行は、極めて大きな社会変化です。もともと人口が激変し社会が大きく変わる時は、新しいビジネスが生まれるチャンスでした。

近代史を振り返れば、人口が微増から急増に移った明治維新前後に、三井、三菱、住友など主要企業グループが生まれ、また人口増加率が増加から減少に移った太平洋戦争の前後に、トヨタ、松下、ソニーなどの新興企業グループが勃興しました。

現代の日本は人口増加から減少への転換期ですから、これらに匹敵しています。否、それらを超えています。

なぜなら、維新や敗戦が人口増加の時代だったのに対し、現在は減少を続けているからです。これは１８世紀初頭以来、実に３００年ぶりです。その意味で、現代は「３００年に１度のビッグチャンス」なのです。

１８世紀初頭の日本は、元禄期までの成長・拡大型から飽和・濃縮型への転換期でした。このため、開幕以来、江戸経済を牛耳ってきた紀伊国屋や奈良屋などの豪商が次々に倒れ、代わって「現金懸け値なし」の越後屋や大丸が登場しています。

外食産業でも、うどん、蕎麦、握り寿司、天麩羅、鰻の蒲焼などの新業態が屋台産業からスタートし、やがて大きな割烹や料理屋に育っていきます。さらに現代の「中食」に相当する「煮売り屋」や、「100円ショップ」に相当する「十九文屋」も生まれています。

つまり、江戸中期の明和・天明から文化・文政時代は、人口減少に対応した産業の、新たな勃興期だった、ともいえるでしょう。

とすれば、人口の一大転換期である今後20~30年間は、またとないビジネスチャンスになるはずです。すでに市場縮小が深刻なベビー市場においても、それを逆手にとって、新たな成長企業が生まれています。

また量的に縮小しているローティーン市場では、新規のジュニアファッションが拡大し始めています。人口減少で顧客が減っても、新たな工夫を生み出した企業であれば、なお成長を続けることができるのです。

その意味で、人口減少は日本社会が新たな方向に転換していくための、絶好のチャンスなのです。真の経営者であれば、このチャンスを見逃してはなりません。この好機をつかむため、人口減少社会へワクワクしながら対応しようではありませんか。

提案9　アイデンティティーを再確認しよう！

絶好のチャンスを活かす、最大・最良の戦略は何よりも、それぞれの企業のアイデンティティーを活かすことです。

アイデンティティー（自己同一、自己存在証明）とは何でしょうか。アメリカの精神分析学者E・H・エリクソンは、1人の人間の一貫性が、社会や文化と相互に作用し合っている状態、と述べています。

具体的にいえば、1人の人間が、①自らの育ててきた人格と、②新たな社会環境との落差を知り、③その環境の中に自分の適性を活かしていく道を見つけること、といってもいいでしょう。

この視点を企業経営に当てはめてみると、人口減少の影響がすでに直撃しているベビー、キッズ、ティーンズなどの分野では、企業アイデンティティーの確認と再構築によって、業績を回復したばかりか、さらに伸ばしている企業が幾つか現れています。

ベビーパウダーの和光堂㈱（現・アサヒグループ食品㈱）は、母親とベビーに最適の環境を与えるという企業アイデンティティーを再確認することで、高機能なベビーフードへ進出し、成功を収めました。

ベビー服のミキハウス(三起商行㈱)は、ベビーに最適の環境を提供するという企業アイデンティティーを徹底させることで、母親ファッションはもとより、ベビーフード、母子向けレストラン、ベビー産業シンクタンクにまで進出し、多角化に成功しています。

受験産業の㈱ベネッセ(岡山市)は、「よりよい大学」から「よりよい人生」を提供するという企業アイデンティティーの再構築によって、ベビー産業からシニア産業にまで進出し、業績を伸ばしています。

電気製品のパーツ販売の町、秋葉原は、オタク向けという地域アイデンティティーを再確認し、コミック、アニメ、ゲームなどオタク産業の町として再生しています。

以上の成功例に共通しているのは、社会・経済環境の大きな変化に遭遇しつつも、企業や地域のアイデンティティーを再確認することで、新たな方向を発見したということです。

とすれば、すべての企業は、それぞれのアイデンティティーを振り返ったうえで、人口減少時代への対応を急がなければなりません。

提案10　人口減少を逆張りしよう！

人口減少の進む21世紀の日本で、企業アイデンティティーの再構築とは何を意味するのでしょうか。

20世紀の人口増加社会でそれなりの業績を上げてきた企業が、人口減少、少産・長寿化という市場環境の激変に遭遇して、売り上げ減少や市場変化などのショックを受けた場合、それを乗り切っていくには、自社の本業とは何かを見つめなおし、それに応じて新たな戦略や戦術を展開していく、ということです。

具体的にいえば、従来扱ってきた商品やサービスの内容、ネウチ、対象などの本質を考えたうえで、それらに対する需要が、新たな市場環境の中でどのように変わっていくのかを冷静に展望し、思い切った転換対策を実行していくことです。

企業が市場を前提とし、市場が生活者の生活世界を前提にしている以上、人口減少が巻き起こす生活世界の変化に対し、自らの企業で何ができるのか、何をすべきか、という原点に立ち戻って、新たな対応策を打ち出していかなければなりません。

あらゆる企業は人口減少、飽和・濃縮化という新経営環境の中で、自社の特性や能力とのギャップを見定め、新環境の中に自社の特性を活かす道を切り開く、というアイデンティティー戦略を実践することが必要なのです。

日本の社会・経済でも、まったく同じ対応が必要です。２１世紀の日本を取り巻く環境は、内側では人口減少、少産・長寿化、飽和・濃縮・余裕化、外側でもグローバル・サウスの追い上げ、アメリカやＥＵのグループ強化、世界人口ピークの接近など、大きく変わりつつあります。

こうした新環境に対応していくには、濃縮化、個性化、潜在能力化などを重視する、最新のライフスタイルと、それに裏づけられた最先端の生活市場を活用して、世界市場をリードする新商品・サービスを積極的に創造していかなければなりません。

とすれば、個々の企業ばかりか、今後の日本にとっても、アイデンティティーの再確認が求められます。

国内の人口減少、世界の人口ピークという環境変化に対応して、自国の特性や能力とのギャップを見定め、新環境の中でどのように独自の特性を活かせるのか、新たな目標を創り出すことが期待されているのです。

こうした挑戦に果敢に挑むこと、それ自体が〝逆張り〟ビジネスの本道といえるでしょう。

あとがき

最近では「人口減少が避けられない以上、それに見合った社会へ向かうべきだ」という意見が、マスメディアなどで定着してきました。

同じような主張を、筆者は１９９６年に上梓した書籍の中で述べていましたが、その頃にはまったくの異説として、ほとんど無視されました。しかし、ほぼ３０年が経過すると、異説も定説に変わってくるようです。

本文で述べたような、「今世紀のわが国は、人口減少というマイナス現象を、一転してプラスに変えた超先進国になる」という主張にも、かなり違和感を持たれる方がおられるかもしれません。しかし、２０~３０年もすれば、間違いなく真意が伝わり、賛同していただける方々が増えてくる、と確信しています。

そこで、本書を最後までお読みいただいた方々に、プレゼントをひとつ差し上げたいと思います。本書では、１１章で３つの視点から、今後伸びてくると予測される産業群を展望していますが、この課題をもうひとつ別の視点から検討してみると、さらにさまざまな産業が浮かび上がってきます。

そこで、ご参考までに、より長期的な展望を、読者の皆様方へお届けしたいと思います。

タイトルは「**人減先進国の新興ビジネス**」です。どのような産業が予想されるのか、主な産業を挙げておきましょう。

生活保障安定産業
情報インフラ安定産業
食糧・エネルギー安定産業
デジタル新感性産業
デジタル互酬促進産業
独自生活支援産業
デジタル祝祭産業
無意識活性化産業
生活安全支援産業
生活機能ＡＩ化産業

このような新産業を18ほど展望しておりますので、詳しい解説は、左記の専用サイトよりダウンロードして、お読みください。

『人減先進国の新興ビジネス』(PDF)
https://www.jmca.jp/form/jinko
右記のURLか二次元バーコードにアクセスしてご請求ください。
折り返しメールにて、ダウンロードに必要なIDとパスワードをお送りします。

末筆ながら、本書の執筆や編集にあたっては、日本経営合理化協会出版局長の丹野悦子さんに大変お世話になりました。丹野さんのご助言がなければ、上梓には至らなかったものと思います。ここに記して、改めて御礼を申し上げます。

古田 隆彦

引用文献

序章

国立社会保障・人口問題研究所『日本の将来推計人口（令和5年推計）』2023

J・ビラバン：Essai sur l'Evolution du Nombre des Hommes：Population,34:1,Jan./Feb.1979

C・クラーク　杉崎真一訳『人口増加と土地利用』大明堂・1967

T・G・ジョーダン『ヨーロッパ文化—その形成と空間構造』山本正三ほか訳・大明堂・1989

速水融・宮本又郎「概説一七—一八世紀」『日本経済史1　経済社会の成立』岩波書店・1988

1章

国立社会保障・人口問題研究所『日本の地域別将来推計人口（令和5年推計）』2023

鈴木智也「将来人口推計に基づく2070年の外国人労働者依存度について—産業別の推計」ニッセイ基礎研究所ウェブサイト・2023年7月12日

内閣府「生涯学習に関する世論調査」2022年7月調査

2章

フォーチュン ビジネス インサイト「ウェアラブルテクノロジー市場規模など　2024年から2032年」2024年6月17日

3章

国立社会保障・人口問題研究所の『日本の世帯数の将来推計（全国推計）』2024

一社・日本シェアハウス連盟『シェアハウス市場調査2023年度版』2023年12月

5章

青木保『儀礼の象徴性』岩波現代選書・1984

D.ハンデルマン：Play and ritual: complementary frames of metacommunication.In, It's a Funny Thing, London: Pergamon, 1977

6章

J・デリダ『声と現象』高橋允昭訳・理想社・1970

古田隆彦「消費、〃効用〃創造型に移行」日本経済新聞・経済教室・1994年4月29日

7章

C・G・ユング『元型論』林道義訳・紀伊国屋書店・1999

11章

古田隆彦「ラスト・モダン」日本経済新聞夕刊・生活ニューウエーブ・1990年2月26日
古田隆彦『人口波動で未来を読む』日本経済新聞社・1996

終章

⑦大熊信行「消費者から生活者へ」1963(『生命再生産の理論―人間中心の思想・上』東洋経済新報社・1974に転載)
国際連合・社会経済局:The 2022 Revision of World Population Prospects:2022, World Population Prospects 2024
ワシントン大学・健康指標評価研究所:Fertility, mortality, migration, and population scenarios for 195 countries and territories from 2017 to 2100:THE LANCET October 17, 2020

掲載商品・企業・団体など一覧

1章

ウィナーズ㈱ レコルト「ポット型自動調理家電」/パナソニック㈱「ソロタ」/リズム㈱「MIST Mini」/アイリスオーヤマ㈱「サーキュレーターアイ DC silent」/シャークニンジャ「Shark EVOPOWER SYSTEM STD+」/㈱スペースエージェンシー「小さな家、PACO」/「フェスティバルシティ・アウガ」/「ミッドライフタワー青森駅前」/「富山ライトレール」/㈱とくし丸「とくし丸」/㈱ローソン「ローソン川口末広三丁目店」/㈱セブン・イレブン・ジャパン「セブンミール」/㈱シニアクリエイトライフ「宅配クック123」/㈱キャムテック「キャムテックエデュックアカデミー成田センター」/㈱グローバルトラストネットワークス「TRUST NET 21」/UR都市機構「UR賃貸住宅」/「全国版空き家・空き地バンク」/㈱LIFULL「LIFULL HOME'S 空き家バンク」/㈱アットホーム「アットホーム 空き家バンク」/㈱Little Japan「ホステルパス」/㈱アドレス「ADDress」/㈱ビックボックス「ミニログ」「コスカA・それでね」「シエル・森の妖精「マンシッカ・いちご」/オムロンヘルスケア㈱「オムロンねむり時間計 HSL-002C」/㈱ドリームズ・カム・トゥルー「ネムリエール」/西川㈱「nishikawaID」/フランスベッド㈱「冷暖四季パッド」/㈲小池経編染工所「首枕」/㈱ウェルヴィーナス「ネムヒール」/

㈱セブンイレブン・ジャパン・㈱ローソン「恵方巻」／㈱ファミリーマート「特上恵方巻」／ネスレ日本㈱「キットカット」／明治製菓㈱「(う)カール」／㈱ロッテ「トッパ」／カバヤ食品㈱「さくさくぱんだ」／縁起茶本舗㈲アルゴプラン「茶柱縁起茶」／伊勢神宮／出雲大社／天河神社／戸隠神社／恐山／朝日カルチャーセンター／NHK学園「生涯学習通信講座」／㈱ユーキャン／㈱日本マンパワー

2章

セイコーエプソン㈱「MOVERIO スマートグラス BT300」／Apple Inc.「Apple Watch Series 9」／シチズン㈱「Eco-Drive Riiiver BZ7000-60L」／カシオ計算機㈱「Gショック」／㈱K2インターナショナルジャパン「湘南・横浜サポステ・プラス」／㈱九州コミュニティーカレッジ「みやざきサポステ・プラス」／キャリアバンク㈱「はこだてサポステ・プラス」「おびひろサポステ・プラス」／「あさひかわサポステ・プラス」「せんだいサポステ・プラス」／㈱I・M・S「あおもりサポステ」、「ひろさきサポステ」／花王㈱「ヘルシア緑茶」「ヘルシアコーヒー」／サントリー食品インターナショナル㈱「黒烏龍茶」／キリンビバレッジ㈱「キリン メッツコーラ」／サントリー㈱「伊右衛門 特茶」「ボスグリーン」「ロコモア」／明治製菓㈱「ヨーグレット」／ハマダコンフェクト㈱「バランスパワー」／アサヒフーズ アンドヘルスケア㈱「1本満足バー」「クリーム玄米ブラン」／大塚製薬㈱「SOY JOY プラス」「カロリーメイト」／キリン㈱「パーフェクトフリー」／キリンビバレッジ㈱「メッツプラス レモンスカッシュ」／アサヒビール㈱「アサヒ　スタイルバランス」／㈱ファンケル「えんきん」／カルピス㈱「アミール WATER」／ロート製薬㈱「ロートV5粒」／アサヒフードアンドヘルスケア㈱「ディアナチュラゴールド」／森下仁丹㈱「ヘルスエイド　ビフィーナR」／キユーピー㈱「ヒアルロン酸+グルコサミン」／大正製薬㈱「大正グルコサミン」／㈱世田谷自然食品「グルコサミン+コンドロイチン」／㈱ヤクルト本社「グルコサミン」／㈱資生堂「グルコサミン+コンドロイチン」／アサヒフードアンドヘルスケア㈱「グルコサミン・アクティオ」／サントリー㈱「ロコモア」／富士フイルム㈱「新グルコサミン&コラーゲン」／サントリーウエルネス㈱「ブルーベリー」／㈱DHC「ブルーベリーエキス」／キユーピー㈱「ブルーベリー&ルテイン」／ボシュロム・ジャパン㈱「ルテインブルーベリー& アスタキサンチン」／パナソニック㈱「Jコンセプト」／三菱電機㈱「三菱大人家電」「MeAMOR」／タイガー魔法瓶㈱「tacook」／NTTドコモ「らくらくスマートフォン F-52B」／ソフトバンク㈱「シンプルスマホ6」／KDDI㈱(au)「BASIO active」／マッスル㈱「ロボヘルパーSASUKE」／㈱ジェイテクト「J-PAS fleairy」／RT・ワークス㈱「ロボットアシストウォーカーRT.2」／㈱今仙電機製作所「aLQ by ACSIVE」／㈱アム「流せるポータくん3号」／DFree㈱「DFree」／㈱リリアム大塚「リリアムスポット2」／㈱がまかつ「サットイレ」／エコナビスタ㈱「ライフリズムナビ+Dr.」／キング通信工業㈱「シルエット見守りセンサー」／㈱ラムロック「みまもり CUBE」／㈱ZIPCARE「まもる〜のONE」／㈱カブメディカルスイッチ「FUKU助」／㈱レイトロン「Chapit」／㈱ハイレックスコーポレーション「バスアシスト」／積水ホームテクノ㈱「wellsリフトキャリー」／ジーコム㈱「ココヘルパX」／社会福祉法人善光会「SCOP Now」／㈱アガツマ「アンパンマン はじめてのキッズタブレット」「めいろ遊び」「おうたもあいうえおも！ アンパンマン はじめてのキッズタブレット」「アンパンマン 見て！ 触って！ 学べるあいうえお カラーナビキッズタブレット」／㈱学研ステイフル「あそびながらよくわかる あいうえおタブレット」／ローヤル㈱「さわって！バイリンガルずかん」／㈱ジャストシステム「スマイルゼミ」／㈱ナガセ「東進オンライン学校」／㈱明光ネットワークジャパン「オンライン個別指導」／㈱ソニー・グローバルエデュケーション「LOGIQ LABO」「KOOV」／㈱タミヤ「ミニ4駆」／青島文化教材社「楽プラ・スナップカー」／㈱ハセガワ「戦艦三笠」「戦艦大和」／㈱バンダイ「ガンプラ」／㈱タカラトミー「リニアライナー超電導リニアL0系スペシャルセット」／㈱エポック社「野球盤3Dエース」／上新電機㈱「スーパーキッズランド本店」／㈱コナミスポーツ&ライフ「OyZ」／㈱ルネサンス「脳はつらつ教室」／㈱カーブスジャパン「カーブス」／㈱明治「アミノコラーゲン」／森永製菓㈱「おいしいコラーゲンドリンク」／銀座ステファニー化粧品㈱「プラセンタ100」「プラセンタ100 CORE」／㈱Arc「Plange」／サントリーウエルネス㈱「F・A・G・E・」／資生堂㈱「エリクシール」／㈱ポーラ「Red B.A」／十仁美容整形「フェイスリフト」／㈱タイトー「大人のメダル倶楽部」／㈱カプコン「プレミアム会員制度」／アドアーズ㈱／㈱エクシング「健康王国」／シダックス㈱／（社福）よいち福祉会「よいち銀座はくちょう」

3章

味の素㈱「味の素 35グラム瓶」／アサヒビール㈱「サントネージュ リラ」320ミリリットルサイズ／サントリーワインインターナショナル㈱「酸化防止剤無添加のおいしいワイン。」250ミリリットルサイズ／㈱J-オイルミルズ「ちょっとdeちょうどいい！」／㈱キユーピー「キユーピーマヨネーズ」450グラム／エバラ食品工業㈱「プチッと鍋」「プチッとステーキ」／㈱日清食品「あっさり少なめカップヌードル」／カルビー㈱「フルグラ・ビッツ」／日鉄興和不動産㈱「リビオレゾン」／東急リバブル㈱「ルジェンテ」／三洋ホームズ㈱「サンマイン」／パナソニック㈱「プチドラム」「プチ食洗」／シャープ㈱「コンパクトドラム」／三菱電機㈱「本炭釜」／ヤマサ醤油㈱「ヤマサ 鮮度の一滴特選しょうゆ」500ミリリットルパウチ／ウィナーズ㈱「ポットデュオエスプリ」「ポットデュオ」／iRobot「ルンバ」／㈱フィリップス エレクトロニクスジャパン「ノンフライヤー」／㈱セブンイレブン・ジャパン「セブンプレミアム」／㈱ファミリーマート「ファミリーマートコレクション」「お母さん食堂」「ファミマル」／ミニストップ㈱「やみつキッチン」／イオン㈱／㈱ヤオコー／㈱マルエツ／㈱いなげや／㈱ライフコーポレーション／象印マホービン㈱「みまもりほっとライン」「i-POT」／ソニー㈱「aiboのおまわりさん」／㈱立山システム研究所「たてやまみまもりeye」／志幸技研工業㈱「ネットミル」／㈱ソルクシーズ「いまイルモ」／㈱アルソック「シルバーパック」／東急セキュリティ㈱「シニアセキュリティ」／都市再生機構（UR都市機構）「ハウスシェアリング」／東京都住宅供給公社「ルームシェア制度」／「ひつじ不動産」／「シェアパレード」／「colish」／「芦屋17℃」／コレクティブハウジング社「かんかん森」／㈲すてっぷ企画室「しまんと荘」／釧路町型コレクティブハウジング／

コレクティブハウス巣鴨・スガモフラット／コレクティブハウス聖蹟／コレクティブハウス大泉学園／コレクティブハウス元総社コモンズ／コレクティブハウス本町田／「南風ん風」／ハイツ白鷺／coco camo／ラメール三条／Posto&Co.

4章

アップル「iPad」「Apple Watch」／マイクロソフト「Surface」／グーグル「Google pixel」「Google Glass」／サムスン電子「Galaxy Gear」／ソニー㈱「SmartWatch」／セイコーエプソン㈱「MOVERIO」／テレパシー㈱「Telepathy One」／トリンプ・インターナショナル・ジャパン㈱「マグネセレブ」／タイガー魔法瓶㈱「おとなのタクック」、ダイキン工業㈱「ラクエア（Wシリーズ）」／㈱ツインバード「TC—E264B」／シロカ㈱「らくらクリーナー」／アイリスオーヤマ㈱「MagiCaleena」／㈱NTTドコモ「らくらくスマートフォン」／ソフトバンクモバイル㈱「シンプルスマホ」／KDDI㈱（au）の「BASIO active」／㈱良品企画「授乳にも便利なマタニティウェア」／日本トイザらス㈱「ベリーフィットパンツ」／㈱ユニクロ「ヒートテック」／㈱しまむら「ファイバーヒート」／ベルメゾン（㈱千趣会）「ホットコット」／㈱セブン&アイ・ホールディングス「ボディヒーター」／セーレン㈱「DEOEST」／㈱ワコール「Graces」／グンゼ㈱「KIREILABO」／㈱名美アパレル「Chiaretta」／㈱ケアファッション「脇全開ジャージパンツ」／日立アプライアンス㈱「2段ブーストサイクロン」／パナソニック㈱「マッサージチェア」「マッサージソファ」／コンビ㈱「コンビ ホワイトレーベル ディアクラッセ アルファロメオ」／㈱GMPインターナショナル「エアバギーココブレーキ」／ニューウェルブランズ・ジャパン㈱「スムーヴ AB」／㈱バンダイ「マウスでクリック★アンパンマンカラーパソコン」「あそんでまなべる！ アンパンマン カラーパッド」／「アンパンマンカラーパッドプラス」／㈱セガトイズ「ジュエルポッド」「魔法のジュエル★カラーパソコン」／㈱ベネッセコーポレーション・㈱日立製作所「調光式学びライト LED」／イケア・ジャパン㈱「MINNEN」「GONATT」㈱ジンズホールディングス「JINS PC」「JINS PROTECT」「JINS MEME」「JINS SCREEN」「チークカラー®レンズ」／㈱オリエンタルランド「ディズニー・モバイルオーダー」／ジョンソン・エンド・ジョンソン㈱「ベビーオイル」「ベビーローション」／㈱バンダイ「プリモプエル」「おしゃべり変身モフルン」「だっこもねんねも！ おしゃべりあーぷん」／㈱タカラトミーアーツ「ヒミツのクマちゃん」／㈱ワコール「女子テコ」／㈱ユニクロ「RELACO」／キユーピー㈱「やさしい献立」／㈱ニチレイ「気くばり御膳」／森永乳業㈱「やわらか亭」／㈱ひらがなタイムズ「ヒラガナタイムズ」／㈱日本エイジェント「wagaya Japan」／外国人生活サポート機構「外国人向け家賃保証サービス」／BOOKS昭和堂／未来屋書店イオン成田店／さわや書店／㈱ドン・キホーテ／㈱ヴィレッジヴァンガードコーポレーション／和光堂㈱（現・アサヒグループ食品㈱）／ピジョン㈱／コンビ㈱／ミキハウス／㈱へいあん秋田「秋田典礼会館セレモ」／イオンリテール㈱・㈱はせがわ「イオンのお葬式」／㈱リエイ「シニア町内会まくはり館」／「Riei Nursing Home」／㈱リログループ「ふろむな倶楽部」「リロキューピット」「リロファーム」「留守宅管理サービス」「CROSS WORLD」

6章

伊藤ハム㈱／山川醸造㈱／㈲穀平味噌醸造場／ポーラ化粧品「APEX」／トリコ㈱「FUJIMI」／さばえめがね館・東京都店／Continuer・恵比寿店（㈱コンティニュエ）／JUN GINZA（㈱ジュン）／㈱Suit ya／KASHIYAMA／イッセイミヤケ「A・POC」／セーレン㈱／美津濃㈱／マルコ㈱／㈱ナイキジャパン「Nike By You」／ギルド・オブ・クラフツ／神戸靴工房Poco・ã・Poco／㈱工房スタンリーズ／AMAT／ドゥーマンズ㈱／スズキワークステクノ㈱／㈱光岡自動車／㈲タケオカ自動車工芸／㈱トヨタカスタマイジング&ディベロップメント「トヨタモデリスタ」／㈱ホンダアクセス／日産モータースポーツ&カスタマイズ㈱／㈱アルティメット ブルドック／㈱コッチ／美和桜酒造㈲／ニッカウヰスキー㈱／㈱LIXIL／ダイキン工業㈱／スズキ㈱／マルカワみそ㈱「手作り味噌セット」／㈲糀屋本店「手作り味噌セット」／フジッコ㈱「カスピ海ヨーグルト・手づくり用種菌」「カスピ海ヨーグルトメーカー」／リンガリンガソープ社「手作りコスメお試しセット」／mono㈱「マンデイムーン」「簡単コスメキット」／㈱トリドール 丸亀製麺／㈲林酒造場「マイブレンド焼酎づくり」／ニッカウヰスキー㈱宮城峡蒸溜所「マイブレンドセミナー」／㈱greenbrewing 煎茶堂東京「日本茶ブレンド体験キットセット」／紗や工房㈱「アクセサリー パーツキット 初心者セット」／㈱MYmama「手作りアクセサリーセット」／パイオニア㈱／ティアック㈱／アキュフェーズ㈱／三陽商事㈱「自遊布」／東レ㈱「トレシー」「トレシー洗顔クロス」「トレシー家じゅうキレイ」／㈱セイコーグループ「音声デジタルウォッチ」／㈱ロッテ「ビックリマンチョコ」／㈱アトラス「プリントクラブ」／㈱バンダイ「たまごっち」／アラビア社／ノヴァ社／デュアリット社／ラッセルホブス社／エレクトロラックス社／ル・クルーゼ社／L.L.Bean「ビーン・ブーツ」／㈱リーガルコーポレーション／シチズン時計㈱「ザ・シチズン」／㈱パラボックス／㈱アゾンインターナショナル／日本ドールハウス協会「ドールハウス」／㈱エポック「シルバニアファミリー」／フルタ製菓㈱・㈱海洋堂「チョコエッグ」／UHA味覚糖㈱／北陸製菓㈱／江崎グリコ㈱「グリコのおもちゃ」「タイムスリップグリコ〈なつかしの20世紀〉」シリーズ／ジッポー「ZIPPO」／ペリカン「トレドモデル」／パーカ「デュオフォールドモデル」

7章

『千と千尋の神隠し』／『もののけ姫』／『ハリーポッター』／『ロード・オブ・ザ・リング』／「ビックリマンチョコ」／「ポケットモンスター」／ダイソー「古代エジプトグッズ」／ネスレ日本㈱「キットカット」／明治製菓㈱「ウカール」／㈱キディランド／ラッシュジャパン「バブルバー」／村岸産業㈱「ROTANDA」／アッシュコンセプト㈱「カオマル」／㈱バンダイ「∞プチプチ」「∞エダマメ」

8章

㈱テックピット「Techpit for Enterprise」／㈱Schoo「オンライン研修」／日本ソムリエ協会／日本野菜ソムリエ協会／くもん出版「脳を鍛える大人の計算ドリル」／ヌルハウス(合)「毎日脳トレ」／HAMARU「計算脳トレHAMARU」／日本学術会議「サイエンスカフェ」／㈱ブックマークス「勉強カフェ」／㈱シェアスタイル「ARDEN東池袋」／ボーダレスハウス㈱「BORDERLESS HOUSE」／㈱東都「x-garden桜台」／(公財)斯文会「生涯学習講座」／八王子農園・SYOKU-YABO農園「農園ウェディング」／㈱サンクゼール斑尾高原農場「ワイナリーウェディング」／㈱メリーチョコレートカムパニー／東京都健康長寿医療センター「健康長寿のための12カ条」／㈱ドリームファクトリー「ドクターエア」／ネイチャー・コア・サイエンス㈱「トレーニングチェア・ゆらぎ」／「四国八十八カ所霊場」「北海道三十三観音霊場」「津軽三十三観音霊場」「秩父三十四観音霊場」「九州八十八カ所霊場」／㈱スポーツ科学「アローズジム」／コナミスポーツ㈱「運動塾」／「掌陰流ステッキ術」教室／「真向法」「自彊術」「気功」「ヨガ」／サントリー㈱「BOSS休憩中」／㈱バスクリン「日本の名湯」シリーズ／クラシエ㈱「旅の宿」シリーズ／㈱武田コーポレーション「駿河なごみ湯」／環境科学「自宅湯原料シリーズ」「新潟の湯めぐり」／㈱星野リゾート・㈱伊東園ホテルズ・グループ「学タビ」

9章

㈱入曽精密 チタン製サイコロ「完全版」／㈱ハナヤマ「ハナヤマ ポータブル ルーレット」／ソニー㈱「PlayStation」／任天堂㈱「Nintendo Switch」／㈱SNK「NEOGEO mini」／㈱タカラトミー「ベイブレード」／㈱バンダイ「おばけ屋敷ゲーム」／㈱ハナヤマ「ステイアライブ！サバイバルゲーム」／㈱エポック「野球盤」／NPO・遊もあ／ガンホー・オンライン・エンターテイメント㈱「パズル&ドラゴンズ」／㈱ミクシィ「モンスターストライク」／「タグラグビー」「モルック」「スポーツチャンバラ」「フットゴルフ」「ボッチャ」「フレスコボール」／㈱アドヒップ「ジャパンダンスディライト」／日本放送協会他「NHK学生ロボコン」／公財・ニューテクノロジー振興財団「全日本マイクロマウス大会」／日本漢字能力検定協会「変漢ミスコンテスト」／「LFS 池袋 esports Arena」「ROCKET e-cafe」「ESPORTS CAFÉ」／グローバス「アントクアリウム」／エレクトロニック・アーツ「シムシティ」／コミックマーケット準備会「コミックマーケット」／NPO・ボディパーカッション協会「ボディパーカッション」／㈱ソリッドアライアンスン「Crazy Earphone」／カモ井加工紙㈱「カラフルマスキングテープ」／㈱バンダイ「ふろとも」「ゆるすた」／パイロットコーポレーション㈱「おふろDEミニカー」シリーズ／パナソニック㈱5V型防水テレビ／アマゾンジャパン「Kindle Paperwhite」／「カップヌードルミュージアム」「会津喜多方ラーメン館」「キャナルシティ博多・ラーメンスタジアム」／津軽鉄道㈱「ストーブ列車」／長良川鉄道㈱「清流レストラン・ながら」／豊橋鉄道㈱「納涼ビール電車」／㈱サンアート「インテリア食器」／

曙産業㈱「スリキリゆきだるまカップ」／㈱ワークマン「ワークマン」／永谷商事㈱「歴史と文化の散歩ラリー」／鈴木興産「すみだパークスタジオ」／㈱アクティビティジャパン／「志摩スペイン村パルケエスパーニャ」／「東映太秦映画村」「イマーシブ・フォート東京」「グリーンランド」／NPO・日本マイクロライト航空連盟「パワードパラグライダー」／日本カイトボーディング協会「カイトボーディング」／日本ウェイクボード協会「ウェイクボード」／アサヒビール㈱「ビアリー」「ビアリー 香るクラフト」「ハイボリー」「ハイボリージン」／サッポロビール㈱「ザ・ドラフティ」／木内酒造(合)「ノン・エール」「ゆずジンジャーノンエール」／日本トラディショナルタイマッサージ協会「ヌアボーラン」／㈱自然堂「極楽湯」／㈱モンベル「03レインダンサー」／㈱ゴールドウイン「ザ・ノース・フェイス」／富士急ハイランド「ええじゃないか」／ナガシマスパーランド「スチールドラゴン2000」／ユニバーサル・スタジオ・ジャパン「ザ・フライング・ダイナソー」／岐阜県養老町「養老天命反転地」／奈義町現代美術館「奈義の龍安寺」／「にっぽんど真ん中祭り」／「スリーモンキーズカフェ秋葉原」「WINE & GRILL TACT.」

10章

九一庵食品協業組合「九州産 木綿豆腐」／さとの雪食品㈱「ずっとおいしい豆腐」／井村屋㈱「そのまま食べて美味しい豆腐」／男前豆腐店㈱「男前豆腐」「風に吹かれて豆腐屋ジョニー」／喜平商店「五箇山とうふ」／加来豆腐店「豆腐の味噌漬」／相模屋食料㈱「合格だるま豆乳湯とうふ」／アウベルクラフト㈱「手作り木綿豆腐・温度計付きキット」／かわしま屋「豆腐手作りキット」／㈲美川タンパク「美川美人」／旭松食品㈱「小さなこうや 減塩」／相模屋食料㈱「ザクとうふ(MS―06 ザクとうふ)」／さとの雪食品㈱「リラックマごゆるり絹とうふ」／㈱おとうふ工房いしかわ「スプーンで食べる究極のとうふ」／㈲五木屋本舗「山うに豆腐6種類詰め合わせ」／㈲とうふ工房矢代「一升祝い升豆腐」／㈲五感「豆富花」／㈲藤倉食品「豆腐かすてら」／林製紙㈱「メジャー付きトイレットペーパー」「金運が上るお金シリーズ」「娯楽用おもしろシリーズ」「SDGs貢献シリーズ」「鈴木光司のトイレで読む体感ホラー ドロップ」「運のつくトイレットペーパー・シリーズ」「おもしろトイレット 英語編」「しりべんトイレット 健康編」「おもしろトイレットペーパーシリーズ」「黒紙トイレットロール」／王製紙㈱「エリエール消臭+トイレットティシュー」／Renova「Renova Black」／望月製紙㈱「龍馬からの恋文トイレットペーパー」／王子ネピア㈱「おしりセレブ トイレットロール」／ツユキ紙工㈱「おべんきょしましょう！ことわざシリーズ」／㈱佐野包装「訴求するオリジナル・トイレットペーパー」／天文天体物理若手の会「Astronomical Toilet Paper」／丸富製紙㈱／HAHA「グレンデール自由が丘」／NPO LEGIKA「トキワ荘プロジェクト」「多摩トキワソウ団地」／ゆめプロ㈱「しかくい空」／㈱シェアカンパニー「COURI 009 CAMP!」／㈱シェア180「DIY SHARE 180°藤が丘」／㈱リログループ「クロスワールド大森」／㈱東都「x-garden桜台」／新生地所㈱「Companheira」／㈱オークハウス「シェアリーフ西船橋グレイスノート」

著者／古田隆彦（ふるたたかひこ）氏について

人口変動に対応する成長戦略の第一人者。日本には過去4回の人口減少期があり、今回が5度目。人口減少局面には必ず新しい文化が花開くと主張。新しい付加価値、売り方、収益の上げ方など、経営者が一番知りたい具体的な「未来戦略」を提示。すでに大小１００社以上で氏の「人口波動」を活かした新商品や新事業を展開。卓越した業績を上げている。

「人口波動」とは、氏が、太古からの日本および世界の人口推移を研究中に、文明や技術の盛衰、文化や流行の変化、戦争や紛争の動向など、人類の営みの発展は人口の増減と密接な相関関係があることを発見、「社会変動モデル」として体系化したものである。

１９３９年岐阜県生まれ。１９６３年名古屋大学法学部卒。八幡製鐵株式会社（現・日本製鉄）、株式会社社会工学研究所・取締役研究部長を経て、１９８４年、現代社会研究所を設立、現在同研究所所長。１９８４～２０１０年、青森大学社会学部教授、現在名誉教授。主な著書として、「人口波動で未来を読む」（日本経済新聞社）、「人口減少社会のマーケティング」（生産性出版）ほか多数。

〈公職等〉国土交通省（運輸省）運輸政策審議会専門委員、文部科学省（文部省）長期教育計画研究者協力会議委員、総務省（郵政省）文字画像情報電子流通研究会委員、国土交通省（建設省）「新東北紀」懇談会委員、国土交通省（北海道開発庁）生活・社会研究会委員、東京都「東京ブランド」検討委員会委員長、青森県政策マーケティング委員会委員長、日本生活学会常任理事事務局長などを歴任。

〈専門〉応用社会学、消費社会学、人口社会学、未来社会学。

人口減少逆張りビジネス

定価：本体　一四、五〇〇円（税別）

二〇二四年　九月二十四日　初版発行
二〇二五年　四月　十　八　日　三版発行

著　者　古田隆彦
発行者　牟田太陽
発行所　日本経営合理化協会出版局
東京都千代田区内神田一―三―三
〒一〇一―〇〇四七
電話　〇三―三二九三―〇〇四一(代)

装　丁　美柑和俊
編集者　丹野悦子
印　刷　日本印刷
製　本　牧製本印刷

 ISBN978―4―89101―479―7　C2034